Thierry PASTOR

Le pouvoir obscur : les nouvelles armes

Collection Argos

1

Thierry Pastor : diplômé en droit et en sciences politiques, il exerce depuis une quinzaine d'années en qualité de conseiller politique. Initialement formé aux métiers du politique, il s'est spécialisé autour des thématiques de la géopolitique de l'énergie et de la sécurité globale. Il a travaillé dans plusieurs régions du monde, essentiellement en Europe de l'Est et en Asie. Il est le co-auteur de plusieurs livres consacrés à la géopolitique de l'énergie, ouvrages rédigés avec le concours d'enseignants universitaires, de juristes ou encore de spécialistes en intelligence économique. Il travaille en collaboration avec plusieurs personnes aux compétences variées : systèmes d'information, technologie blockchain en incluant les cryptomonnaies, les NFT ou encore les métavers. Grâce à ces expertises extérieures, ces livres ont vu le jour.

Du même auteur,

Dans l'ombre des titans, 2022

TABLE DES MATIERES

Avant-propos	p. 4
Un monde multipolaire et fou	p. 7
Les critères ESG, comment les définir ?	p. 55
La tendance ESG et ses implications	p. 65
L'intrigant business ESG	p. 100
Pourquoi le pouvoir d'influence des critères ESG ira crescendo	p. 125
La Chine s'attaque aux cryptomonnaies	p. 134
La Chine fait peur	p. 138
Et si la Chine avait mis le monde à genoux ?	p. 164
Covid, environnement, énergie : et après ?	p. 202
Les grands défis de l'Afrique	p. 223
COP 26 : des sanglots à Glasgow	p. 252

Avant-propos

L'union fait la force. C'est à partir de ce postulat que nous avons décidé d'agréger nos compétences et de construire nos analyses. Avec des formations professionnelles et des expériences de vie différentes, nous sommes arrivés à la conclusion qu'il nous fallait travailler ensemble car bien qu'en apparence nous ne venions pas de mondes semblables, nous avons constaté de nombreux liens. Rien n'est le fruit du hasard. D'un côté, les scientifiques : ingénieurs , programmeurs, précurseurs de la blockchain et fins connaisseurs des cryptomonnaies. De l'autre, le conseiller politique, spécialiste d'analyse politique, de géopolitique de l'énergie et des enjeux de sécurité globale. Deux mondes apparemment différents. Et pourtant, une évidence s'imposait : nos compétences respectives étaient définitivement complémentaires.

Nous avons remarqué que ce qui nous paraît évident ou simple à comprendre ne l'est pas pour le plus grand nombre. Rares sont ceux capables de coder, crypter et développer des programmes informatiques. Rares sont également ceux capables de déchiffrer les interconnexions, les tenants et les aboutissants qui permettent de comprendre des événements pour lesquels le plus grand nombre n'aura finalement qu'une compréhension limitée. N'y voyez aucune prétention mal placée ! En vérité, nous avons tous accès à beaucoup de choses mais nous donne-t-on les moyens de les comprendre ? Nous partons du postulat que la réponse est négative.

Grâce à internet, chacun a accès à un flux considérable d'informations. Encore faut-il pouvoir les sélectionner, les trier et discerner celles qui procurent au lecteur une vraie compréhension des choses. Il n'y a qu'à voir toutes les incertitudes qui pèsent autour de la crise sanitaire de la Covid-19, les informations en masse qui se contredisent et pour lesquelles de nombreuses zones d'ombre subsistent. Notre travail consiste à essayer de comprendre ce qu'il se passe autour de nous : décrypter, comprendre et expliquer. Notre objectif, en toute humilité, est d'essayer d'apporter un éclairage sur des thématiques politiques, économiques, historiques, technologiques ou autres qui vous permettront d'avoir une autre vision du monde qui vous entoure.

Parmi les thèmes que nous aborderons, vous retrouverez la blockchain, les cryptomonnaies, les enjeux énergétiques, l'évolution des relations internationales et les jeux de pouvoir, l'apparition de la finance verte ou encore les critères ESG. La liste des thèmes abordés n'est pas exhaustive. Cependant, TOUT est lié ! Nous essayons de mettre en lumière les passerelles qui lient ces éléments qui pourtant semblent indépendants les uns des autres. Il ne faut jamais se fier aux apparences, qui plus est dans un monde aussi globalisé et encore plus connecté au gré des progrès technologiques.

Notre méthodologie est la suivante : toutes nos publications sont datées. Des éléments factuels ou ponctuels peuvent paraître obsolètes. Certes… mais ils ont mérite de contextualiser la réflexion que nous développons. L'objectif est surtout d'identifier des tendances, celles qui ont des chances de s'inscrire dans le temps. Le monde de l'analyse n'est définitivement pas une science exacte, à plus forte raison lorsqu'il s'exprime sur des disciplines aussi variables et fluctuantes que la politique ou les relations internationales. Nous pouvons donc nous tromper. En revanche, nous nous efforçons d'argumenter nos propos. Nous pouvons toutefois vous affirmer ceci : le monde est en perpétuelle évolution… et tout se réalise à une vitesse vertigineuse. La vérité du jour n'est plus forcément celle du lendemain. Il faut donc vivre avec son temps et comprendre les causes de ces évolutions. C'est à partir de cette compréhension que vous cernerez mieux l'actualité et ce qui vous entoure.

Nos livres compilent des réflexions portant sur différentes thématiques dont certaines reviennent avec insistance. Dans pareil cas, cela signifie que nous leur accordons une importance de premier plan. Elles constituent à nos yeux un facteur majeur de l'évolution des relations internationales, des technologies et plus généralement des grandes tendances qui sont en train de se mettre en place. C'est par ailleurs ce dernier point qui retient le plus notre attention : nous constatons que des choses voient le jour tandis que nous n'en comprenons pas bien les mécanismes. Pourtant, tout est fait pour qu'un nouveau vocabulaire soit diffusé sans que pour autant il soit explicitement défini ou qu'on en comprenne véritablement les enjeux inhérents. C'est ce que nous essayons de faire. Blockchain, cryptomonnaies, smart cities et autres concepts à la mode demeurent relativement nébuleux. Ils s'emboitent pourtant parfaitement dans une évolution politique, diplomatique, économique et plus globalement sociétale que nous vivons à très grande vitesse. Le puzzle est grand. Il appartient à chacun de regrouper les pièces qui le composent et de les assembler.

Thierry

Un monde multipolaire et fou
Avril 2021

La fin d'année 2020 connut un grand événement avec l'élection tumultueuse de Joe Biden en qualité de 46ème Président des Etats-Unis de l'histoire. Il s'agissait évidemment de l'événement majeur de l'année. Bien qu'il ait pris un grand avantage sur le Président sortant Donald Trump qui fut sanctionné pour sa gestion de la crise sanitaire, l'arrivée à la tête de la patrie de l'Oncle Sam d'un homme qui fut le vice-président de Barack Obama pendant huit ans résonnait globalement comme une bonne nouvelle au sein de la communauté internationale. L'irascible, l'incandescent, l'imprévisible, l'impétueux, le sulfureux Donald Trump était mis de côté et la communauté internationale allait enfin traiter avec un dirigeant pragmatique et soucieux du protocole ! Cette pensée fut balayée d'un revers de la main à bien des égards car Joe Biden se savait attendu au tournant. Il lui fallait changer au plus vite beaucoup de choses. Aux yeux de l'Union européenne (UE), son élection survenait dans un ressenti global de déception, celui d'une distanciation longue de quatre ans avec les Etats-Unis, le partenaire politique traditionnel. Le nouveau Président élu n'a aucunement fait mystère de vouloir des relations solides avec le Vieux continent et nomma l'expérimenté diplomate Antony Blinken en qualité de Secrétaire d'Etat, un homme réputé pour sa vision pragmatique de la diplomatie mais aussi pour son sens de l'ouverture et du dialogue.

Du côté de la Chine, il ne faisait aucun doute que le Président Xi Jinping ne pleurerait pas la défaite de Donald Trump. Il ne bouda pas son plaisir de voir le fantasque magnat de l'immobilier s'enliser dans des contestations électorales portant sur des suspicions de fraude ou de tricherie électorale qui n'ont in fine jamais été reconnues ni par la justice fédérale ni par les Etats fédérés. Le point d'orgue fut sans doute atteint avec l'invasion du Capitole qui fut un événement choquant à bien des égards, les institutions américaines se retrouvant ainsi subitement fragilisées. Donald Trump a marqué son temps avec sa gouvernance sans concession, tranchante et intransigeante pour laquelle il ne cessa de marteler son envie de promouvoir en permanence sa promesse électorale de « *America first* » [1] ou bien de « *Make America great again* ». [2] Il fut en ce sens un excellent défenseur des intérêts de son pays. Cela se fit au détriment de vieilles alliances durables avec les partenaires politiques et économiques traditionnels de la nation. Par son style direct et incisif, Donald Trump choqua tel un engin de chantier chargé de démolir et de déblayer en un temps record un terrain pour laisser place à un nouveau projet immobilier. La gouvernance Trump s'opérait au coup par coup, presque animée par une impulsivité contre laquelle il se défendait en voulant instiller le message d'une politique prévue à moyen et long terme. Son style fut singulier : il ne s'embarrassa pas des protocoles en vigueur pour annoncer ce qu'il avait à dire, sans manier la langue de bois. Il irrita, blessa parfois des dirigeants politiques qui se trouvaient sermonnés par l'homme souvent qualifié, pendant ses quatre années de mandat présidentiel, de « plus puissant du monde ». Aux Etats-Unis, son style plaisait. Bien que battu aux élections de novembre 2020, il est sans conteste le Président sortant dont la cote de popularité était la plus élevée après trois années d'exercice du pouvoir malgré toutes les polémiques et affaires qui vinrent ternir son mandat. Donald Trump était clivant voire irrespectueux mais il ne cachait jamais ses intentions. Il le démontra avec le dossier nucléaire iranien ou avec le retrait américain de l'Accord de Paris sur le climat qui porta un véritable coup de massue sur les efforts

---

[1] Traduction de l'auteur : L'Amérique d'abord
[2] Traduction de l'auteur : Rendre à nouveau sa grandeur à l'Amérique

conjugués de la communauté internationale. Il décidait et assumait, comme lorsqu'il surprit son monde en s'engageant dans une parade diplomatique à l'évidence perdante avec la Corée du Nord. Cependant, il était inflexible et impitoyable pour la défense des intérêts économiques de son pays : la Chine ne démentira sans doute pas cette affirmation. Pendant longtemps, la Russie fut l'ennemi tant redouté par le monde occidental, la longue période de guerre froide ayant laissé un héritage certain de méfiance réciproque entre Moscou et les principales capitales occidentales, Washington en tête. L'élection présidentielle de 2016 fut entachée par une sombre affaire de tentative d'ingérence russe en vue d'influencer le vote des Américains. L'affaire prit une autre tournure lorsque Donald Trump et son proche entourage furent suspectés d'avoir bénéficié d'appuis russes pour vaincre la candidate démocrate Hillary Clinton. Donald Trump et Vladimir Poutine n'avaient d'ailleurs pas manqué d'évoquer la possibilité d'établir un dialogue constructif entre les Etats-Unis et la Russie.

En somme, malgré les accusations portées en direction de la Russie par le camp démocrate notamment, Donald Trump avait choisi de porter son attention sur un autre « ennemi de la nation » : la Chine. Il voyait en ce géant démographique et économique asiatique une raison pour les Etats-Unis de s'inquiéter. L'appétit économique de l'Empire du Milieu et ses ambitions gargantuesques en faisaient non seulement un concurrent sérieux susceptible de détrôner les Etats-Unis de leur leadership économique (et politique ?) dans le monde mais également le seul qui puisse effectivement contester la domination américaine en termes de *soft* et de *hard power*. [3] Le bras de fer était dès

---

[3] Note de l'auteur : le *hard power* et *le soft power* sont des théories des relations internationales. Elles émanent de Joseph Nye. Eminent politologue et auteur de nombreux ouvrages et articles

lors engagé avec Pékin. La crise sanitaire de la Covid-19 eut finalement raison de Donald Trump. Bien qu'ayant sorti le grand jeu pour chercher à nuire aux intérêts économiques chinois, ce qui valut par ailleurs des ripostes de la part de Pékin, le facétieux 45ème Président des Etats-Unis fut finalement vaincu par un adversaire qu'il ne put maîtriser en raison de sa nature peu loquace : dès lors qu'il s'agissait de négocier et d'imposer sa force de négociateur, il avait des arguments à faire valoir… mais on ne négociait pas avec la Covid-19. Cette crise sanitaire le dépassa et il fut sanctionné par les urnes.

La victoire de Joe Biden promettait donc un retour au calme. Il fut largement décrié dans son pays et par ses détracteurs pour renvoyer l'image d'un homme âgé et pas assez vigoureux pour assurer et assumer la destinée politique et économique de la nation pour les quatre prochaines années. Il savait qu'il lui faudrait immédiatement donner l'impression d'être un homme fort et ferme, d'allier les paroles aux actes, de démontrer en permanence qu'il est un homme énergique et à la hauteur de l'immense défi qui l'attend. En effet, il hérite d'un pays livré aux affres d'affaires sociales dramatiques avec la crise sanitaire mais également tous ces événements de tensions entre les autorités policières et les populations noires. Nous

---

internationalement reconnus, il fut l'Assistant au Secrétaire à la Défense pour les enjeux de sécurité internationaux sous la présidence Clinton de 1994 à 1995. Il défend la thèse que le *hard power* se caractérise par les moyens de pression traditionnels au sein des rapports de force politiques et militaires. Le *soft power* repose sur un pouvoir d'influence plus subtil et souple. Cela peut se traduire par des politiques économiques ou encore culturelles. Avec Robert Keohane, il fonda l'institutionnalisme néolibéral, une vision théorique des relations internationales au sein de laquelle le pouvoir des institutions est grand dans le système international. Joseph Nye est un des grands noms des théories des relations internationales et une des prestigieuses références de la pensée libérale.

pouvons également évoquer la recrudescence du nombre de fusillades dramatiques pendant les années Trump et qui semblent se perpétuer pendant le premier trimestre de gouvernance Biden. D'autre part, le nouveau Président investi cherche les solutions économiques pour enrayer une crise qui a frappé des millions d'Américains qui ont perdu leur emploi, leur patrimoine ou encore leur couverture santé. Le défi est grand.

Enfin, il est naturellement question de politique étrangère. Une fois investi, il a rapidement pris ses marques et commencé à mettre en place les engagements énoncés pendant la campagne électorale. Parmi les grandes promesses électorales, il avait exprimé la volonté de réintégrer au plus vite l'Accord sur le climat de Paris, voulant se positionner dans la continuité de ce qui avait été entrepris sous la présidence Obama. Contrairement à son prédécesseur qui défendait la thèse climato-sceptique, Joe Biden compte s'engager dans la défense de l'environnement et en premier lieu désire lutter contre le changement climatique.

D'autre part, un autre dossier « expédié » par Donald Trump avait retenu l'attention du candidat démocrate Biden pendant la campagne électorale : le dossier nucléaire iranien que Donald Trump avait mis à mal en retirant son pays de l'accord multipartite initié sous Barack Obama et qui s'était conclu avec des bonnes intentions convenues par l'Iran, les Etats-Unis, la Russie, la Chine, le Royaume-Uni, l'Allemagne et la France. La volonté de Joe Biden consistait évidemment à donner un nouvel élan à la diplomatie américaine, de montrer que les Etats-Unis étaient à nouveau un acteur diplomatique enclin au dialogue, de mettre de côté l'unilatéralisme défendu par Donald Trump qui avait isolé la patrie de l'Oncle Sam sur la scène internationale. Soucieux de donner une nouvelle image de son pays, un changement de cap diplomatique était donc attendu par la communauté internationale. Les bonnes volontés et promesses de la campagne électorale ont ainsi amené Joe Biden à se dévoiler et à s'exposer comme sur le dossier iranien pour lequel il avait annoncé vouloir rétablir le dialogue avec Téhéran. Cette volonté entraîna des conséquences pour le nouveau Président élu qui se heurta alors à des réactions peu amènes de la part de l'Etat d'Israël, de l'Arabie saoudite et des autres pays arabes liés à l'accord diplomatique (les accords d'Abraham) conclu en 2020, en fin de mandat Trump et sous l'égide de ce dernier… Quant à l'Iran, voyant la réaction de la coalition Israël et alliés arabes, il vit en la volonté de Joe Biden un moyen de négocier ses conditions et ainsi d'exercer une nouvelle pression en déclarant vouloir reprendre son programme d'enrichissement de l'uranium.

En somme, en voulant faire valoir la diplomatie, la Maison Blanche et le secrétariat d'Etat ont rendu leur tâche encore plus difficile à gérer. Il ne s'agissait à l'évidence pas d'une maladresse mais plutôt d'une ligne de conduite pour laquelle les conséquences n'avaient pas été anticipées. La nouvelle diplomatie américaine au Moyen-Orient s'annonce donc délicate. Il en va de même pour les relations avec la Russie et la Chine. La peur de nombreux Américains est de ne pas voir en Joe Biden un homme fort qui sache donner le change à Vladimir Poutine et Xi Jinping. Il fallait donc rapidement envoyer des messages à Moscou et à Pékin. Les Etats-Unis n'entendent pas se laisser dépasser par la puissance économique chinoise, d'où le maintien, par exemple, d'une présence renforcée de la marine américaine en mer de Chine… qui a le don d'agacer Pékin qui réagit en conséquence en s'adonnant à des manœuvre militaires à proximité d'îles appartenant aux Philippines, pays qui entretient d'étroites relations diplomatiques et militaires avec les Etats-Unis… Quant à la Russie, tous les moyens sont bons pour fustiger l'attitude ou bien les actions présumées et imputées à Moscou. Ainsi, l'affaire Navalny préoccupe le monde occidental, le projet Nord Stream 2, le gazoduc qui relie la Russie à l'Allemagne via la mer Baltique est toujours dans le collimateur de Washington mais également de plusieurs Etats membres de l'UE qui souhaiteraient réduire leur dépendance au gaz russe. Parmi les joutes rhétoriques, Joe Biden n'hésita pas lors d'un show télévisé aux Etats-Unis à affirmer que Vladimir Poutine était un « tueur ».

En avril 2021, le spectre d'une nouvelle guerre opposant l'Ukraine à la Russie refait surface dans les médias, sous-entendant ainsi que Kiev bénéficierait d'un soutien occidental… thèse médiatique qui tient la route mais qui en termes d'étude polémologique ne semble pas réaliste, bien que la polémologie ne soit pas une science exacte et que par conséquent, tout élément perturbateur est susceptible de remettre en question une analyse. Toutefois, il convient de considérer des foyers de crise épars. Par crise, il faut comprendre là des tensions entre Etats, ethnies et autres qui s'ajoutent à ce climat ambiant bien pesant qu'est le contexte sanitaire international et les affres économiques qui y sont associées. Cette présentation introductive renvoie à l'image du volcan sur le point d'entrer en éruption. Il existe de nombreuses tensions qui semblent malgré tout sous contrôle mais il est à craindre le dérapage qui mettra le feu aux poudres et qui risque de générer des réactions en chaîne.

Un monde multipolaire

Lors d'une grande conférence de presse donnée par le Président Poutine en décembre 2019, ce dernier fut interrogé sur l'unipolarité du monde pour laquelle il rétorqua aussitôt que ce dernier était en réalité multipolaire. [4]

Au moment des faits, les Etats-Unis étaient encore dirigés par Donald Trump et se préparaient à vivre une nouvelle vague d'agitation interne avec le lancement de la procédure en impeachment par le Congrès qui survint quelques jours plus tard, le monde commençait à entendre parler d'un mystérieux virus dont le nom allait rapidement et définitivement hanter l'ensemble de la communauté internationale : la Covid-19.

A cela, il faut considérer le refroidissement des relations bilatérales Etats-Unis-UE, l'irrésistible montée en puissance économique de la Chine, le non-alignement voire l'isolement russe sur la scène internationale, les multiples crises et enjeux divergents défendus au Moyen-Orient, l'émergence économique d'une génération de pays qui tend à se confirmer (Indonésie, Vietnam, etc.), les incertitudes des marchés financiers, les défis mondiaux pour lesquels des désaccords subsistent (notamment la lutte contre le changement climatique) et tant d'autres facteurs qui nous laissent effectivement entendre que l'analyse du Président Poutine est réaliste : le monde est morcelé et surtout troublé par une rivalité qui n'est pas sans rappeler la guerre froide qui frappa le monde pendant quatre décennies. Le duel que se livrent les Etats-Unis et la Chine est amené à s'inscrire dans la durée et à s'intensifier au fur et à mesure que l'écart économique entre les deux puissances rivales tendra à se réduire. Le Président Trump s'était lancé dans un duel à distance avec son homologue chinois dans lequel tous les coups étaient permis : tarifs douaniers dissuasifs pour affaiblir l'adversaire, les affaires inhérentes à des cyberattaques et en point d'orgue le sulfureux scandale Huawei qui symbolise la méfiance réciproque et les problématiques d'espionnage qui taraudent les autorités dirigeantes des deux pays.

---

[4] *« Le monde unipolaire n'existe plus, selon Poutine »*, fr.sputniknews.com, 19 décembre 2019

De même, les manœuvres militaires opérées par les deux armées en mer de Chine nourrissent les craintes de débordement voire d'escalade des tensions. Il n'est pas anodin que la Chine ait choisi la fin des années 2010 pour exercer la pression sur Hong Kong qui va pousser cette capitale internationale de la finance à finalement devoir se résoudre à perdre ce qu'elle avait d'autonomie par rapport au reste de la Chine. L'affaire Hong Kong a certes indigné la communauté internationale mais la Chine a réussi à obtenir ce qu'elle souhaitait : pousser pacifiquement les expatriés à quitter ce fleuron économique d'Asie du Sud-Est, découragés par les perspectives de voir la coutume britannique supplantée par la législation chinoise. Nombreux sont les étrangers qui ont depuis lors effectivement décidé de quitter Hong Kong. Malgré les protestations populaires et les appels à la démocratie, Pékin a surtout montré que sa détermination était bien plus forte que les volontés des Hongkongais qui ont compris qu'ils n'auraient d'autre choix que d'accepter de rentrer de manière anticipée dans le giron chinois.

Le monde est multipolaire, c'est une évidence. Face à la montée en puissance de la Chine, les Etats-Unis, désormais présidés par Joe Biden, ont exprimé le souhait de vouloir rétablir de nouvelles relations de proximité avec l'Europe, le Vieux continent qui fut pendant quatre ans passablement refroidi par la gouvernance Trump et son sempiternel leitmotiv de défendre sans concession les intérêts américains. Cela avait tendu les relations entre Washington et ses alliés traditionnels parmi lesquels nous pouvons également citer le Canada. Il est probable que Joe Biden et son Secrétaire d'Etat Antony Blinken, connu par ailleurs pour son approche multilatérale de sa vision de la diplomatie américaine, parviendront à renouer un dialogue constructif avec l'UE. Les Etats-Unis ont assurément intérêt à se rapprocher de leurs alliés traditionnels pour faire front commun contre la Chine. Les ambitions chinoises inquiètent le monde occidental, y compris la Russie qui œuvre pour son bien-être économique avec son immense voisin géographique pour des raisons de pragmatisme politique. Moscou et Pékin travaillent ensemble, se sont engagés dans de grands projets, notamment l'énergie, en promouvant une diplomatie officielle de cordialité et de courtoisie réciproque mais qui repose dans les faits sur une nécessité partagée de vendre pour la Russie et d'assurer les approvisionnements énergétiques que la Chine cherche tant à sécuriser.

Pour Moscou, il s'agit d'un moyen de montrer au monde occidental que les sanctions économiques sont solutionnées par des alliances stratégiques qui déplaisent à Washington et à Bruxelles. La Russie compte rester « indépendante » sur la scène internationale mais cherche également à faire valoir ses intérêts quitte à provoquer la communauté internationale comme avec les actions menées dans l'océan Arctique. D'ailleurs, il n'est pas anodin que le Président Poutine cherche à asseoir son pouvoir jusqu'en 2036. Ses ambitions politiques sont évidemment critiquées par les Etats-Unis et les Etats membres de l'UE qui dénoncent une absence de transparence démocratique mais l'homme fort du Kremlin montre une nouvelle fois qu'il est un joueur d'échecs et que sa démarche vise également à contrarier Américains et Européens. Une grande partie de poker menteur est en train de se jouer entre adversaires aux intérêts antagonistes qui s'épient, s'espionnent et poursuivront leurs efforts pour montrer à l'adversité qui est le plus fort. Il s'agit d'une partie qui regroupe plusieurs camps, une partie au cours de laquelle les coups sont portés sans retenue. Les embrassades publiques n'incarnent que l'arbre qui cachent la forêt : la communauté internationale est profondément divisée.

Un monde fou

La folie n'est médicalement plus désignée comme une maladie. Les professionnels médicaux préfèrent désormais évoquer des troubles psychiques. Pendant longtemps, le fou était décrit comme une personne souffrant d'une maladie. Le monde est clairement malade. Les plus sceptiques rétorqueront que de tous temps il y a eu des troubles, des tensions, des crises durables ou encore des guerres qui ont menacé l'équilibre du monde ; cela est vrai. Toutefois, depuis 1945, le monde est également conscient de l'existence d'armes susceptibles d'anéantir toute forme de vie sur Terre. L'arme atomique constitue une immense épée de Damoclès suspendue au-dessus de la tête de l'humanité. Les grands dangers sont donc liés à l'armement, les jeux d'influence orchestrés par les puissances étatiques dominantes, par conséquent les rivalités, mais aussi les progrès technologiques qui représentent à plus d'un titre des armes redoutables. Le piratage numérique en fait partie. Il est possible de pirater à distance.

De même, les laboratoires scientifiques sont capables de créer des virus qui peuvent s'avérer mortels ou bien qui seraient destinés à perturber l'économie mondiale. Sans tomber dans une vision pessimiste, les dangers sont nombreux. La lutte contre le terrorisme international est devenue une réalité depuis 2001. Les attentats du 11 septembre furent un événement traumatisant pour le monde qui découvrit alors que la fin de la guerre froide n'était en aucun cas la fin de l'Histoire. Le monde est sans cesse en évolution. L'hyper-domination américaine n'est plus. Il existe une concurrence qui souhaite contester ce leadership en termes de *hard* et de *soft power*. De même, les guerres engagées en Afghanistan et en Irak pour combattre le terrorisme ne sont toujours pas terminées et perdurent depuis désormais deux décennies. Les mouvements des Printemps arabes ont également laissé d'importantes traces.

Les cas syrien et libyen en sont une parfaite illustration. Après une décennie de guerre, ces pays n'ont retrouvé aucune stabilité socio-politique. Quant à la Turquie, elle perturbe l'équilibre géopolitique mondial en s'intéressant de près aux crises moyen-orientales tout en soufflant le chaud et le froid avec l'Occident et la Russie.

Ces quelques lignes ne suffisent pas à décrire tous les maux qui agitent la communauté internationale. L'incertitude caractérise un mal-être global dont les conséquences sont également économiques et sanitaires. La crise pandémique de la Covid-19 a agi comme un élément perturbateur que personne n'a vu venir et qui se répand comme une immense vague. Au-delà des trois millions de décès imputés à cette forme de coronavirus dans le monde, c'est la perturbation générale occasionnée qui inquiète. Bien que les économies nationales essayent de se relancer, de repartir sur une nouvelle dynamique encourageante, les dégâts sont nombreux car beaucoup d'Etats continuent de soutenir les entreprises dont certaines ne parviendront pas à se relever une fois les aides publiques abolies. Bien que l'origine de la Covid-19 demeure incertaine, il est surtout devenu manifeste qu'un virus, qu'il soit d'origine naturelle ou non, est susceptible de paralyser le monde, de troubler l'économie mondiale, de perturber la vie de chaque individu. C'est en ce sens que la Covid-19 a fait jurisprudence. Elle a agi comme un électrochoc, comme un signal indiquant qu'un nouveau danger pouvait s'abattre à grande échelle, à tout moment et qu'il était susceptible de venir troubler un équilibre politique, diplomatique, économique et géopolitique planétaire toujours plus fragile.

Le monde est fou. Pourtant, la communauté internationale cherche à solutionner des problématiques majeures qui ont été identifiées et pour lesquelles elle espère promouvoir des solutions durables. La lutte contre le changement climatique fait partie de ces grandes préoccupations mais il semblerait que tous les acteurs économiques, qu'ils soient étatiques ou privés, ne parviennent pas à agir de concert pour de nombreuses raisons, intentionnelles ou non. La lutte contre le réchauffement climatique se heurte en effet à des problématiques de financement, de réalités économiques qui ne permettent pas à tous les acteurs d'évoluer à la même vitesse, voire à la mauvaise foi d'acteurs qui militent pour contenir le réchauffement climatique mais qui poursuivent des activités qui ne servent pas la cause environnementale. Les nébuleux critères ESG laissent augurer un espoir au travers des investissements dits responsables. Il existe certainement une pression de la part des investisseurs animés par une volonté d'investir de manière responsable mais les décideurs finaux brandissent la responsabilité afin de mieux masquer d'autres intérêts moins apparents et qui visent à exercer une pression pour perturber l'adversité. Dans ce type d'initiative, il faut toujours chercher les motivations politiques.

En filigrane, notre analyse se fonde sur la rivalité soutenue entre les Etats-Unis et la Chine. Les fonds d'investissement américains exercent une pression en refusant désormais d'investir dans des projets pour lesquels ils estiment que l'engagement responsable n'est pas respecté… tandis qu'il est difficile de justifier une décision ne reposant pas sur des critères de sélection clairement définis et aucunement ou peu encadrés par des règles de droit. Il ne s'agit pas de critiquer cette initiative mais plutôt de mettre en exergue une option qui vise à sensibiliser le monde sur une pratique que l'on cherche à promouvoir à des fins honorables mais qui comporte toutefois une dimension à forte valeur stratégique pour nuire à des intérêts concurrents. Cela a toujours existé. Soit on conquiert, soit on cherche à affaiblir l'adversaire. Dans notre réalité contemporaine, les armes utilisées sont toujours plus puissantes et potentiellement destructrices. C'est précisément ce potentiel destructeur qui nuit aux relations internationales, surtout dans un environnement aussi globalisé.

Une incertitude géopolitique croissante

La communauté internationale se pose beaucoup de questions quant à des problématiques qu'elle tente d'anticiper mais qu'elle identifie comme des crises en devenir. La raréfaction des ressources naturelles peut être un problème de taille, d'autant plus lorsqu'il s'agit de l'eau douce. Les spécialistes des conflits craignent en effet que des guerres puissent à terme éclater en raison de l'accès à des sources d'eau douce. Pour ce qui est du pétrole, la lutte contre le changement climatique semble indiquer un avenir sur la pente descendante pour l'or noir. C'est du moins ce qui est officiellement souhaité par une grande majorité des Etats. Pour autant, cela deviendra-t-il rapidement une réalité ? La question se pose d'autant plus que la transition énergétique ne se produira sans doute pas de la même façon en fonction de la richesse économique des acteurs concernés. En Europe, des plans sont définis par la Commission européenne pour parvenir à atteindre un bas niveau d'économie carbonée à l'horizon 2050. Ce qui vaut pour l'UE ne le sera pas forcément pour d'autres régions du monde et en particulier les acteurs économiques émergents pour lesquels les mutations sociétales sont annoncées pour être considérables.

Dans le domaine des processus globaux, la démographie de certaines régions du monde interpelle : d'ici trois décennies, la population du continent africain va vraisemblablement doubler. Une telle évolution démographique va nécessiter une adaptation à cette future réalité. Il faut anticiper un afflux massif vers les aires urbaines. Les villes sont donc amenées à s'étendre. Des problématiques d'infrastructures de transports, de mobilité, d'aires industrielles et autres facteurs sont autant de paramètres pour lesquels il sera impératif d'apporter des solutions satisfaisantes. Pourtant, la mise en place de solutions optimales ne sera pas aisée dans la mesure où ces évolutions sociétales s'effectuent à une telle vitesse qu'il sera difficile de répondre avec les solutions adaptées dans le même temps imparti. En d'autres termes, il est peu probable que les grandes agglomérations africaines parviennent à résoudre leurs soucis de pollutions diverses en peu de temps, d'assainir les aires urbaines pour réduire les problématiques de santé publique. Enfin, s'il est incontestable qu'un immense potentiel de développement économique tend les bras à l'Afrique, il est très probable qu'elle devienne le continent des plus grandes inégalités, là où les disparités entre les plus riches et les plus pauvres seront les plus grandes. Les gouvernants publics devront veiller à ce que cet accroissement des inégalités ne devienne pas une source de déstabilisation sociétale. De même, nous pouvons toujours évoquer les disparités ethniques, confessionnelles et autres qui nuisent également à l'harmonie sociétale de nombreux pays, pas uniquement africains par ailleurs, tandis que les mouvances terroristes continuent de sévir et de troubler l'ordre social local voire régional.

La course aux ressources s'intensifiera car les besoins mondiaux croîtront. La fin annoncée de « l'ère du pétrole » (qui est au demeurant discutable ; il est plus raisonnable de penser que la demande en pétrole baissera au fur et à mesure que d'autres sources énergétiques deviendront plus prisées et produites en conséquence) augure de profondes mutations économiques pour des pays qui vivent de leurs rentes pétrolières et qui sont conscients de la nécessité impérative et urgente d'anticiper l'avenir en procédant à une diversification sectorielle de leur économie. Pour certains acteurs, la transition sera d'autant plus compliquée que leur dépendance au pétrole est grande, qu'ils rencontrent déjà des difficultés économiques et que d'autres circonstances font qu'ils ne parviennent pas à faire valoir un fort pouvoir d'attractivité. De même, la promotion en devenir des critères ESG peut rapidement devenir un nouveau handicap pour des économies nationales déjà en proie à des difficultés mais qui s'exposent également à des refus de coopération économique pour des raisons sociétales ou de gouvernance. Tous les scenarii sont envisageables. En somme, nous pressentons une forme d'intensification des pressions extérieures. Les détenteurs du capital parviendront à « prendre en otage » les acteurs les plus en difficulté pour leur imposer leurs conditions. Les plus puissants s'imposeront. Un tel scénario présente également des risques. Dans un environnement global binaire « dominants et dominés », les rapports de force vont s'en retrouver exacerbés, d'autant plus dans un climat général où les plus favorisés se livreront déjà une bataille sans merci pour asseoir, confirmer ou atteindre le leadership économique et / ou politique mondial. En somme, nous décrivons un monde comparable à celui de la boxe : tout le monde se bat mais tous les acteurs n'appartiennent pas à la même catégorie de poids… à la différence près que dans la boxe, des critères de poids sont définis pour ne pas faire combattre des acteurs aux gabarits trop différents. Dans les relations internationales, il n'existe pas de catégories de poids : tout le monde combat dans la même arène, comme dans la nature, sans aucune distinction ou considération des avantages et des handicaps de chacun. L'empathie y est rare. Les prédateurs demeurent à l'affût, peu importent les conséquences qui peuvent en être induites.

Les affres du réchauffement climatique

Bien que cette thèse ne soit pas unanimement reconnue, elle est majoritairement considérée comme un danger actuel et futur pour la survie de l'humanité. Qu'on l'admette ou non, les relevés météorologiques portant sur les températures moyennes ne cessent de croître depuis la période préindustrielle. Depuis lors, la communauté scientifique établit un lien entre la hausse des températures moyennes et les niveaux de gaz à effet de serre produits naturellement ou bien au travers d'une activité humaine. Il existe en effet des gaz à effet de serre qui résultent de causes naturelles.

Cependant, il serait erroné ou injuste de ne pas reconnaître le poids imposant de l'activité humaine. L'accroissement considérable des biens et des services ainsi que le confort moderne qui nécessite de recourir à des énergies polluantes ont fait exploser la demande et la consommation d'énergie, à commencer par les ressources fossiles dont les effets nocifs sur l'environnement peuvent difficilement être démentis. C'est ainsi que le réchauffement climatique est devenu un thème de plus en plus présent dans les médias et qu'il fait partie des préoccupations majeures des dirigeants politiques mondiaux. Les effets induits par le réchauffement climatique sont dramatiques à plus d'un titre. Les économies nationales en souffrent car les problèmes liés à la pollution sont devenus de vrais fardeaux en matière de santé publique. Des Etats n'ont plus les moyens de consacrer à la santé publique les ressources économiques suffisantes pour effectuer de la prévention, assainir des zones polluées ou tout simplement prendre en charge les malades.

D'autre part, le réchauffement climatique favorise d'autres phénomènes nuisibles pour la faune et la flore. La fonte rapide des glaces arctiques ou antarctiques interpelle.

Elle induit une montée progressive du niveau des océans. Plus le réchauffement climatique s'intensifiera et plus les calottes glaciaires fondront vite. De ce point de vue, des géologues considèrent que le point de non-retour a déjà été atteint et qu'il ne sera pas possible de freiner le rythme des fontes glaciaires. Le Secrétaire général des Nations Unies Antonio Guterres se fendit d'une déclaration lapidaire lors de la présentation du rapport annuel de l'organisation en annonçant que *« nous sommes au bord du précipice »*. [5] L'ONU avertit la communauté internationale que l'année 2021 serait cruciale pour lutter contre le changement climatique, rappelant que les températures moyennes relevées en 2020 montraient qu'il s'agissait de la troisième année la plus chaude depuis que ces dernières sont régulièrement étudiées. L'Organisation Mondiale de la Météorologie estime qu'il existe une chance sur cinq pour que la température mondiale augmente de 1,5°C à l'horizon 2024. Cette perspective est effrayante car une telle augmentation des températures montrerait d'une part que tout ce qui fut mis en branle lors de la COP 21 de Paris a abouti à un échec en termes d'objectifs définis et agréés par quasiment toute la communauté internationale ; d'autre part, de telles progressions dans la hausse des températures signifient que les effets néfastes déjà constatés vont s'intensifier et s'accélérer. Pire, malgré le ralentissement de l'activité économique mondiale en 2020 en raison de la pandémie Covid-19, les concentrations de gaz à effet de serre ont étonnamment augmenté.

Si notre intention n'est pas de diffuser des messages pessimistes, la lutte contre le changement climatique ne fournira pas de résultats probants avant de nombreuses années. Il n'y aura pas de révolution climatique comme il n'y aura pas de révolution énergétique dans la mesure où les

---

[5] AFP, *« Le temps presse pour s'attaquer à la crise climatique, avertit l'ONU »*, www.francetvinfo.fr, 19 avril 2021

changements opérés prendront du temps à être mis en place et à générer des résultats convaincants. En d'autres termes, nous ne parviendrons pas à nous affranchir de certaines menaces qui deviendront fatalement une réalité. Nous pensons par exemple à l'immersion à venir de nombreuses zones insulaires ou côtières. La zone terrestre habitable va s'en retrouver réduite et entraîner inéluctablement d'importants mouvements de populations. Au regard des zones qui seront prochainement immergées, cela concerne plusieurs centaines de millions d'individus qui devront migrer sous d'autres horizons… ce qui n'est pas sans risque. Si 5 à 10% de la population mondiale devait entrer dans la catégorie des réfugiés climatiques, beaucoup de questions se poseraient quant à leur vie dans d'autres zones géographiques. Les perturbations seraient grandes dans la mesure où de tels mouvements migratoires auraient nécessairement des impacts sur la stabilité socio-politique de nombreuses régions du monde.

Dans un autre registre, les vagues migratoires observées ces dernières années en provenance d'Afrique et d'Asie à destination du Vieux continent ont profondément divisé les Etats membres de l'UE qui ne s'accordaient pas pour l'accueil de ces populations qui fuient la misère, les injustices et les guerres. A l'échelle européenne, la gestion de crise migratoire a favorisé la montée en puissance des populismes et des partis politiques à vocation identitaire ou nationaliste. La crise migratoire ne « représente » pourtant qu'un faible nombre d'individus en comparaison des futurs réfugiés climatiques qui seront plusieurs dizaines voire centaines de fois plus nombreux. La géopolitique mondiale va nécessairement s'en retrouver impactée. Ce scénario deviendra prochainement une réalité, d'autant plus si l'Homme ne parvient pas à contenir le changement climatique. A défaut de fixer des objectifs trop ambitieux, il serait sans doute bon, dans un premier temps, d'essayer de ne pas aggraver une situation déjà préoccupante sachant qu'en 2021, la communauté internationale cherche à sortir de la crise pandémique et à relancer une économie globale très affectée. Cela passe déjà par une relance de la demande dans les besoins énergétiques. Dans un an, l'ONU rendra son nouveau rapport annuel et présentera ses conclusions pour 2021. Il sera alors temps de découvrir le message global de son Secrétaire général et surtout le ton de sa communication. En l'état actuel, il est résolument alarmiste.

Une diplomatie mondiale mise à rude épreuve

Covid-19, croissance économique ralentie, réchauffement climatique, crises locales ou régionales qui tardent à être définitivement résolues, raréfaction de certaines ressources naturelles stratégiques, exacerbation de la rivalité sino-américaine, Brexit, Russie qui continue d'être stigmatisée par l'Occident pour se retrouver au cœur des grandes turpitudes internationales, Turquie qui continue à souffler le chaud et le froid avec l'Occident et l'OTAN, etc… les exemples peuvent être multipliés à foison, un constat s'impose : les motifs de satisfaction sont rares. Les tensions sont vives au point qu'il n'est pas rare dans les médias de retrouver tout un champ lexical laissant entendre que le pire peut survenir en cas de défaut de contrôle de la situation : budgets défense en augmentation, nucléaire militaire, nouvelles armes aériennes (ce qui semble être développé par la Chine) ou maritimes (la Russie serait en train de développer une arme nucléaire qui provoquerait un tsunami avec la propagation de la radioactivité par l'eau), etc. Quant aux discours officiels, ils sont souvent inamicaux et teintés de menaces ou d'intimidations, surtout pour ce qui est des relations américaines avec la Russie et la Chine.

Lorsqu'une guerre éclate, c'est la résultante d'un échec de la diplomatie. Cela signifie-t-il que les diplomates n'ont pas été à la hauteur ? Non, la réponse est évidente. A l'instar de la médecine, toute maladie n'est malheureusement pas curable ou certaines le sont mais à la condition d'avoir été identifiées à un stade qui puisse permettre l'efficacité d'un traitement curatif. Il en va de même pour la diplomatie. Souvent, une crise regroupe plusieurs problématiques qui sont par ailleurs étroitement connectées. Ces interconnexions ou interdépendances rendent l'établissement du diagnostic encore plus compliqué car cela nécessite de traiter avec différents acteurs, de trouver des solutions concrètes mais surtout d'aboutir à un consensus. Convaincre des parties aux intérêts divergents d'enterrer leurs rancœurs et amertumes pour repartir de l'avant dans un climat pacifié n'a rien de simple. Pourtant, la diplomatie n'a rien d'une science exacte. Une fois de plus, la vérité du moment n'est pas systématiquement celle du lendemain. La diplomatie est évolutive.

Lorsque le Président Trump parvint à réunir Israéliens et Arabes du Moyen-Orient pour les convaincre de sceller un accord diplomatique, notamment au regard de leurs intérêts communs visant à faire front contre l'Iran, ce fut l'aboutissement « inespéré » d'un espoir de calme et de tranquillité entre acteurs qui avaient déjà eu des intérêts communs à défendre par le passé (notamment contre l'Iran depuis 1979) mais qui laissaient davantage exprimer les inimitiés plutôt qu'une volonté de se rapprocher pour unir leurs forces face à un ennemi commun car les raisons de la discorde l'emportaient sur l'esprit de concorde. Ce qui fut proposé par Donald Trump est manifestement un tour de force. Il faut reconnaître qu'il entretenait à titre personnel des relations amicales avec le Premier ministre israélien ainsi qu'avec le Prince héritier saoudien. Cela a sans doute été prépondérant pour amener sur la table cet accord diplomatique. Toutefois, bien que la diplomatie israélo-arabe du Golfe Persique ait soudainement pris un nouveau tournant, rien ne permet d'affirmer que tout soit rentré dans l'ordre entre ces « anciens ennemis ». De notre point de vue, les circonstances font qu'ils n'ont actuellement pas besoin de se quereller, pour l'instant.

La Russie et la Turquie ont alterné entre la tiédeur et la froideur ces dernières années entre défense d'intérêts nationaux antagonistes dans certains cas (notamment sur la question syrienne), divers épisodes sensibles qui laissaient entrevoir le spectre du déclenchement d'une guerre comme en 2016 avant que ne surviennent les événements de juillet et la tentative ratée de coup d'état en Turquie. Cet événement eut un effet inattendu de déclic diplomatique. Moscou et Ankara finirent par se rapprocher car comprenant que les deux capitales devaient associer leurs efforts pour contrarier les puissances occidentales. La Russie était effectivement frappée par les sanctions occidentales en raison de la crise ukrainienne et de l'annexion de la Crimée. Quant à la Turquie, le Président Erdogan aimait à provoquer l'UE et l'OTAN dont elle fait partie. De l'escalade des tensions, la donne changea complètement quelques semaines plus tard lorsque fut scellé un projet qui avait été mis à l'arrêt : la confirmation de la construction du gazoduc South Stream dans la mer Noire. Le pragmatisme diplomatique l'emporta. Cela ne signifie pas pour autant qu'il n'existe plus de sources de désaccord entre la Russie et la Turquie. Ces dernières peuvent ressurgir à tout moment.

Enfin, il ne faut pas occulter cette tendance qui sous-entend un malaise latent : la montée en puissance des leaders populistes dans le monde. Cette tendance n'est pas anodine. Elle traduit un sentiment général de ressenti négatif des populations civiles à l'égard des leaders politiques modérés. Lorsque ces derniers ne parviennent pas à donner satisfaction à l'électorat (pour ce qui est des systèmes démocratiques), la relation de confiance entre gouvernants et gouvernés se tend jusqu'au point d'accorder la confiance à de nouveaux dirigeants aux idées beaucoup plus radicales. C'est le cas des leaders qui défendent des idéaux identitaires. On n'arrive pas à l'élection d'un politique défendant de telles idées par hasard. Cela résulte de ressentis populaires qui recherchent des dirigeants susceptibles de prendre des décisions tranchées et suivies d'effet. Une société en crise, notamment lorsqu'elle s'inscrit dans la durée, cherche à identifier des coupables. Bien souvent, le coupable est celui qui est désigné comme « l'étranger ». Dans de pareilles circonstances, les politiques populistes ont le vent en poupe. C'est ainsi que Donald Trump ou Jair Bolsonaro ont été élus. Leurs discours créent des polémiques mais en temps de crise économique et / ou sociale, ils finissent par séduire. Une fois élus, ces dirigeants populistes se montrent rarement sous un jour de fins diplomates. Ils développent plutôt une tendance à vouloir décider, imposer ou s'opposer avec autorité sans laisser la moindre chance à la diplomatie de s'exprimer réellement. C'est ce qui fut mis en place par Donald Trump pendant quatre ans aux Etats-Unis. Joe Biden cherche désormais à donner une autre image de son pays sur la scène internationale mais il lui faut pourtant montrer sa détermination à ne pas se laisser « dominer » par quiconque et le laisse entendre sans ambages.

Le climat global est anxiogène. De tous temps, la diplomatie a été soumise à des épreuves qu'elle ne parvint pas à surmonter lorsque des guerres éclatèrent. Depuis un quart de siècle, la diplomatie rencontre assurément un nouvel obstacle : la technologie numérique. Certes, les diplomates occupent toujours un rôle essentiel pour désamorcer des crises mais leur travail est rendu plus difficile avec internet. En un minimum de temps, une information est diffusée dans le monde et peut faire des ravages. La maîtrise de l'information est ardue car il s'agit de déterminer si elle est véridique ou fausse, si elle est authentique ou a fait l'objet d'une déformation, d'en comprendre l'origine de sa diffusion, etc. Lorsqu'il s'agit d'une information officielle, là encore, le fait qu'elle soit répandue quasi-instantanément complexifie les missions diplomatiques parfois prises au dépourvu. Les communications officielles ne sont pas toujours maîtrisées par leurs auteurs. D'autre part, le fait de pouvoir communiquer instantanément et sans filtre avantage vraisemblablement la « communication directe », celle qui fait fi des protocoles et des formules policées. Nous gardons en mémoire les diatribes de Mahmoud Ahmadinejad à l'encontre d'Israël pendant les années 2000, les menaces proférées par la Corée du Nord et les Etats-Unis pouvant potentiellement déboucher sur un conflit nucléaire ou plus récemment les tensions russo-américaines avec les rappels à l'ordre et avertissements proférés par les deux camps. On s'avertit mutuellement, on se jauge, on se menace : cela provient des chefs d'Etat ou de gouvernement, pas toujours en accord avec les services diplomatiques qui auraient sans doute conseillé une autre communication. Pourtant, les escalades verbales sont heureusement et rarement suivies d'effet avec le déclenchement d'une tension laissant craindre le pire. A défaut de désamorcer une crise, elles établissent comme des règles du jeu dignes de la saga *Star Wars* : lorsqu'on attaque l'empire, l'empire contre-attaque. Cependant, il est manifeste que dans un environnement où toute information circule à très grande vitesse et devient consultable par le plus grand nombre, tout défaut de maîtrise de la communication peut rapidement générer d'importantes conséquences, à plus forte raison dans une communauté internationale sous tension.

Le nucléaire : la crainte mondiale

Ce n'est un secret pour personne : l'atome fait peur. Qu'il soit destiné à des fins civiles ou militaires, il a ses défenseurs mais aussi de nombreux détracteurs. Il y a dix ans, la catastrophe de Fukushima rappela ô combien l'activité nucléaire peut être dangereuse. Pourtant, le tremblement de terre et le tsunami sont survenus dans un pays qui vit au gré de ces catastrophes naturelles et qui fait son possible pour déployer les moyens nécessaires visant à limiter les dégâts. Cela vaut pour le secteur immobilier mais également pour les installations nucléaires qui font l'objet de normes de construction et d'entretien draconiennes. Le Japon est très à la pointe en matière de prévention contre les catastrophes naturelles mais l'intensité de la catastrophe fut telle qu'il y eut cet incident nucléaire de Fukushima qui a fait date depuis lors. A l'instar de Tchernobyl qui marqua durablement les esprits, Fukushima rappela que l'activité nucléaire n'est pas sans risque.

Quant au nucléaire militaire, il va sans dire que depuis 1945 et les premiers essais nucléaires américains, les armes nucléaires n'ont cessé de voir leur puissance augmenter. En d'autres termes, l'éclatement d'un conflit nucléaire peut laisser craindre le pire pour l'humanité. Le problème est que le nucléaire militaire devait être l'apanage de quelques puissances étatiques et qu'en raison de la dangerosité de ces armes, le concert des nations souhaitait circonscrire le nombre d'Etats détenteurs d'armes nucléaires… Quelques décennies plus tard, le cercle des détenteurs s'était en réalité agrandi. Les Etats-Unis, la Russie et la Chine en font partie. Il convient de rappeler que des pays ont développé des programmes nucléaires malgré les réticences de la communauté internationale : la Corée du Nord, l'Iran ou encore le Pakistan. Ce dernier exemple est d'autant plus sensible que les relations bilatérales indo-pakistanaises sont houleuses voire délétères et qu'il n'est pas incongru qu'un dérapage nucléaire puisse un jour survenir tant les hostilités sont grandes... Et que dire des heurts qui persistent entre l'Inde et la Chine dans les zones frontalières himalayennes ?

Le Président Trump avait fait le pari de vouloir dénucléariser la Corée du Nord grâce à son sens prononcé pour la négociation. L'initiative de vouloir désamorcer la crise diplomatique avec Kim Jong-Un fut tout à son honneur mais ses espoirs d'obtenir satisfaction furent vite douchés par une réalité qu'il avait assurément sous-estimée : l'ombre de Pékin derrière Pyongyang. Si une véritable « amitié » naquit entre les deux hommes, le début de la présidence Trump fut marqué par des propos hostiles à l'égard de la Corée du Nord qui ne manqua pas de répondre en retour... avant la première rencontre de Singapour suivie l'année suivante par celle de Hanoi où chacun tint des propos dithyrambiques à l'égard de l'autre... tandis que les négociations stagnaient. Depuis que Donald Trump n'est plus le Président des Etats-Unis, le régime nord-coréen a depuis lors à nouveau véhiculé le message que la patrie de l'Oncle Sam faisait office d'ennemi national et que le recours à la force pouvait toujours être déployé... Une ambiance belliqueuse s'est à nouveau mise en place. Il s'agit à l'évidence d'une forme de pression exercée sur l'Administration Biden tandis que Pyongyang continue de bénéficier de la bienveillance de Pékin. D'une part, le projet de dénucléarisation de la Corée du Nord est voué à l'échec. Cette initiative fut une erreur de la part de Donald Trump qui s'en retrouva humilié alors qu'il était persuadé de pouvoir faire plier Kim Jong-Un. D'autre part, il a probablement miné le terrain de Joe Biden en procédant à ce rapprochement diplomatique israélo-arabe quelques semaines avant l'élection présidentielle américaine. Il s'agit d'une véritable leçon de diplomatie qui peut être formulée de la sorte : comment pourrir le travail de son successeur en quelques pirouettes ?

Qu'attendre de la gouvernance Biden ?

Depuis janvier 2021, le Président des Etats-Unis d'Amérique est Joe Biden. Durant une campagne électorale houleuse, des élections fortement agitées et un contexte post-électoral délétère, le Congrès reconnut ou plutôt entérina une victoire électorale longuement contestée par Donald Trump. Deux semaines avant l'investiture officielle, les Etats-Unis connurent un des épisodes les plus sombres de leur histoire nationale avec l'envahissement du Capitole faisant suite à un discours tenu par Donald Trump dans les rues de Washington. Les images de ces scènes surréalistes firent le tour du monde, jetant sur la patrie de l'Oncle Sam du discrédit quant aux valeurs démocratiques prônées par un pays qui s'est si souvent investi dans des conflits internationaux au nom de ces principes. Le système démocratique américain fut ébranlé. Il appartenait donc à Joe Biden de rapidement trouver les mots pour calmer les esprits dans un environnement global déjà éprouvé par la propagation de la pandémie Covid-19, les conséquences économiques induites par cette crise sanitaire, les tensions raciales qui se multiplient dans plusieurs régions du pays et en particulier l'élan de contestation à l'égard des forces régaliennes fédérées contre les populations afro-américaines, etc. La tornade Trump avait fait des dégâts. Le 45ème Président des Etats-Unis avait fait de son credo le slogan « *America first* » un leitmotiv qu'il s'attacha à mettre en avant en toute occasion, quitte à se mettre à dos les partenaires politiques et économiques traditionnels. Il disposait de plus d'un fort soutien populaire bien que ses détracteurs fussent nombreux. Il incarnait l'image d'un chef d'Etat clivant, adulé ou détesté. Après trois années d'exercice du pouvoir, il surfait pourtant sur une cote de popularité inédite pour un Président des Etats-Unis. Ses résultats économiques étaient bons. C'est l'irruption de la crise sanitaire qui perturba le bon ordre établi par Donald Trump.

Sa gestion de crise polémique contribua à la montée des insatisfactions et il apparut rapidement qu'elle constituerait un talon d'Achille qu'il ne parvint pas à surmonter. La suite est connue : les sondages accordèrent une large avance au candidat démocrate au fur et à mesure que l'élection de novembre 2020 approchait. Le Président sortant, sûr de sa force, n'imaginait pas un seul instant perdre l'élection et avait martelé à l'envi le message selon lequel une victoire démocrate ne pourrait provenir que d'une élection truquée. Le mal était fait. Pendant la période de transition de deux mois et demi qui suivirent l'échéance électorale, le climat socio-politique aux Etats-Unis fut des plus malsains avec en point d'orgue ce jour de la honte, le 6 janvier 2021, jour lors duquel l'impensable se produisit : une attaque populaire contre les institutions garantes de la démocratie nationale.

Joe Biden savait d'emblée qu'il lui faudrait trouver les mots justes pour apaiser les tensions, rassurer ses concitoyens et gagner la confiance d'une nation qui devait se remobiliser au plus vite. De même, il savait également qu'il lui faudrait rapidement trouver ses marques sur la scène internationale. Bien qu'il fût vice-président des Etats-Unis sous l'ère Obama, il enfilait pour la première fois le costume du chef de la destinée politique et économique de la nation, devant succéder à un homme qui parvint en quatre ans à isoler son pays sur la scène internationale. Joe Biden n'a jamais caché son envie de se rapprocher des alliés traditionnels, de rétablir des relations diplomatiques amicales, de panser les plaies de quatre années de gouvernance Trump. Les alliés occidentaux demandaient à être rassurés. De même, il s'était engagé à mener bataille contre le changement climatique, thématique qui avait valu à Donald Trump de s'attirer les foudres de la communauté internationale… Joe Biden était conscient de ce qui allait l'attendre une fois l'investiture officialisée : renouer de bonnes relations avec les alliés occidentaux mais également s'affairer sur les relations tendues avec la Russie et la Chine. Lui qui fut suspecté par certains médias de son pays d'accointances anciennes avec la Chine se devait de montrer sa fermeté à l'égard de ce rival, de reproduire avec un style différent ce que Donald Trump mit en exergue sans discontinuer : conserver le leadership économique mondial.

Aux yeux de Washington, Pékin est une menace, d'autant plus que les sphères dirigeantes du géant économique asiatique ne se cachent plus de leurs ambitions. La Russie demeure également un autre cas épineux. Si Donald Trump avait cherché à apaiser les tensions tenaces avec la Russie malgré les suspicions d'interférence russe dans les élections américaines de 2016, Joe Biden n'a nullement montré l'intention de chercher à construire une relation diplomatique courtoise avec Moscou, accusant même le Président Poutine d'être un « tueur » dans les médias américains. Cependant, c'est peut-être le dossier du nucléaire iranien qui risque de poser le plus de problèmes à la gouvernance Biden. On n'arrête pas d'évoquer les relations tumultueuses que les Etats-Unis risquent d'entretenir avec la Russie et la Chine mais circonscrire les relations extérieures américaines à ces deux cas est trop réducteur. L'Iran fait partie de ces acteurs étatiques qui peuvent à tout moment incarner l'image de l'élément perturbateur… et il le sera immanquablement dès lors qu'il a annoncé vouloir enrichir davantage son uranium pour faire pression sur une Administration Biden qui doit composer avec les insatisfactions d'Israël et de ses désormais alliés arabes. Téhéran a su toucher un point sensible. De même, comment appréhender la reconnaissance du génocide arménien faite par le Président américain le 24 avril ?

Cette dernière question soulevée est le dernier acte d'une tendance actuelle promue par le Président Biden : prendre position tout en s'exposant à des difficultés diplomatiques à gérer. Cette tendance avait déjà été vue lors de la campagne électorale pour la course à la présidentielle lorsqu'il annonça son intention d'ouvrir un nouveau dialogue avec l'Iran pour la gestion du dossier nucléaire… mais la donne au Moyen-Orient avait changé avec la signature de l'accord diplomatique scellant une alliance israélo-arabe dans la région en vue de s'unir contre un ennemi commun : l'Iran. Dès lors, le souhait de relancer les discussions sur l'accord nucléaire devenait périlleux puisque le régime de Téhéran réagit aussitôt en exerçant une nouvelle pression portant sur l'enrichissement de l'uranium. L'Iran joue son va-tout et en termes de stratégie, c'est probablement ce qu'il fallait faire pour opérer un coup de pression sur Washington. L'effet fut garanti. Cette proposition faite à Téhéran déplut aussitôt à Jérusalem ainsi qu'à Riyad. Le Président Biden s'est ainsi mis en difficulté pour sa négociation avec l'Iran mais également en délicatesse avec les pays avec lesquels son prédécesseur s'était rapproché, lui-même ayant rétabli de bonnes relations diplomatiques avec Israël et l'Arabie saoudite alors que Barack Obama avait achevé son deuxième mandat présidentiel avec une vision défendue au Moyen-Orient qui avait refroidi les relations diplomatiques avec les alliés traditionnels de Washington dans la région. Il y a donc une impression de bis repetita qui est en train de prendre forme à la différence près qu'il existe désormais un accord diplomatique rapprochant Israël et plusieurs puissances arabes de la péninsule arabique. Faut-il pour autant considérer que Joe Biden a sous-estimé la situation ou a péché dans sa vision diplomatique ? Pas forcément, dès lors que le but recherché lors de la campagne présidentielle consistait à sortir les Etats-Unis de son isolationnisme et de retourner à une vision diplomatique plus classique, de trancher rigoureusement avec le style Trump et de poursuivre la politique étrangère entreprise par Barack Obama. Toutefois, cet engagement a des limites et dans un environnement global extrêmement interconnecté, se risquer à prendre une position tranchée revient à s'exposer à des inimitiés.

Le dernier cas en date est la reconnaissance du génocide des Arméniens qui survint en 1915 sous la houlette des autorités ottomanes. Personne ne conteste la survenance de ce génocide. Cependant, cette reconnaissance officielle émanant de la Maison Blanche survient-elle à un moment opportun ? Rien n'est moins sûr. En effet, si cela a eu pour mérite de réjouir l'Arménie (par ailleurs en proie à des difficultés internes avec la démission de son Premier ministre à quelques heures de la tenue d'élections législatives), pays caucasien dont les élites locales se sont rapprochées des Etats-Unis lors des dernières années écoulées, cette reconnaissance a surtout eu le don de provoquer la colère turque. Cet acte politique avait évidemment pour but de contrarier le Président Erdogan, homme d'Etat qui apprécie de troubler la géopolitique de l'Europe orientale et du Moyen-Orient, homme d'Etat convaincu qu'il peut assouvir un vieux rêve de restaurer la grandeur turque dans une région en proie à des crises durables. Si la reconnaissance du génocide des Arméniens avait pour intention de provoquer la colère d'Ankara, l'objectif a sans doute été atteint. En revanche, est-ce le meilleur moment de provoquer la Turquie, Etat membre de l'OTAN, tandis que le spectre d'une nouvelle guerre opposant la Russie à l'Ukraine n'est pas définitivement écarté en Europe de l'Est ?

De notre point de vue, cette reconnaissance est sans doute la bienvenue sur le fond. Quant à la forme, le moment n'était sans doute pas opportun. Dans un esprit comparable à ce que peut faire l'Iran à l'égard des Etats-Unis, la Turquie est un acteur étatique isolé sur la scène internationale mais son leader politique sait sortir les attaques qu'il estime nécessaires en temps opportun pour provoquer l'UE, les Etats-Unis, l'OTAN dans son ensemble ou encore la Russie, pays avec lequel les relations diplomatiques sont très fluctuantes. La reconnaissance du génocide arménien est par conséquent un geste fort, une communication tant attendue de la part d'Erevan qui salue avec beaucoup de chaleur toute reconnaissance étrangère de cet événement dramatique de la Première Guerre mondiale. Cette reconnaissance effectuée par le Président Biden avait sans doute une deuxième motivation : adresser un message au Kremlin. Il n'y avait pas qu'un seul destinataire désigné dans cette reconnaissance faite par la Maison Blanche. Cependant, nous ne sommes pas convaincus qu'il faille adresser des messages de la sorte pour raviver des tensions avec la Turquie ou la Russie alors que la principale préoccupation de la gouvernance américaine porte sur la rivalité qui tend à s'intensifier avec la Chine. Il ne s'agit évidemment que d'un point de vue mais une évidence ressort : la crise pandémique de la Covid-19 a causé beaucoup de mal dans le monde. Outre le drame humain et les désormais plus de trois millions de décès officiellement imputés à cette forme de virus, l'économie mondiale a été fortement fragilisée. Les cours du pétrole étaient remontés jusqu'à 70$ par baril échangé. Ils oscillent désormais entre 60 et 65$. Le monde financier n'est pas serein. Quant à la gestion de crise sanitaire, malgré les campagnes de vaccination, rien ne garantit que les vaccins s'avèrent efficaces contre les nouveaux variants de la Covid-19. En somme, c'est en période de trouble ou d'incertitude que les opportunités d'enfoncer le clou sont les plus grandes.

Autrement dit, dans le cadre du duel sino-américain, les attaques les plus incisives n'ont sans doute pas encore été portées mais l'Administration Biden s'est déjà mise en difficulté sur plusieurs dossiers internationaux.

Diplomatie impuissante face aux problématiques nucléaires ?

La question mérite d'être soulevée car en dépit du Traité de Non-Prolifération (TNP) de 1968, l'arsenal nucléaire militaire n'a depuis lors jamais cessé de croître en quantité mais également en qualité. Les armes sont de plus en plus puissantes. Les bonnes volontés internationales survenues en pleine guerre froide après quelques périodes extrêmement tendues ont été éclipsées par une réalité bien plus pragmatique : un acte de droit international rencontre des limites dès lors qu'un acteur souhaite se désengager. Ce fut le cas des Etats-Unis avec l'Accord sur le climat de Paris. Personne n'a pu empêcher Donald Trump d'aller jusqu'au bout de ses idées. Cela étant, Joe Biden avait fait de la réintégration de son pays dans cet accord international une priorité. En somme, rien n'est figé, tout est réversible, dans le bon comme dans le mauvais. Il en va de même pour le TNP. Personne ne peut contraindre un autre Etat à signer puis à ratifier un acte de droit international. C'est une première limite. D'autre part, le fait qu'un Etat puisse également se retirer d'un accord pose la question de la pérennité ou de la légitimité de l'accord convenu s'il est possible de revenir sur un engagement. Dans le cas du nucléaire, plusieurs Etats n'ont jamais signé le TNP. L'Inde, le Pakistan et Israël ne se sont jamais engagés. Ces exemples ne sont pas anodins puisqu'entre l'Inde et le Pakistan subsiste toujours la peur d'un déclenchement de guerre nucléaire. Enfin, la Corée du Nord est un cas unique puisque le pays s'était initialement engagé dans le TNP avant de s'en retirer et de se lancer dans un programme nucléaire militaire. Le constat est manifeste : au risque d'être critiqués par les spécialistes du *jus cogens* [6], le droit rencontre selon nous un obstacle de taille : la détermination des dirigeants étatiques. Cela ne vaut pas uniquement pour les régimes autoritaires. Les régimes démocratiques peuvent également se désengager d'un accord de droit international. Les Etats-Unis l'ont démontré avec de l'Accord sur le climat signé à l'issue de la COP 21.

Le cas nord-coréen est intéressant dans la mesure où les inimitiés américano-nord-coréennes sont disproportionnées : l'économie nord-coréenne est exsangue mais le budget défense de la nation concentre l'essentiel des ressources du pays. Cela a permis d'acheter ou de développer des armes sophistiquées, puissantes et potentiellement destructrices. Donald Trump crut en son temps pouvoir parvenir à faire plier Kim Jong-Un, le pousser à accepter une dénucléarisation totale du pays… sans véritable contrepartie. Si l'hypothèse d'une dénucléarisation de ce bastion communiste paraissait peu probable, elle le devenait encore plus avec la volonté américaine de mettre Pyongyang au pas. Il en résulte que sûr de sa force, Donald Trump engagea le dialogue avec Kim Jong-Un qui accepta de le rencontrer par deux fois. A l'issue de la rencontre de Singapour, l'impensable se produisit : une amitié entre les deux hommes sembla naître ! Pourtant, tout laissait croire que la Corée du Nord était en train de se jouer de Donald Trump qui n'est finalement jamais parvenu à obtenir ce qu'il souhaitait. Excès de naïveté et / ou inexpérience des arcanes diplomatiques internationales, sans compter qu'il ne lui fut pas conseillé d'engager le dialogue avec la Corée du Nord, Donald Trump a surtout surestimé ses capacités de négociation, occultant le soutien chinois apporté à son voisin. Comment

---

[6] Note de l'auteur : en droit international, le *jus cogens* est une norme impérative. Elle est définie par la Convention de Vienne de 1969. Cette expression provient d'une locution latine qui signifie droit contraignant.

pouvait-on imaginer un seul instant que ce régime politique dynastique allait accepter de se dénucléariser et ainsi fragiliser la position de la famille Kim dans le pays ?

Cette famille règne sans partage sur la Corée du Nord car elle détient tous les moyens de contraindre chaque habitant de se conformer aux exigences du régime. La force militaire et en particulier nucléaire fait partie des « fiertés » nationales, des instruments de propagande pour s'assurer de conserver un soutien populaire indéfectible, bien que ce soutien soit également marqué par le sceau de la coercition. La Chine ne pourrait pas accepter de voir la Corée du Nord se soumettre à des conditions américaines, c'est-à-dire de rapprocher géographiquement des troupes militaires américaines à quelques encablures des frontières chinoises. La Corée du Nord fait office d'état-tampon avec le monde occidental (bien qu'il s'agisse de l'Extrême-Orient, il faut comprendre une alliance de pays bénéficiant d'alliances militaires avec les Etats-Unis) et cette condition géographique particulière permet à la famille Kim d'espérer poursuivre sa domination sur un système étatique qui a toutes les raisons de croire en un soutien effectif opéré par la Chine en dépit de sanctions onusiennes. La réalité est la suivante : bien que la communauté internationale critique le contournement des sanctions adressées à la Corée du Nord par la Chine, qui osera aller sommer Pékin de couper ses aides à l'égard de son voisin ? Voilà un autre exemple d'actes juridiques internationaux pour lesquels les conditions peuvent facilement être contournées puisque rien ne permet à quiconque d'imposer à Pékin de suspendre son aide à Pyongyang. En l'occurrence, bien que la Chine s'agace parfois des agissements de son voisin en matière de véhémence adressée aux Etats-Unis et des tests qui effrayent la communauté internationale, la Corée du Nord lui est cependant très utile, à plus forte raison dans un environnement global où la Chine a clairement affiché ses ambitions économiques et par conséquent, d'asseoir toujours plus sa force politique à l'international.

Vers une nouvelle forme de guerre froide

Les avis sont partagés sur la question. Certains évoquent une nouvelle guerre froide s'installant entre les Etats-Unis et la Chine. D'autres préfèrent ne pas comparer cette rivalité à celle qui opposa naguère les Etats-Unis à l'URSS. Le contexte est différent mais il existe des similitudes : les tensions économiques et politiques subsistent. Elles connaissent des pics en intensité. Le *hard* et le *soft power* sont toujours au cœur des rivalités, ce qui fut déjà le cas entre 1945 et 1989. En revanche, deux grandes différences sont à ce jour notables : premièrement, il n'y a pas de rivalité mettant aux prises deux blocs constitués d'alliances étatiques. Lors de la guerre froide, deux superpuissances s'opposaient effectivement mais chacune disposait d'alliés au sein de deux organisations, l'OTAN d'un côté et le Pacte de Varsovie de l'autre. Deuxièmement, la guerre froide reposait également sur une opposition idéologique en matière de gouvernance politique et économique. La rivalité sino-américaine concerne ces deux seules puissances économiques et politiques ; quant à l'idéologie, si la Chine est officiellement menée par un parti unique, le parti communiste, la gouvernance proposée par les dirigeants chinois depuis un quart de siècle est incomparable à celle prônée par Mao Zedong en son temps. L'économie chinoise est évidemment tournée vers l'économie de marché. C'est désormais le pays qui « produit » le plus de milliardaires chaque année. De plus en plus de Chinois parviennent à construire des fortunes considérables en peu de temps. Il s'agit donc d'un modèle économique très éloigné de l'esprit communiste. Les chercheurs qui rechignent à accorder l'appellation « guerre froide » à la rivalité sino-américaine ont raison de le faire si la comparaison s'attache aux particularisme de la tension

Est-Ouest qui agita le monde pendant quatre décennies. Il existe effectivement des différences fondamentales. Pour autant, la rivalité sino-américaine semble partie pour s'étaler dans le temps, comme cela fut le cas pour la guerre froide. Il y a donc la notion de durée mais également le fait que la rivalité porte sur les *hard* et *soft power* si chers à l'ancien Sous-secrétaire à la Défense pour les affaires de sécurité internationale des Etats-Unis et théoricien des relations internationales Joseph Nye.

Une des inquiétudes porte sur le développement spectaculaire de l'arsenal militaire chinois. Le budget défense de la Chine est conséquent. Quant à son armement, il croît en quantité mais aussi en qualité. Est-ce que pour autant une escalade des tensions entre Washington et Pékin comporte un risque de dégénérescence au point d'envisager la survenance d'un conflit armé ? Si le risque n'est pas nul, il demeure toutefois faible. Avec les moyens militaires dont les deux pays disposent, l'éclatement d'un conflit armé serait une catastrophe mondiale. Or les deux pays sont gouvernés par des dirigeants pragmatiques pour vont jouer de la menace, de l'intimidation mais sans doute pas jusqu'au point de non-retour de les mettre à exécution. La rivalité est technologique. Chacun cherche à montrer à l'autre ce dont il est capable au travers d'opérations de cyberattaques ou autres moyens visant à déstabiliser l'adversité. La politique menée par Donald Trump sur les taxes d'importation de produits chinois en est un exemple. Cependant, il ne faut pas occulter la dimension suivante : chercher à affaiblir l'adversaire voire à le mettre hors d'état de nuire. Cela rappelle inévitablement l'épilogue de la guerre froide avec l'effondrement de l'URSS.

Le pragmatisme politique américain et chinois nous laisse espérer que l'affrontement n'aboutira jamais sur un terrain armé. Il existe désormais d'autres moyens de perturber l'équilibre politique et économique d'un pays. La promotion des critères ESG peut être perçue comme une tentative de déstabilisation du système économique chinois car en ligne de mire de ces critères, les Etats-Unis considèrent à bien des égards que la Chine n'en est pas respectueuse… tandis qu'aucun cadre juridique n'a clairement défini ces critères. Les acteurs économiques américains et globalement occidentaux disposent désormais d'une arme pour conditionner ce qu'ils qualifient « d'investissement responsable ». Sous des apparences soucieuses de faire converger l'environnement d'affaires international vers un monde meilleur, une des idées sous-jacentes est sans doute de contrarier les possibilités d'investissements de la Chine hors de ses frontières, de sensibiliser la communauté internationale à ces nouveaux standards que les acteurs économiques cherchent à normaliser pour freiner les ambitions économiques chinoises. Il s'agit d'une opinion mais l'apparition des critères ESG dans le climat d'affaires international n'est assurément pas étrangère à la rivalité sino-américaine.

Aux noms de la responsabilisation et de l'engagement éthique, l'idée est de forcer la Chine à se conformer à ces exigences pour la pousser à adopter des comportements qui ne correspondent pas nécessairement à ce qu'elle a l'habitude de déployer pour gagner des parts de marchés à l'international. C'est ainsi que nous sommes d'avis que ces critères ESG ont de bonnes chances de voir leurs poids d'influence grandir rapidement ces prochaines années. Pour autant, la Chine ne va sans doute pas rester inactive. Elle va chercher à contrarier les plans économiques américains sur d'autres terrains. Depuis quelques années, le marché des cryptomonnaies se développe et des Etats commencent sérieusement à considérer la possibilité de faire basculer leur système monétaire national vers des cryptomonnaies pour lesquelles la technologie blockchain serait par exemple utilisée. La Chine est un pays où la monnaie papier tend progressivement à disparaître. Les paiements numériques sont en pleine explosion. Il ne s'agit là que d'un exemple mais il se pourrait que Pékin cherche à nuire à la force du dollar américain sur les marchés financiers internationaux. Toujours est-il que la rivalité sino-américaine est une réalité et qu'elle est partie pour durer. Les nouvelles technologies (le numérique en particulier) ou de nouveaux standards divers et variés mis en place pour les échanges internationaux feront partie de ces armes qui viseront à affaiblir le rival.

Conclusion

Le monde est donc multipolaire et fou. C'est notre conclusion. Nous avons essayé de l'étayer avec des arguments d'ordre politique, géopolitique mais également économique. Sur ce dernier point, nous ne devons pas occulter la réalité des marchés financiers pour lesquels plane une grande incertitude : avec la Covid-19 et cette crise sanitaire à durée indéterminée, les banques centrales continuent de créer de la masse monétaire et les Etats continuent de souscrire à des emprunts considérables. La masse monétaire en circulation est immense et il va fatalement se poser la question du risque inflationniste. Pourtant, dans l'absolu, la crise économique ne serait pas pour maintenant. Les analystes financiers ne semblent pas davantage préoccupés car les marchés financiers anticipent sur des tendances à court terme. En revanche, lorsque le dysfonctionnement est grand, c'est dans pareil cas que survient le krach boursier.

Pour résumer succinctement la tendance, une valeur référence permet généralement de comprendre les tendances en devenir. Les bons du trésor américain portant sur dix ans donnent une précieuse indication avec l'évolution de leurs taux d'intérêts. Actuellement, les projections demeurent sur des taux d'intérêts qui devraient rester bas. En somme, le moment délicat interviendra lorsqu'il faudra retrouver le juste équilibre entre le retrait d'une partie de la masse monétaire en circulation, le contrôle d'un risque inflationniste maîtrisé et la probable hausse à venir des taux d'intérêts qui interviendra pour compenser le retrait de la masse monétaire en circulation. Cependant, la théorie ne solutionne pas automatiquement la réalité. Entre la prévision d'un scénario et ce qui se passe concrètement, il existe parfois un grand écart causé par des éléments perturbateurs et inattendus. Le cas échéant, la crise sanitaire Covid n'est pas résolue. Des Etats comme la France et l'Italie ont désormais la tentation d'essayer de relancer peu à peu leur économie nationale en levant certaines restrictions qui frappent les personnes physiques et morales tandis que d'autres optent au contraire pour une stratégie plus contraignante pour les individus et les entreprises comme en Allemagne ou aux Pays-Bas. Il est certain que plus la crise sanitaire durera et plus les effets économiques seront néfastes pour les Etats. Ces derniers cherchent ainsi à relancer la vie économique afin de réduire progressivement les aides publiques apportées pour combler les manques à gagner des entreprises ou aider les personnes physiques ayant subi des pertes de revenus. Cela étant, une grande inconnue subsiste : quid du secteur financier si d'aventure les vaccins commercialisés contre la Covid-19 se révélaient être inefficaces contre les nouveaux variants ?

A ce jour, il est regrettable de constater que le monde médical ne parvienne pas à communiquer sur le sujet d'une voix unanime. En somme, rien ne permet d'affirmer ou d'infirmer quoi que ce soit si ce n'est que personne ne parvienne à affirmer avec certitude que les vaccins seront efficaces contre les nouveaux variants. Si le scénario d'une inefficacité ou d'une efficacité relative devait se profiler, une tendance globale planerait sur les politiques publiques décidées par les Etats car il semblerait que le variant indien, par exemple, soit particulièrement agressif. En d'autres termes, une propagation à grande échelle du variant indien entraînerait sans doute des répercussions sur les libertés individuelles mais également la vie économique puisqu'il ne serait dès lors pas surprenant que de nouveaux confinements de populations soient prononcés. Nous avons donc une certitude : nous vivons en pleine incertitude !

Le climat global est incertain. Il est difficile de se prononcer sur la manière dont évolueront les relations internationales si ce n'est que la rivalité sino-américaine va continuer de monter de s'intensifier tandis que d'autres sujets préoccupants continuent d'alimenter le rang des incertitudes. Quid de la lutte contre le changement climatique ? Quid des crises du Moyen-Orient ? Dans ce contexte, comment va se comporter la Turquie, pays pivot dans une région en proie à d'immenses difficultés socio-politiques et qui joue au chat et à la souris avec les Etats-Unis, l'UE ou encore la Russie ? Comment vont évoluer les relations Russie-Etats-Unis ou Russie-UE, et plus globalement avec l'OTAN qui comporte parmi ses Etats membres la Turquie ? En ce mois d'avril 2021, un nouveau pic de tensions fut atteint entre la Russie et l'Ukraine portant sur le spectre d'une nouvelle guerre au travers d'informations inquiétantes communiquées et relayées par les médias. Nous n'avons pas été convaincus car nous ne voyons pas l'intérêt pour la Russie, l'Ukraine et globalement l'OTAN de provoquer une nouvelle discorde en Europe de l'Est qui affaiblirait sans doute beaucoup de monde en Occident mais qui impacterait beaucoup moins la Chine. En effet, le scénario d'une nouvelle guerre nous semble d'autant moins crédible que la véritable préoccupation occidentale porte sur la Chine. Pourtant, ces informations alimentent ou contribuent à maintenir une ambiance globale particulièrement anxiogène pour l'ensemble de la communauté internationale. Les sources d'inquiétude sont effectivement nombreuses et le sentiment qui prédomine est celui du pouvoir limité de la diplomatie qui, malgré les bonnes volontés affichées par les acteurs étatiques, se heurte parfois à des divergences d'intérêts qui pèsent davantage dans la balance, qui plaident davantage en faveur d'une non-résolution d'une problématique diplomatique afin de laisser planer un climat pesant au sein duquel deux superpuissances s'offrent un duel de titans, donnant presque l'impression d'éclipser le reste du monde, tandis qu'il existe près de deux cents autres Etats au sein de la communauté internationale.

Le choc des titans accapare beaucoup d'analystes et d'analyses car à l'instar des sports de combat, les plus grandes stars sont souvent celles qui œuvrent généralement dans les catégories de poids les plus lourdes. C'est ainsi que Chine et Etats-Unis concentrent le plus d'attentions. Cela ne signifie pas pour autant qu'il n'existe pas d'autres catégories de poids où les duels ne manqueront pas d'intérêt. Fin avril 2021, une nouvelle résonna au sein de la communauté internationale : l'Arabie saoudite annonçait être prête à ouvrir le dialogue avec l'Iran. Cette annonce avait de quoi surprendre tant les antagonismes entre les deux pays sont connus et paraissaient si profonds que toute tentative d'action diplomatique eût été une sorte de coup d'épée dans l'eau. La morale de cette histoire est que toute situation, même périlleuse, est réversible dès lors que de bonnes volontés se rencontrent. Cela n'induit pas nécessairement la résolution de tous les maux existants mais le dialogue est un acteur essentiel pour ouvrir une voie en vue d'un apaisement de tensions. Il ne faudra pas s'attendre à ce que ces deux ennemis jurés du Moyen-Orient tissent une amitié indéfectible. L'option soulevée par le Prince héritier saoudien ne relève pas d'une volonté personnelle d'estomper cette rivalité mais elle répond plutôt à la fermeté voire l'inflexibilité montrée par le Président Biden en matière de politique étrangère. Ce dernier a effectivement exprimé le souhait de relancer les discussions portant sur le dossier nucléaire iranien, peu importe que cela déplaise aux alliés du Proche-Orient. La volonté d'ouvrir un dialogue avec l'Iran fut perçue par les puissances alliées des Etats-Unis comme une forme de trahison. Le terme est sans doute fort mais le ressenti était bien supérieur à celui de l'incompréhension.

Pour Jérusalem ou Riyad, le premier mot interrogateur qui venait à l'esprit était « pourquoi ». Pourquoi un tel revirement à la politique étrangère déployée par Donald Trump dans la région ? C'est peu dire que les Etats parties à l'accord scellé sous la férule du Président Trump manifestèrent leur désapprobation de laisser une chance à l'Iran de pouvoir à nouveau s'asseoir à la table des discussions. Dans leur esprit, il fallait persister et signer, pousser le régime iranien dans ses derniers retranchements, l'étouffer et le mettre hors d'état de nuire. C'était leur souhait mais visiblement pas celui du nouveau Président des Etats-Unis d'Amérique. Bon an mal an, le Prince héritier saoudien a finalement accepté l'idée de se montrer moins véhément ou belliqueux à l'égard de l'Iran. Cette concession est une conséquence directe de l'intransigeance affichée par l'Administration Biden sur sa volonté de rouvrir les discussions sur le dossier nucléaire iranien. L'idée est donc de faire valoir la diplomatie, de faire accepter des conditions à l'Iran au moyen de procédés plus souples et moins coercitifs que des sanctions économiques voire le spectre d'un conflit armé. Ouvrir le dialogue avec Téhéran dans ces conditions n'est pas un aveu de faiblesse. Cela constitue une vision de la politique étrangère que le Président Biden entend mener et qui s'inscrit dans la parfaite continuité de ce qui fut entrepris naguère par le Président Obama.

Notre impression est la suivante : l'Arabie saoudite accepte de faire contre mauvaise fortune bon cœur mais il serait naïf de croire à l'enterrement de la hache de guerre entre Riyad et Téhéran. Ces deux pays s'opposent sur beaucoup de points, beaucoup trop par ailleurs pour pouvoir espérer à terme une « paix des braves ». Ces deux régimes animés par l'esprit théocratique ne peuvent évidemment pas s'entendre dès lors que les visions de l'Islam prodigué diffèrent considérablement. Le Prince héritier du royaume wahhabite calme le jeu mais il s'agit d'une stratégie et non d'une farouche envie personnelle de vouloir apaiser le climat avec l'Iran. Il sera intéressant de voir ce que les autres pays arabes de la région ou bien Israël conviendront de faire, si leur « vision » diplomatique abondera dans le sens de celui exprimé par l'Arabie saoudite ou bien s'il se montreront inflexibles et continueront de réfuter ou refuser toute forme de dialogue américain avec l'Iran. Le virage diplomatique opéré par le Prince héritier résulte probablement d'une longue réflexion mais qui n'a sans doute pas pour but ultime de sceller de nouvelles relations diplomatiques avec l'Iran. Ce choix est circonstanciel et pragmatique. En somme, il consiste à ne pas trop s'opposer aux choix de politique étrangère émanant de la Maison Blanche et du Département d'Etat. L'intention de Riyad est de calmer le jeu avec Washington, peut-être une stratégie visant à accepter de pratiquer la politique du dos rond pendant la gouvernance Biden et d'espérer en 2024 l'élection d'un nouveau Président américain plus adepte d'une vision diplomatique telle que celle très abrupte mais assumée par Donald Trump en son temps. La normalisation des relations entre Israël et plusieurs pays arabes de la péninsule arabique était peut-être animée par une anticipation d'une défaite électorale à venir pour le

Président sortant Trump qui, malgré ses soupçons de fraude électorale adverse en cas de défaite, semblait très en retard dans les intentions de vote à quelques semaines à peine du scrutin. Ce rapprochement diplomatique était motivé par le désir de léguer un héritage diplomatique difficile à assumer pour son successeur : rassembler les ennemis d'hier afin de faire pression sur un ennemi commun. Cette vision défendue par Donald Trump n'a sans doute pas quitté le Prince héritier saoudien qui préfère afficher temporairement l'image d'un homme raisonnable et animé d'une vision diplomatique « pacifiste », juste histoire de ne pas se mettre la Maison Blanche à dos. Cela n'efface aucunement l'envie saoudienne d'en découdre avec l'Iran et de chercher désespérément à l'affaiblir toujours plus.

Afficher une bonne volonté à des fins diplomatiques n'éradique pas les tensions. En l'occurrence, les sources de discorde sont très nombreuses au sein de la communauté internationale. A défaut de pouvoir les hiérarchiser, il faut surtout comprendre que certaines peuvent à tout moment éclater en une crise majeure et dont les proportions ou l'onde de choc seraient difficilement contrôlables. Ce danger n'est pas nouveau mais dès lors qu'il est appréhendé dans un climat général où une rivalité entre deux superpuissances politiques et économiques tend à s'imposer pour être durable et qu'une crise sanitaire de grande envergure continue de perturber le monde, sans qu'on ne connaisse précisément la véritable origine du mal, peut laisser entrevoir des craintes. A défaut de dépeindre une vision pessimiste d'une situation donnée, la présentation générale des relations internationales actuelles que nous faisons cherche à montrer une vision réaliste d'un état général préoccupant car il est difficile de le décrire autrement. Le monde vit sous tension. Chaque jour apporte son lot de nouvelles provenant des quatre coins de la planète mais qui, si elles sont rassemblées telles un puzzle, donnent de précieuses indications sur les humeurs du moment. Ainsi, lorsque les tensions Russie-Occident paraissent repartir de plus belle, on comprend mieux qu'il est dans l'intérêt de l'Administration Biden de montrer fermeté et intransigeance avec la Russie plutôt que d'agir de la sorte avec la Chine. Il ne faut pas s'y méprendre : les relations diplomatiques entre Moscou et le reste de l'Occident sont difficiles mais cette situation diplomatique « arrange » les protagonistes. Il n'y aura pas de guerre entre l'OTAN et la Russie. Personne n'a effectivement intérêt à déclencher un nouveau conflit en Europe orientale. Russes, Américains et l'UE n'ont aucun intérêt à créer un nouveau brasier.

En revanche, souvenons-nous que la famille du Président Biden a été suspectée d'avoir entretenu des liens étroits avec l'Ukraine. Or en l'espace de quelques jours, la Russie a expulsé de son territoire plusieurs diplomates européens et le FBI a perquisitionné le domicile ainsi que le bureau de l'avocat de Donald Trump, l'ancien maire de New York Rudolph Giuliani, qui aurait cherché de manière illégale des informations compromettantes contre Hunter Biden alors que son père était en pleine campagne électorale… Si l'ancien gestionnaire de la crise du 11 septembre 2001 a commis des infractions, il est normal qu'il ait des comptes à rendre à la justice fédérale. Cependant, cette opération survient dans un contexte sensible où l'Ukraine se retrouve une fois de plus au cœur des débats. L'opération menée par le FBI est certainement justifiée d'un point de vue légal mais la véritable manœuvre consiste à éteindre un possible incendie pouvant être provoqué par les soutiens de l'ancien Président Trump. C'est une hypothèse. En revanche, les expulsions de diplomates survenues dans les heures qui suivirent semblent indiquer que tout est lié et qu'il s'agit en réalité de désamorcer une crise diplomatique tout en lui donnant des allures de crise préoccupante pouvant à tout instant dégénérer. C'est l'impression que les médias donnent alors qu'en réalité, la crise diplomatique incluant la Russie n'a aucune raison de se dégrader jusqu'à un point de non-retour. La véritable priorité occidentale est et demeure la Chine. C'est sa principale préoccupation.

En définitive, le monde est morcelé et frappé de folie. Oui, il est fou ! Tout s'enchaîne à très grande vitesse ; nous n'insisterons jamais assez sur ce point. Les alliances d'aujourd'hui peuvent à tout moment être défaites pour en générer d'autres qui auraient pu paraître inimaginables. C'est la réalité du moment. C'est surtout l'expression de cette vision hyperréaliste des relations internationales. Pour les décideurs publics, il faut comprendre les problématiques, les intérêts dans la balance et savoir manœuvrer, quitte à se rapprocher de l'ennemi juré pour des raisons de circonstance. C'est ainsi que fut opéré le rapprochement diplomatique entre Israël et les Emirats Arabes Unis qui agit ensuite sur l'ouverture d'une discussion entre Israël et l'Arabie saoudite. Tout est devenu extrêmement réaliste et pragmatique. C'est d'autant plus dangereux qu'on peut s'interroger sur la fiabilité des alliances scellées. D'autre part, n'est-ce pas une manière de déstabiliser le fragile équilibre géopolitique mondial, qui plus est dans une ambiance au demeurant morose en raison de la crise sanitaire Covid-19 que la communauté internationale peine à combattre ? La difficulté consiste à ne sous-estimer aucune crise car si l'ombre de la rivalité sino-américaine plane sur l'ensemble de la planète, la vraie déstabilisation peut provenir d'ailleurs, même d'une zone à laquelle nous ne pensons pas de prime à bord comme étant potentiellement explosive. Enfin, bien que comme rappelé en ce début de conclusion, les bons du trésor américain à dix ans ne laissent planer aucune crise financière en devenir, le monde financier fonctionne étonnamment, laissant parfois place à des réactions spéculatives disproportionnées par rapport à la véritable réalité du marché. Autrement dit, il est difficile de tirer des conclusions même à court terme car tout peut basculer à tout moment. Or pendant le XXème siècle, l'équilibre géopolitique mondial n'a jamais été autant perturbé qu'à l'issue de crises financières. Il est donc souhaitable pour la géopolitique mondiale que tout ce qui a été décrit dans cette réflexion globale n'induise pas l'éclatement d'une crise financière majeure sous peine de devoir se hasarder à appréhender un mauvais effet domino qui impacterait les relations internationales.

Les critères ESG, comment les définir ?
Juin 2021

C'est une des grandes interrogations qui entoure les critères ESG : à quoi correspondent-ils exactement ? Nous savons qu'ils désignent « environnement, social et gouvernance » mais il n'existe à notre connaissance aucune définition qui fasse autorité. Il faut reconnaître qu'il est difficile de définir un concept qui demeure passablement nébuleux. Il en va de même pour les indicateurs d'évaluation. Certains facteurs sont logiquement pris en considération mais si nous devons focaliser notre étude sur les investissements responsables, qu'est-ce qui fait qu'un acteur nécessitant un financement soit éligible ou non ? A partir de quel niveau doit-on sanctionner un acteur qui ne répond pas aux exigences ESG ? Comment quantifie-t-on, évalue-t-on pour aboutir à une décision de financement ou de non-investissement ? Ces questions prennent d'autant plus de sens qu'un « jugement » intervient à un instant T mais qu'en est-il si une évolution favorable a été constatée sur une durée d'un an voire plus mais que l'évaluation demeure malgré tout moyenne voire mauvaise ? L'investissement responsable doit-il récompenser le progrès, l'amélioration ou bien se référer à une jauge dont les critères d'évaluation demeurent opaques ? Notre crainte est la suivante : le risque d'arbitraire est grand dès lors que les outils de travail d'évaluation ne sont pas clairement ni expressément établis. Nous concluons que les critères ESG sont potentiellement de redoutables armes politiques et économiques qui s'abattent sur les acteurs qui rechigneraient à accepter le nouveau modèle « d'idéal de vie » qui est en train de se mettre en place afin d'officiellement lutter contre le changement climatique et divers fléaux qui contribuent à des inégalités ou des abus. Pour ce qui est de la dimension environnementale, un des critères d'évaluation repose sur les émissions de particules polluantes émises par un Etat ou une entreprise. Ce critère est effectivement quantifiable. Pour ce qui est de la dimension sociale ou de gouvernance, il est déjà plus difficile d'évaluer objectivement des facteurs qui ne se quantifient pas comme des particules polluantes rejetées dans les airs, les mers ou les sols. Comment évalue-t-on le manque de respect des droits de l'Homme ? Sur quelle base les estime-t-on ? Ce sont des questions pour lesquelles des sociétés d'audit ou de notation attribuent des notes et des évaluations mais nous ne comprenons pas leur méthodologie qui demeure nébuleuse à nos yeux.

Nous travaillons depuis de nombreuses années dans l'univers de l'énergie. Si nous avions initialement axé nos opportunités d'affaires sur les ressources fossiles, nous avons progressivement porté notre intérêt sur les énergies renouvelables. Nous avions senti qu'une nouvelle dynamique était en train de prendre forme bien qu'il n'était alors pas encore question des critères ESG. Depuis plusieurs décennies, il existe une préoccupation sur les niveaux de pollution qui ne cessent d'augmenter et pour lesquels la communauté scientifique (le GIEC notamment) établit une corrélation avec la forte croissance en termes de volumes de ressources naturelles consommées, notamment pour ce qui est des ressources fossiles. Il s'est écoulé beaucoup de temps entre l'établissement du Protocole de Kyoto et les rappels à l'ordre réguliers de la communauté scientifique internationale qui aboutirent finalement à une prise de conscience politique et du monde des affaires de la nécessité de trouver rapidement d'autres solutions énergétiques sous peine d'engager l'humanité vers un destin peu enviable. Il était par conséquent logique que nous commencions à regarder de près le marché des énergies renouvelables puisque nous intervenions en qualité de consultants et de lobbyistes. De plus, les pays avec lesquels nous avions l'habitude de travailler se tournaient pour certains vers des programmes renouvelables. A nos yeux, les conditions étaient donc réunies pour que nous leur accordions de l'intérêt. Pourtant, ces énergies renouvelables ont été pour certaines critiquées en raison de performances décevantes. C'est probablement la raison pour laquelle les énergies fossiles ont vu leur production augmenter dans d'importantes proportions. Les besoins énergétiques mondiaux n'ont cessé de croître ces trois dernières décennies avec l'émergence économique de nombreux pays dont l'Inde et la Chine. Les énergies nouvelles n'ont jamais été en mesure de contrer une forte hausse de la production et de la consommation des énergies fossiles. Les énergies renouvelables posaient deux grandes problématiques : les capacités de production limitées conjuguées à un modèle économique moins compétitif que celui des énergies fossiles. Le critère économique a sans doute beaucoup joué pour la poursuite d'une forte consommation d'énergies polluantes qui étaient dénoncées comme telles et pour lesquelles des acteurs publics et privés ne manquaient pas de dénoncer les effets négatifs sur l'environnement... à ceci près que l'état global de l'environnement n'a cessé de se dégrader. Le discours était dissonant avec la réalité. Il ne s'agissait probablement pas d'une hypocrisie mais plutôt d'un aveu d'impuissance entre des problématiques identifiées qu'il fallait essayer de solutionner au plus vite et l'incapacité de se défaire rapidement du modèle énergétique fondé en grande partie sur les ressources fossiles.

Il est manifeste que la communauté internationale s'est retrouvée débordée par l'évolution ultra-rapide de la démographie mondiale ainsi que du dynamisme industriel de nombreux pays qui ont vu le nombre de besoins et services exploser en l'espace d'un quart de siècle. Pendant ce temps, malgré les alertes signalées par le GIEC, la communauté internationale n'a jusqu'alors jamais réussi à promouvoir à grande échelle des solutions énergétiques moins polluantes. Depuis quelques années, les critères ESG sont apparus assez discrètement dans le monde de la finance. Son importance est désormais telle qu'on parle volontiers de finance verte et qu'elle semble programmée pour acquérir toujours plus de poids dans la finance mondiale. Il semblerait également que son influence croisse également au point qu'elle puisse désormais exiger des résultats probants, pas uniquement dans le domaine environnemental, sous peine de refuser de s'engager financièrement. Il s'agit là de l'étape déterminante qui va définitivement asseoir la mise en place d'un nouveau modèle économique dit responsable.

La tâche sans doute la plus difficile est de vouloir entreprendre une initiative et de la faire connaître puis légitimer. C'est une mission sur laquelle nous sommes actuellement en train de réfléchir et travailler car il apparaît évident que les bonnes idées qui ont émergé au travers des critères ESG ont besoin d'être encadrées. Or à ce jour, le concept existe mais n'est pas clairement défini. Notre vision a germé en raison de notre vécu dans le secteur de l'énergie. Nous voyons depuis plusieurs années ces évolutions qui se mettent en place, notamment au regard des acteurs de l'énergie qui entreprennent de se tourner vers des développements d'activité qui se veulent plus responsables, en particulier pour l'environnement. Dans l'absolu, une dynamique globale a vu le jour avec le souhait exprimé de produire de l'énergie tout en ayant pour préoccupation majeure de préserver l'environnement. L'idée est séduisante mais les bonnes volontés ne suffisent pas toujours, d'autant plus lorsqu'elles ne sont pas encadrées par des règles prévoyant des sanctions en cas de transgression. En amont, le premier problème est d'apporter une définition aux critères ESG, de leur donner un cadre général et de déterminer ce qui doit être pris en considération. Il s'agit d'une étape préalable pour pouvoir ensuite déterminer des règles de fonctionnement. Cela prendra du temps. De plus, se pose la question de la légitimité de l'initiative. Pour que tout cela puisse se mettre en marche, il faut que les travaux entrepris soient compris et acceptés, que le ressenti soit favorable et que tous acceptent de respecter le même cadre défini. Cette phase de légitimation passe nécessairement par le concours d'experts ou d'institutions voire de gouvernements approuvant l'initiative.

Dans notre cas, notre expérience du secteur énergétique nous a permis de percevoir des facteurs qu'il nous semble cohérent de prendre en considération. Nous avons régulièrement publié des travaux sur l'énergie pour lesquels nous développions une vision économique et géopolitique. Nous avons collaboré avec des universités qui ont apporté leur science pour éclairer ces travaux et ainsi leur apporter une légitimité. Nous avons suivi l'actualité politique de nombreux pays car nos activités ont une portée internationale. Nous travaillons dans différents pays mais avons surtout une vision que nous pourrions qualifier des « deux mondes ». C'est ainsi que nous mettons en avant notre vision Est-Ouest. Nous connaissons les besoins mais également ce qui est perçu, ressenti et désiré par l'Orient et l'Occident. Nous connaissons ainsi les préoccupations de chacun et au gré de nos réseaux relationnels, nous avons compris l'importance de focaliser notre champ d'étude sur les critères ESG qui sont aussi bien reçus que redoutés car le principe est globalement accepté mais il demeure tant d'incertitudes autour de l'absence des champs de définition. C'est en cela que nous désirons désormais apporter une contribution qui nécessite évidemment la participation d'autres acteurs.

Dans un premier temps, nous nous sommes rapprochés de plusieurs universités et départements de recherche avec lesquels nous avons déjà l'habitude de travailler et qui sont d'accord sur le principe d'une collaboration Est-Ouest. La problématique ESG est mondiale. C'est ainsi que nous avons soutenu la création d'un premier pôle de discussion, le Global Energy Council qui a été créé en Suisse. Il s'agit d'une plateforme de discussion et de rencontre qui permettra à des scientifiques, des experts en tous genres voire des institutionnels (politiques, hauts fonctionnaires d'Etat ou internationaux) d'apporter leur vision, leur expérience et surtout leurs contributions écrites. Nous avons pris le parti de publier des travaux qui serviront de base à une réflexion collective. Notre souhait ultime est de pouvoir apporter un début de définition aux critères ESG, une définition qui soit dénuée de considération politique, économique ou autre mais qui s'attache à œuvrer objectivement afin de servir ce qui incarne la première motivation de leur théorisation : établir un cadre en vue de vivre dans un monde meilleur. Nous invitons tous les acteurs qui le souhaitent à apporter leur contribution. L'idée maîtresse est de fournir un travail collectif qui prenne en considération des facteurs soulevés par les participants. En effet, quand bien même nous disposions d'une expérience dans l'univers de l'énergie, nous serions évidemment incapables de travailler seuls sur la dimension uniquement environnementale. Il est indispensable que d'autres acteurs interviennent et apportent leur connaissance et savoir-faire. Il en va de même pour les dimensions sociale et gouvernance. Notre approche consiste donc à établir un dialogue récurrent entre différents professionnels et experts, tout en essayant d'inclure le plus large spectre possible de nationalités. Les défis contre lesquels les critères ESG s'érigent sont planétaires. Tout le monde est concerné. Le travail doit par conséquent être collégial et animé par un esprit de tolérance et d'ouverture à l'autre. Nous sommes également en train de finaliser des outils de travail pour permettre la publication à grande échelle de travaux d'études, de réflexions voire de suggestions qui permettront à terme de rédiger une sorte de livre blanc des critères ESG. Nous espérons que ces efforts fournis aboutiront à un résultat probant et porteur d'espoirs.

Chaque dimension, E, S ou G, constitue en soi un secteur d'étude quasiment inépuisable. Ce sont des termes génériques qui regroupent effectivement de nombreux volets étudiables. C'est la raison pour laquelle nous nous adressons à des universités. Du fait de leur rigueur scientifique, les chercheurs sauront également soulever des interrogations nouvelles et chercher à leur apporter des solutions. Nous sommes convaincus que le débat et la confrontation d'idées seront bénéfiques pour ce projet. D'ailleurs, la participation de chercheurs sera d'autant plus appréciée que nous vivons une ère particulière, pleine de paradoxes et que tout cela va contribuer à complexifier davantage les problématiques qui sont déjà soulevées autour des critères ESG. Un dernier exemple en date est cette réunion du G7 finances qui s'est tenue à Londres en juin 2021 et à l'issue de laquelle il ressort l'idée d'une taxation sur les sociétés qui soit au minimum de 15% dans le monde. Nous comprenons la volonté des Etats membres du G7 de vouloir lutter contre les optimisations fiscales des entreprises, notamment celles du secteur numérique qui parviennent à payer peu d'impôts au regard des bénéfices qu'elles génèrent chaque année. Sur le principe, nous comprenons la démarche intellectuelle. Après tout, il y a déjà eu un précédent quelques années auparavant avec la mise en place de mécanismes bancaires visant à lutter contre le blanchiment d'argent à grande échelle. Dans les faits, cela a complexifié les procédures de conformité bancaire mais pas uniquement. Cela a effectivement été préjudiciable pour de nombreux secteurs d'activité. Il y a eu de nombreux abus de constatés pendant longtemps avec des ouvertures de comptes bancaires ensuite alimentés par de l'argent sale mais un des effets pervers de cette nouvelle donne bancaire a été que les banques ont mis un coup de pression considérable sur de nombreuses compagnies dites *service provider* [7] qui ont dû par la suite consacrer de plus en plus de temps à la *compliance* [8] de leurs clients qui désiraient ensuite ouvrir un compte bancaire.

Nous avons connu des sociétés qui ont dû se résoudre à changer d'activité car la nature de leur travail de *service provider* avait considérablement évolué… mais les avait surtout pénalisées car elles passaient de moins en moins de temps à la prospection mais davantage à la *compliance,* une procédure qui a rapidement vampirisé leur temps et impacté leur compétitivité. Pourtant, il fallait faire quelque chose contre le blanchiment d'argent. L'idée était sans doute la bonne mais elle a induit des effets négatifs pour de nombreux acteurs économiques. Nous craignons le même type d'effet avec ce projet de taxation minimale des sociétés. Il ne faut pas oublier que des juridictions ont fondé leur modèle économique sur une fiscalité attractive pour les entreprises.

D'autre part, les plus riches sont sans doute les plus avantagés car ils ont les moyens de s'attacher les services des meilleurs avocats qui chercheront toujours à leur trouver des solutions légales en vue de ne pas payer le prix fort. En clair, admettons que cette idée du G7 se concrétise et débouche sur une taxation minimale dans le monde, est-ce que pour autant, ce seraient les « gros poissons visés en priorité » qui seraient les plus pénalisés ? Nous n'en sommes pas convaincus. S'ils devaient payer l'impôt sur les sociétés, il y aurait sans doute de nombreuses répercussions car on imagine bien que dans une logique de course aux profits, les géants du numérique n'entendent pas réduire leurs bénéfices de sitôt. Ils ont des actionnaires à satisfaire !

---

[7] Traduction de l'auteur : la conformité
[8] Traduction de l'auteur : des prestataires de services

Il faudrait s'attendre, par exemple, à ce que les prix des biens et services augmentent. Nous pourrions aussi imaginer que les prestataires de services de ces sociétés deviennent soudainement logés à moins bonne enseigne. Il y aura des victimes collatérales, c'est une certitude. Elles ne seront probablement pas celles initialement visées… et qui font déjà l'objet d'études sur leur respect des critères ESG. En effet, certaines sont déjà pointées du doigt pour leur impact sur l'environnement, bien qu'elles communiquent abondamment sur leur volonté de trouver les solutions adéquates pour polluer moins. Certaines sont également dénoncées pour les conditions de travail difficiles ou pénibles qu'elles imposent à leurs salariés. Enfin, certains dirigeants de société militent aux Etats-Unis pour que les riches paient plus d'impôts alors que leur cas personnel montre qu'ils n'en paie quasiment pas voire pas du tout. C'est ce qui ressort notamment de l'enquête menée par ProPublica. [9]

Nous ne sommes pas dans le jugement mais nous souhaitons travailler collégialement sur des problématiques qui sont en vérité des paradoxes, comprendre ce qui dicte des décisions publiques tandis qu'en creusant quelque peu, nous nous rendons compte que les bénéfices retirés ne sont pas forcément ceux escomptés. Au contraire, les acteurs visés ont de fortes chances de trouver les moyens de s'en tirer à bon compte, voire d'en sortir plus forts que jamais. Notre question est : comment les critères ESG vont-ils considérer cela ? Cela fait partie des problématiques que nous souhaitons anticiper et sur lesquelles nous travaillons déjà collégialement. Le travail qui nous attend est grand et nous sommes définitivement convaincus que l'union fait la

---

[9] Jesse Eisinger, Jeff Ernsthausen, Paul Kiel, *"The Secret IRS Files: Trove of Never-Before-Seen Records Reveal How the Wealthiest Avoid Income Tax"*, www.propublica.org, 8 juin 2021

force. Il nous appartient désormais de définir les axes de recherche.

Il sera extrêmement difficile d'apporter une définition qui fasse autorité d'un concept aussi vaste qui réunit des enjeux économiques, politiques, sociaux, environnementaux et autres, sachant qu'il doive faire appel à une multitude de spécialistes. Pourtant, c'est un défi réalisable dès l'instant où il parvient à mobiliser des personnes désireuses d'apporter une contribution. Bien utilisés, ces critères peuvent en définitive être une source de dialogue entre Etats qui entretiennent des relations diplomatiques compliquées. L'esprit qui doit régner est la rigueur scientifique mise au profit d'un intérêt général globalisé. L'idée consiste donc à amorcer une nouvelle dynamique, celle qui souhaite se pencher sur la tentative de donner un cadre global aux critères ESG, d'apporter davantage de clarté dans un monde où ils peuvent être désormais utilisés comme une redoutable arme politique ou économique.

La tendance ESG et ses implications
Février 2021

Quelques commentaires préliminaires

« Il y a moins de désordre dans la nature que dans l'humanité. » [10] Edgar Morin

C'est à partir de ce postulat énoncé par Edgar Morin que nous allons commencer cet avant-propos consacré à une nouvelle tendance qui semble partie pour s'imposer dans les mœurs d'affaires et politiques puisqu'elles se veulent responsables. Il est sans doute temps de prendre certaines problématiques à bras-le-corps et de chercher à ne plus aggraver une situation tandis que certains prônent un besoin impératif et immédiat d'inverser un état de fait alarmant. Avant de songer à une nette amélioration, veillons déjà à ne pas faire empirer les choses, de les contenir à un niveau que nous ne devons plus dépasser afin de promouvoir des solutions qui permettront plus tard de ne plus détruire la Terre à la vitesse que nous connaissons. Bien que la thèse du réchauffement climatique ne soit pas admise de tous, nous observons des phénomènes naturels qui laissent craindre le pire pour l'avenir de l'humanité et qui proviennent d'une activité humaine. Les déforestations massives, par exemple, ne sont pas le fait de causes naturelles mais d'activités humaines consciemment décidées. Il y a près de cinq décennies, Edgar Morin publiait une de ses œuvres magistrales *Le paradigme perdu : la nature humaine.* Depuis lors, l'évolution environnementale a été aussi fulgurante que désastreuse. Pourtant, nous adhérons au postulat de ce philosophe qui

---

[10] Edgar Morin, *La paradigme perdu : la nature humaine*, Paris, Le Seuil, collection « Points », 1973, 184 pp.

estime que le désordre est plus grand au sein de l'humanité
que dans la nature.

Il existe des évolutions naturelles qui causent des
changements climatiques importants. Les périodes de
glaciation en sont un exemple. Cela se produit généralement
au terme de longues périodes. Où va désormais notre
humanité ? Nous nous interrogeons sérieusement sur une
problématique dont nous ne possédons aucune réponse
clairement définie si ce n'est que, pour reprendre une vieille
formule attribuée à Thomas Hobbes dans *Léviathan* [11],
« *l'homme est un loup pour l'homme* ». Qu'il soit à l'état de
nature ou bien dans une société encadrée par des normes et
des règles de fonctionnement, l'Homme est une proie ou un
prédateur pour tout autre semblable. C'est cet esprit que
nous retrouvons dans l'univers d'affaires où la recherche de
la performance et des profits aveugle l'humanité sur les
dangers que l'Homme est en train de générer par sa seule
activité. Toujours plus, telle pourrait être une devise pour
définir l'esprit contemporain qui anime la communauté
internationale. Oui, à toujours vouloir obtenir plus,
l'Homme est en train de détruire son environnement, de
s'autodétruire et de condamner les générations futures car
les changements ou évolutions climatiques et autres
observés par la communauté scientifique (le GIEC) n'ont
jamais été aussi rapides. C'est la raison pour laquelle
l'activité humaine n'y est probablement pas étrangère.

Notre société est-elle en quelque sorte arrivée à bout
de souffle ? Est-on parvenu à un point critique qui nécessite
de repenser notre système de fonctionnement global, qu'il
soit politique, économique, sociétal ou industriel ? Pour ce
qui est de la thèse du réchauffement climatique, certains
préfèrent évoquer un postulat et continuent de nier son

---

[11] Thomas Hobbes, *Léviathan*, Londres, 1651

existence. Ce n'est certes pas l'objet de cet avant-propos mais la communauté scientifique estime que l'augmentation des émissions de gaz à effet de serre et la survenance plus fréquente de catastrophe naturelles de forte intensité seraient liées. Nous savons toutefois que les niveaux d'industrialisation et la consommation de biens et services toujours plus nombreux et polluants favorisent un état global de pollution de l'air qui entraîne des conséquences certaines en matière de santé publique et d'économie globale. Ce n'est qu'un pan de la réflexion des critères ESG. En effet, si la dimension environnementale fait partie des grandes préoccupations de ces critères, l'homme en tant qu'individu est également au cœur des préoccupations puisque ces principes éthiques se soucient du respect des droits et des libertés individuels. Ils se soucient de toute forme d'abus à l'encontre de l'individu, que ce soit au niveau d'aliénations ou de privations de droits ou libertés ou encore de pratiques qui ne correspondent pas à une moralité ou une éthique acceptable comme la corruption. Ainsi donc, les critères ESG escomptent révolutionner le monde, le rendre meilleur ! Quelle pensée naïve ! Pourtant, à y regarder de plus près, la théorie est séduisante puisqu'elle se veut progressiste et surtout humaniste.

En promouvant des comportements responsables, on cherche donc à combattre de vilains défauts qui nuisent au bon fonctionnement des choses. C'est bien pensé. Si quelqu'un parvenait à faire de ces critères une sorte de jurisprudence qui s'impose et se diffuse dans le monde, nous pourrions alors espérer nous orienter vers un monde meilleur, un monde où les activités polluantes baisseraient drastiquement, où chaque individu vivrait dans un monde qui lui garantirait ses droits et libertés les plus fondamentaux, un monde où la transparence serait une vertu rompue à toute épreuve. C'est vers cet idéal que les critères ESG souhaitent déboucher. Est-ce utopiste ? Il ne faut sans doute pas escompter des progrès spectaculaires ou rapides mais il appartient à l'Homme de se prendre en main et de décider de sa destinée. Il faut pour cela que des acteurs influents puissent les promouvoir et les faire valoir, qu'ils puissent exercer un moyen de pression pour les faire accepter. Cela prend du temps mais le processus semble s'être mis en route. De grandes institutions financières décident de leurs opportunités d'investissement en se référant à la dimension responsable. En clair, celui qui pollue, transgresse les droits et libertés individuels ou s'adonne à une gouvernance qui ne soit pas éthique ne serait donc pas éligible à des participations financières d'investisseurs responsables. La théorie est séduisante, mais à l'instar de la Lune, il existe sans doute une face cachée.

Si les outils mis en place sont fondamentalement destinés à améliorer la qualité de vie des individus, argument parfaitement honorable et respectable, notre préoccupation se pose autrement : pour toute bonne action promue, des dérives ou abus sont a posteriori constatés. En somme, certains acteurs parviennent toujours à détourner l'intention originelle d'une idée ou bien d'une innovation quelconque. Internet a sans doute révolutionné le monde et apporte des bienfaits à bien des égards mais cela n'empêche pas des utilisateurs mal intentionnés de s'en servir pour de mauvaises raisons. Le darknet en est une parfaite illustration. Certains se servent de cette technologie pour s'adonner à des trafics en tous genres, diffuser des propagandes et autres actions qui n'avaient pas été originellement imaginées par ses concepteurs. Il en va de même pour les critères ESG. Les théoriciens originels ont vu dans une réflexion de l'investissement responsable des avantages certains à promouvoir de telles idées, leur préoccupation première demeurant les moyens de repenser notre société mondiale, les interactions entre acteurs soucieux de la préservation de l'environnement. En somme, l'investissement responsable est le point d'orgue d'un système global qui se veut vertueux. Il est possible de le mettre en place dès lors que les détenteurs du capital contribuent à diffuser ces idées en sanctionnant les mauvais élèves par des refus de s'engager dans des projets qui ne respectent pas les valeurs défendues pour l'environnement, le social et la gouvernance. Il faut pour cela que le nombre des participants grossisse mais que de grands acteurs jouissant d'une réputation internationale acceptent de jouer le jeu pour qu'un mouvement se déclenche et dispose de chances de se propager à grande échelle, qu'il parvienne à s'imposer comme une évidence de nouveau modèle de fonctionnement.

Il existe toujours un écart important entre la théorie et sa réalisation concrète. Pour autant, il faut donner sa chance aux critères ESG. Nous avons des raisons de penser qu'ils ont de l'avenir et qu'ils sont peut-être à l'origine d'un nouveau système de fonctionnement général qui se mettra en place. Il ne faut cependant pas se leurrer : le pouvoir financier est considérable puisque le détenteur du capital peut à sa guise décider des investissements qu'il réalisera ou non en fonction des activités ou pratiques d'une entreprise. L'argent est le nerf de la guerre. Il est probablement en ce sens une formidable aubaine pour des décideurs politiques qui peuvent soutenir des initiatives sur fond de promotion de valeurs éthiques pour mieux piloter une politique de déstabilisation à l'encontre d'un concurrent ou d'un rival. Sous couvert d'initiatives et de décisions faites par des entreprises, ces dernières peuvent servir les desseins d'Etats. C'est notre impression lorsque nous portons notre regard sur les difficiles relations Etats-Unis-Chine qui ne cessent de se tendre au fur et à mesure que l'émergence de l'Empire du Milieu contrarie les élites politiques américaines. La Chine est devenue en moins de deux décennies un sérieux concurrent politique et économique, si fort que ses ambitions démesurées inquiètent le monde occidental. Sous la présidence Trump, les Etats-Unis s'étaient lancés dans une lutte sans merci avec la Chine : bataille technologique (affaires d'espionnage, cyberattaques, etc.), sur les tarifs douaniers et autres domaines d'affrontement qui font penser à une forme de nouvelle guerre froide. En ce sens, la rivalité entre ces deux grandes puissances économiques se manifeste en matière d'opposition en termes de *hard* et de *soft power*. Cependant, nous pouvons aisément imaginer que cela se manifeste également dans une dimension qui soit beaucoup plus souterraine et subtile, une dimension pour laquelle les autorités politiques ne sont officiellement pas impliquées puisque les décisions sont l'apanage d'entreprises privées. Les critères ESG représentent à nos yeux une arme redoutable pour déstabiliser des systèmes économiques nationaux, notamment pour ceux qui choisiraient de ne pas s'engager sur ces sentiers vertueux.

Les critères ESG font également face à un grand vide juridique, ce qui contribue clairement à ouvrir le champ des possibles. Il est probable qu'une règlementation voie le jour au fur et à mesure que ces critères parviendront à s'imposer dans le monde des affaires mais en attendant, des acteurs commencent à les imposer. C'est la pratique ou la coutume, pour les juristes, qui commencera à établir les premières règles de fonctionnement de ce système. L'envie d'innover, de corriger les imperfections d'une société imparfaite sont évidemment des raisons honorables de promouvoir des critères qui ont pour ambition de penser le monde autrement et de l'engager vers de nouvelles habitudes plus responsables. En revanche, nous sommes également convaincus que si de bonnes intentions seront promues, d'autres, moins visibles ou décelables, seront également pensées pour servir des intérêts beaucoup moins éthiques. C'est la moralité de toute bonne théorie : elle expose des arguments séduisants et sincères mais rencontre systématiquement une limite immuable qui est son détournement. C'est en quelque sorte l'esprit du juriste qui ressort : comprendre le système pour mieux l'appréhender et le contourner en toute légalité.

Introduction

Depuis plusieurs années, de nouveaux critères apparaissent dans le monde des affaires. Les normes ESG en font désormais partie. Elles portent sur trois grandes catégories de critères : environnement, social et gouvernance. Ce sont de nouveaux standards qui visent à engager les entreprises, les banques et les acteurs économiques dans leur globalité dans un processus respectueux de règles dont le but ultime est l'amélioration des conditions de vie de chacun. En clair, la lutte contre le changement climatique fait partie des grands enjeux ciblés par ces nouveaux critères. Depuis qu'il a été investi Président des Etats-Unis d'Amérique, Joe Biden a fait de la réintégration de son pays au sein de l'Accord sur le climat de Paris une priorité diplomatique mais pas uniquement. En effet, lors de sa campagne électorale, il avait martelé un discours dans lequel il comptait prendre le contre-pied de ce qui fut entrepris par Donald Trump, notamment en matière énergétique et de lutte contre le réchauffement climatique.

Le 45ème Président américain de l'histoire défendit des positions à contre-courant de ce qui se fait désormais en Occident mais assuma pleinement ses choix. Climato-sceptique, convaincu de dynamiser le secteur pétrolier et gazier de son pays à des fins économiques, il atteignit un point d'orgue en narguant la communauté internationale avec le retrait des Etats-Unis de l'Accord de Paris signé en marge de la COP 21 de 2015. Pour le monde entier, cette annonce fut vécue comme un véritable choc. Pour la communauté scientifique internationale, ce fut un innommable coup de massue pour l'humanité qui vit en cette décision un choix autant regrettable qu'irresponsable. Pourtant, le monde scientifique tire depuis des années sur le signal d'alarme en estimant qu'il est impératif de promouvoir au plus vite des solutions énergétiques visant à décarboner l'économie mondiale et de faire évoluer les habitudes de consommation. Il y a manifestement urgence et le choix de se retirer de l'Accord de Paris résonna comme une onde de choc dès lors qu'un des deux principaux pollueurs du monde se désengageait d'une initiative de bonne volonté globale de s'attaquer aux problématiques qui tendent à favoriser le réchauffement climatique. Joe Biden en avait fait un de ses grands messages de campagne électorale : réintégrer cet accord collégial et s'employer à réduire la part des énergies fossiles dans la consommation énergétique globale de son pays. Le plan est ambitieux mais la mandature Biden livrera assurément de précieuses indications sur ce que sera l'avenir du monde lors des prochaines années. S'il parvient à obtenir des résultats significatifs, il faudra alors lui reconnaître ce mérite et saluer une abnégation se traduisant par des résultats concrets. Il a dans un premier temps quatre ans pour montrer qu'il est possible de réduire des énergies fossiles dans le mix énergétique américain mais il sait que la tâche ne sera pas aisée dans un environnement politique et économique international où le pétrole demeure encore et toujours la ressource naturelle au pouvoir d'influence le plus grand.

Pour autant, au regard des idées et des initiatives promues en vue de lutter contre le grand défi qu'incarne le réchauffement climatique, le pétrole serait à terme condamné à ne plus être la ressource énergétique dominante. A défaut de nous montrer provocateurs, il semble peu probable qu'un tel changement intervienne à court ou à moyen terme. Certes, de nombreux programmes visant à promouvoir les énergies propres, les *smart cities* [12] et autres projets ambitieux qui réfutent toute forme de dépendance aux ressources fossiles font désormais partie des grandes considérations internationales. Des réalisations concrètes sont désormais les témoins qu'un mouvement de grande envergure est en train de prendre forme. Les efforts seront considérables tout autant que les investissements économiques qu'ils nécessiteront. Toutefois, c'est dans cette optique que les critères ESG interviennent, comme des garanties de bonne volonté des acteurs économiques et sociaux qui s'engagent à respecter des objectifs de responsabilisation qui se veulent vertueux dans trois grands domaines : l'environnement, le social et la gouvernance.

Il aurait sans doute été une erreur de ne s'attaquer qu'aux problématiques environnementales et climatologiques en particulier. Il fallait impulser une dynamique globale qui prenne en considération d'autres problématiques qui nuisent en règle générale au bon fonctionnement du travail, des affaires et de la vie en société. Les critères ESG sont ainsi apparus dans une perspective d'engager le monde dans un cycle vertueux, qu'il soit respectueux des grands enjeux contemporains et à venir de l'humanité, des conditions de travail, des droits et des libertés individuels ainsi que des considérations portant sur la gouvernance qu'elle soit politique, laborieuse ou autre. Il faudra sans doute quelques années pour que les critères ESG s'imposent définitivement comme des normes ou règles faisant autorité et qui s'imposeront au plus grand nombre.

Cependant, si nous ne devions retenir que la partie intellectuelle de ces critères, nous pourrions les qualifier de

---

[12] Traduction de l'auteur : les villes intelligentes. Ce concept de ville doit par exemple favoriser l'optimisation de la consommation d'énergie et se tourner vers des solutions moins polluantes.

progressistes et fondamentalement tournés vers une amélioration des conditions de vie. Il est certain qu'ils ne plairont pas à tous. Certains pays où les droits et les libertés individuels sont restreints ne consentiront sans doute pas à s'engager dans un processus de respect scrupuleux de ces critères. Il en va de même pour des acteurs dont les intérêts défendus ne paraissent pas compatibles. Pourtant, il faut croire que ces critères ont de fortes chances de s'imposer et de devenir une sorte de norme internationale qui, dans un premier temps, expose la communauté internationale à une dichotomie. D'un côté, elle porte sur un camp qui plaide, milite et impose ces critères ESG pour toute opération politique, économique ou autre. De l'autre côté, il subsistera pendant un temps plus ou moins long des acteurs qui n'accepteront pas ces nouveaux critères comme une norme imposée et par conséquent indésirée au préalable. Pourtant, il faut bien l'admettre : ces critères ESG constituent désormais un moyen de pression pour des acteurs progressistes qui refuseront de traiter avec d'autres acteurs peu enclins à respecter ces nouveaux standards.

Un nouveau modèle de responsabilisation collective

Depuis quelques années désormais, les critères ESG sont apparus sur la scène internationale animés par la volonté d'encadrer un monde qui se veut meilleur. Parmi les grands enjeux débattus, la lutte contre le changement climatique fait partie des préoccupations pour lesquelles les investisseurs cherchent à présent à s'engager dans des projets qui soient respectueux de valeurs et principes visant à améliorer les conditions de vie de chacun. En d'autres termes, une société réputée pour ses activités polluantes aura de plus en plus de difficultés à convaincre des partenaires financiers de s'investir dans des projets si ces derniers se sont au préalable engagés dans un processus de respect des conditions ESG. Ces dernières s'articulent autour de trois axes principaux :

- Environnement : cela implique plusieurs critères tels que les émissions de dioxyde de carbone, la consommation d'électricité, le recyclage des déchets ou encore l'impact sur la biodiversité.
- Social : cela concerne le respect des droits de l'Homme mais également les normes internationales relatives au travail (sécurité, représentation des salariés, etc.)
- Gouvernance : cela fait référence à la manière dont les sociétés sont gérées, administrées et contrôlées. Cela implique par conséquent les actionnaires, le conseil d'administration ou de direction, la transparence ou encore la lutte contre la corruption.

Pour résumer succinctement ces nouveaux critères qui deviendront une sorte de norme globale à terme, la volonté omniprésente est le souci de s'engager collectivement, dans la durée, dans des considérations de respect de l'individu et d'accorder un avenir meilleur pour l'humanité. Il faut y déceler une dimension humaniste même si le fond du débat n'est pas exclusivement philosophique. Il existe une véritable volonté internationale de s'attaquer à des problématiques qui perturbent ou entravent le bon fonctionnement des institutions ou des sociétés, de réduire des abus en tous genres qui nuisent à l'individu, à l'environnement ou bien à la bonne gouvernance des institutions et des entreprises. La pandémie de la Covid-19 peut être considérée comme un élément perturbateur qui a des chances d'accorder davantage de crédit à la diffusion ainsi qu'à l'acceptation des critères ESG par de nombreux acteurs internationaux. Une partie de la communauté internationale est effectivement durement touchée par les conséquences sanitaires mais aussi par le fort ralentissement de l'activité économique globale.

Toutefois, il convient de rappeler que ces fameux critères sont apparus bien en amont de la pandémie. En Europe, un des principaux soucis portait sur la manière de faire suivre d'effet l'Accord sur le climat de Paris pour lequel une écrasante majorité d'Etats accepta de s'engager. Pourtant, chaque année, de nombreux rapports scientifiques, dont ceux du GIEC, tirent sur la sonnette d'alarme pour montrer qu'en matière d'émissions de gaz à effet de serre, à l'échelle planétaire, les résultats obtenus ne sont pas satisfaisants. Le constat est clair : malgré les efforts déployés par les Etats, une insuffisance est continuellement constatée. C'est dans cette optique que l'Europe (Union Européenne (UE) et pays extra-communautaires) cherche à mettre en place des politiques publiques mais également des mécanismes juridiques, économiques et autres visant à promouvoir de nouvelles règles de fonctionnement destinées à améliorer les conditions de vie, de travail et de gouvernance. La tâche est immense mais force est de constater que depuis de nombreuses années, le continent européen cherche par exemple à réduire le poids des énergies carbonées dans sa consommation énergétique globale en procédant à la promotion de sources énergétiques plus propres. Il en va de même pour le recyclage des déchets. Quant au respect des droits et libertés individuels, la préoccupation porte sur le respect de conditions de travail qui visent à réduire les abus touchant les acteurs qui ne sont pas en position de force. Pour ce qui est de l'environnement des affaires, l'Europe cherche également à asseoir une vision promouvant la transparence et la lutte contre la corruption, pratique encore largement répandue dans certaines régions du monde, y compris en Europe par ailleurs.

A défaut d'obtenir des résultats trop ambitieux, il s'agit d'un mouvement global qui s'est mis en marche et qui s'inscrit dans la durée. Il faudra du temps pour que ces critères deviennent pleinement acceptés par tous mais il faut reconnaître qu'une dynamique s'est installée. L'argent constitue ainsi un facteur de sélection puisque des institutions financières lient leur engagement participatif à la condition sine qua none que le récipiendaire ou partenaire se conforme au respect des critères ESG. C'est dans cette logique que certaines banques se désengagent progressivement des placements ou investissements dans le secteur pétrolier. Est-ce que pour autant cela revient à affirmer que le secteur pétrolier est destiné à disparaître ? Il semblerait que non car l'or noir demeure toujours la ressource naturelle la plus convoitée. Toutefois, si des efforts sont déployés pour réduire progressivement le poids de la consommation de pétrole dans le mix énergétique mondial, il appartient aux entreprises de ce secteur stratégique de mieux respecter les critères ESG sous peine de voir leurs besoins de financement freinés par le non-respect de ces derniers. Les récalcitrants s'exposent ainsi à l'avenir à voir leurs besoins d'accompagnement financier plus difficilement assouvis, ce qui est déjà le cas pour des pays tels que la Russie, l'Arabie saoudite ou encore la Chine. Candriam Bond Fund annonça ainsi en octobre 2020 sa volonté de ne plus financer d'entreprises originaires des pays cités ci-dessus qui ne sont pas suffisamment respectueux des critères ESG, d'après ce fonds. [13]

Vers un nouveau modèle économique en devenir

Il est à craindre qu'un fossé grandisse entre les zones géographiques enclines à se soumettre aux critères ESG et celles où ces nouvelles normes responsables ne seront pas « acceptées » pour diverses raisons : volonté de ne pas se conformer à des standards édictés par l'Occident,

---

[13] Natasha Doff, Selcuk Gokoluk, *"Top Fund's Blacklist Shows ESG Coming for Emerging Markets"*, www.bloomberg.com, 16 octobre 2020

coutumes ou traditions locales qui entravent ou freinent la transition ou le passage vers ces nouvelles normes responsables, etc. Il existe une multiplicité de raisons qui peuvent expliquer un décalage entre ce que les acteurs respectueux des critères ESG souhaitent établir et diffuser à grande échelle et ce que d'autres ne sont pas en mesure de mettre en place dans l'immédiat pour être en harmonie avec ce qui ressemble à une sorte de vague déferlante qui a commencé à prendre forme et prend toujours plus d'ampleur. L'exemple de Candriam Bond Fund est très révélateur puisqu'il s'agit d'un imposant acteur financier convoité à l'international pour ses capacités de financement. Lorsque des acteurs de la sorte exercent une pareille pression, on a la tentation de penser qu'ils sont effectivement capables de devenir des chefs de file d'un mouvement qui ne peut que croître. En clair, une telle annonce peut faire l'effet d'une jurisprudence dans le monde des affaires. Elle va inciter d'autres acteurs occidentaux, désireux de travailler dans un climat de respect des critères ESG, de ne pas s'engager voire de se désengager de projets avec des partenaires qui ne travaillent pas harmonieusement avec les conditions de collaboration ou de coopération exigées. Candriam Bond Fund amorce peut-être un effet boule de neige.

Cependant, il serait illusoire de croire qu'un climat harmonieux se mettra en place rapidement. Il ne s'agit pas uniquement de critères portant sur des zones géographiques mais nous pouvons citer, par exemple, les activités sectorielles. Les géants du pétrole et du gaz sont en règle générale très mal notés. Les notes sont des indices d'évaluation dont le but est de montrer que ces acteurs économiques peuvent et doivent améliorer leur implication dans le respect des critères ESG. Pour autant, doit-on considérer qu'ils se conformeront rapidement à ces nouveaux standards ? Nous pouvons penser positivement et nous dire que la perspective d'être pénalisés par des refus de financement peut devenir une raison de « changer d'habitudes » au plus vite. En revanche, nous connaissons des exemples de sociétés pétrolières dont le financement provient d'institutions bancaires ou financières originaires de pays où le respect des règles ESG n'est pas encore devenu une évidence. En d'autres termes, nous pouvons imaginer qu'un circuit de financement en vase clos ne perturberait pas outre mesure un acteur pétrolier qui n'entend pas « changer ses habitudes », et ce malgré les communications officielles des Etats ou les engagements de ces derniers dans des actes juridiques internationaux. Il existe toujours un écart entre ce qui est pensé, convenu et ensuite mis en pratique.

On attribue à l'entrepreneur en série John Elkington d'être un précurseur en matière d'investissement responsable et pleinement engagé dans cette voie depuis les années 1980. Cependant, le concept d'ESG n'apparut véritablement dans la littérature qu'à la fin des années 1990 avant qu'un modèle d'investissement responsable accepté par des institutions financières ne commence à concrètement voir le jour près d'une vingtaine d'années plus tard. Toute mise en route prend du temps. Dès lors que de grands acteurs se convainquent du bien-fondé d'un concept et qu'ils l'érigent en modèle à suivre, le processus de diffusion et d'acceptation peut alors connaître une dynamique ascensionnelle. Il semblerait que ce soit l'avenir promis aux critères ESG. En effet, il faut toujours que des figures de proue donnent l'exemple même si elles ne sont pas à l'origine d'un phénomène. Dès l'instant où de grandes institutions financières prennent ce parti et qu'elles s'inscrivent dans une logique promue par les décideurs publics, il devient effectivement possible qu'un mouvement prenne une impulsion et qu'un cycle de croissance ascensionnelle se mette en marche. Les critères ESG seront les normes de l'avenir.

Il existe en Occident, et sans doute à plus grande échelle à l'avenir, une volonté tant politique, financière qu'industrielle de mettre en place des mécanismes de responsabilisation internationale afin ne pas aggraver un contexte environnemental pour lequel les mises en garde scientifiques se font toujours plus alarmistes. L'éthique est également une vertu centrale. Quant à la lutte contre toute forme de discrimination, elle constitue également un défi majeur et cherche à réduire au maximum les inégalités ou injustices entre personnes physiques ou bien entre personnes morales. Les critères ESG cherchent en définitive à mettre en place une nouvelle approche du monde professionnel et des échanges entre acteurs avec la défense acharnée d'objectifs qui veulent instituer de nouvelles habitudes de travail ou de collaboration à un niveau horizontal ou bien vertical. Par horizontal, il s'agit d'acteurs appartenant à une catégorie équivalente (par exemple, les salariés) tandis que la vision verticale induit une hiérarchie ou une forme de subordination (par exemple, une entité publique décisionnaire et les exécutants d'une décision). Il est manifeste qu'un mouvement a vu le jour et qu'il est amené à s'inscrire dans la durée. Il a pour but l'établissement d'un nouveau paradigme portant sur les échanges et les conditions de collaboration avec une forte dimension de responsabilisation collective.

De grands enjeux politiques et géopolitiques

L'apparition des critères ESG n'intervient pas à n'importe quel moment de notre Histoire. Bien que leurs prémices fussent théorisées dans les années 1980 et 1990, un petit retour en arrière nous laisse entrevoir des raisons pour lesquelles ces pensées responsables n'avaient que très voire trop peu de chances d'être écoutées à cette époque.

L'époque historique en question a été animée par la fin de la guerre froide puis une transition fulgurante vers un système où une superpuissance mondiale domina outrageusement le *hard* et le *soft power*. D'ailleurs, les préoccupations manifestées dans le Protocole de Kyoto de 1995 sont particulièrement marquantes dès lors que la communauté internationale porta son attention sur les besoins de réduire les émissions de gaz à effet de serre, ce qui conduisit à la création des conférences sur le climat une fois par an. Un quart de siècle plus tard, ce triste constat d'alors n'a fait qu'empirer au point que la communauté scientifique tire depuis longtemps et avec force sur le signal d'alarme pour indiquer qu'une réaction impérieuse doit être engagée dans les plus brefs délais.

En clair, l'environnement a fait partie des débats des années 1990 mais pour ce qui est de la dimension sociale et gouvernance, il faut reconnaître que le monde était plutôt dominé par une recherche de développement profitable, plus que par une volonté de s'orienter vers une politique responsable pour cc qui est du respect et des droits des individus ou encore la lutte contre la corruption. La fin de la guerre froide redessina les contours d'une nouvelle géopolitique mondiale avec la domination écrasante des Etats-Unis. Toutefois, cette période fut également celle d'un essor progressif mais durable de la Chine, celle d'une reconstruction rapide de la Russie, du morcellement d'anciens Etats tels que l'URSS ou la Yougoslavie, du renforcement des inégalités entre les plus riches et les plus pauvres, de la confirmation de l'accaparation et de l'assise d'un pouvoir politique autoritaire dans de nombreux Etats avec les corollaires qui y sont liés : altération du respect des droits et des libertés individuels, corruption endémique, etc. A cela, il convient d'ajouter la recherche du profit et la satisfaction de besoins assouvissant la croissance économique ainsi que son dynamisme : la consommation de ressources fossiles a ainsi connu une forte explosion. Pour être plus précis, la consommation globale de pétrole a véritablement explosé, notamment au sein des économies émergentes et peuplées.

La Chine fait office de chef de file. Le cas de ce pays est d'autant plus intéressant qu'il a connu une exceptionnelle phase de croissance économique portée par des performances remarquables (des années à plus de 10% de croissance économique) tandis que le pouvoir politique se tournait peu à peu vers des dirigeants dont la préoccupation consistait à asseoir une emprise véritable sur le pays. Quant aux libertés individuelles et à la corruption, l'actuel Président Xi Jinping avait précisément fait de la lutte contre la corruption une priorité. Elle se développe à deux vitesses entre les acteurs qui tombent sous ce chef d'accusation et qui font face à des sanctions d'une grande sévérité pouvant aller jusqu'à la peine capitale tandis que d'autres bénéficient de la mansuétude du système… tant qu'ils ne le contrarient pas. Les épisodes houleux liés au Tibet, au Xinjiang ou Hong-Kong ont fait l'objet de dénonciations portant sur des pratiques répressives voire dans certains cas d'exactions commises pour imposer l'autorité du pouvoir central. Quant à l'environnement, bien que depuis plusieurs années la Chine soit devenue le premier investisseur, et de loin, dans les programmes d'énergies renouvelables, les grandes métropoles du pays sont sujettes à des pollutions diverses et terrifiantes pour la santé publique et l'environnement. La Chine s'est clairement positionnée pour s'orienter vers une politique environnementale menant à une décarbonation progressive de son économie mais ses besoins en énergie sont tels que malgré le déploiement de nouvelles politiques énergétiques portant sur la diversification de la production et de la consommation d'énergie, la consommation de ressources fossiles demeure considérable mais également essentielle pour sa croissance économique. En somme, c'est l'histoire du serpent qui se mord la queue. Cependant, on ne peut pas nier les efforts chinois sur la dimension environnementale.

En revanche, là où la Chine apparaissait aux yeux des puissances occidentales comme une puissance économique émergente, dans le meilleur des cas, à l'orée des années 1990, elle est devenue en peu de temps la deuxième force économique mondiale. Elle a connu un développement spectaculaire et ne fait plus de mystères quant à ses intentions à venir : devenir la première puissance économique mondiale. Elle est devenue le principal concurrent des Etats-Unis. La rivalité qui oppose ces deux pays n'est pas sans rappeler la guerre froide qui sévit pendant quatre décennies sur le monde à la différence près que cette rivalité oppose deux Etats et non deux blocs et que l'opposition ne repose pas sur des idéologies en confrontation. La phase de domination écrasante des Etats-Unis (*hard* et *soft power*) est arrivée à son terme dès lors que la montée en puissance de la Chine (toujours considérant les *hard* et *soft power*) a montré une tendance à ce que la rivalité devienne un rapport de force équilibré mais également durable. C'est peut-être cette nouvelle réalité géopolitique qui a contribué à la promotion des critères ESG, comme un argument qui devait contrarier la marche en avant de la Chine. Il ne s'agit là que d'une hypothèse mais que nous allons tenter d'étayer.

Un paradigme défendu et des acteurs contrariants
Ce n'est peut-être qu'un hasard circonstanciel mais l'apparition des critères ESG n'est pas étrangère à la montée en puissance de la Chine. Il fallait trouver des moyens de contrarier ce que les puissances économiques occidentales perçoivent désormais comme un géant politique et économique. La Chine ne se suffit pas. Pour fonctionner, elle doit exporter. C'est sur ce modèle économique que

repose l'avenir économique du pays. L'initiative One Belt, One Road (OBOR, les nouvelles Routes de la Soie) en est une parfaite illustration : investir dans des infrastructures routières, portuaires, ferroviaires et autres pour mieux faciliter ses échanges internationaux à grande échelle. Des analyses disparates défendent tantôt la thèse d'une ambition démesurée et aux moyens quasi-illimités pour devenir la première économie mondiale. D'autres y voient au contraire un frein voire un projet nuisible pour son avenir économique. En revanche, la Chine semble sûre de sa force, portée par un Président Xi Jinping animé par une foi inébranlable et résolument déterminé à placer son pays au sommet de l'économie mondiale. D'autre part, la puissance économique est généralement associée à un pouvoir politique fort. Le duel sino-américain porte donc autant sur des considérations politiques qu'économiques.

Le monde occidental s'inquiète de la manière dont la Chine parvient à défendre avec autant de facilité ses intérêts grâce à sa force économique. Sa prise de contrôle d'infrastructures portuaires en Europe avait inquiété les Etats-Unis (le Pirée en Grèce ou encore Gênes en Italie) qui devaient également comprendre au travers de l'affaire Huawei que leur principal concurrent avait effectué des progrès considérables dans le domaine des nouvelles et hautes technologies. Il est entendu que les considérations officielles de la communauté internationale portent sur la lutte contre le réchauffement climatique et que la Chine est le premier pollueur de la planète. Plus globalement, l'apparition des investissements responsables s'est faite à une période où la domination économique et politique américaine n'était plus aussi évidente. Il fallait par conséquent trouver des mécanismes pour freiner les ambitions crédibles de toute concurrence étrangère. Nous exposons le cas de la Chine et des raisons qui ont pu pousser à la promotion des critères ESG pour perturber la bonne dynamique chinoise… mais nous pouvons également évoquer le cas de la Russie qui fait évidemment partie des cibles des promoteurs financiers de ces critères.

Lorsque Candriam Bond Fund annonça son intention de ne plus vouloir participer au financement de projets russes, saoudiens ou chinois en raison de performances pas assez élevées en matière de critères ESG, nous pouvons nous interroger sur les véritables motivations. Elles sont sans doute animées en partie par une volonté d'imposer avec autorité une nouvelle vision responsable pour lutter contre les grands fléaux sociaux, environnementaux et de gouvernance, contre toute forme de dérive. Cependant, nous y voyons également un moyen de pression exercé contre les acteurs animés par des désirs ou des volontés divergentes de celles des principales puissances économiques et politiques occidentales, les Etats-Unis en tête. Pour ce qui est de la Russie, la banque NTV est devenue la première banque russe à mettre en place une politique axée sur le respect des critères ESG. Il s'agit d'un signe encourageant dans la mesure où sur le fond, le souhait de s'attacher à respecter des critères visant à améliorer la qualité de vie de l'humanité est un argument imparable.

Pour ce qui est de la Chine, il y a bien des aspects pour lesquels elle compte satisfaire au respect de certains de ces critères, l'environnement arrivant en premier lieu. Pour ce qui est des autres critères, ils apparaissent comme une forme de tentative de déstabilisation du système. Cela vaut également pour bien d'autres pays. Tout ce qui s'apparente à un pouvoir politique autoritaire est ainsi directement visé. Pour la Russie, les affaires qui opposent le dissident Alexeï Navalny au Kremlin sont un sujet qui incite les acteurs financiers occidentaux à vouloir limiter leurs intentions de financement responsable. En d'autres termes, les affaires Navalny sont instrumentalisées comme un moyen de pression adressé à la Russie. Il en va de même pour l'Arabie saoudite, pays qui fait partie des premières préoccupations de l'Administration Biden qui s'attache à marquer une distance avec le royaume wahhabite et plus particulièrement avec le Prince héritier dont le nom revient sans cesse dans la sordide affaire Khashoggi.

Une fois de plus, il faut sans doute y comprendre le message que les dirigeants politiques et financiers vont s'appuyer sur des conclusions d'enquête de la CIA notamment pour exercer une pression économique sur Riyad en brandissant à l'envi cet effroyable fait divers pour justifier d'un non-respect des critères ESG, perspective incompatible avec les intentions d'acteurs financiers qui souhaitent déployer un modèle exemplaire dans le monde. La dimension humaine est évidemment honorable et respectable. En revanche, dans un contexte géopolitique global multipolaire, la promotion des critères ESG peut devenir une arme redoutable pour freiner la bonne santé économique des acteurs qui ne voudront pas respecter de bonnes vertus environnementales, sociales et de gouvernance. L'éthique fait assurément partie des enjeux sincères mais elle n'est pas la seule. Quant au pouvoir des agences de notation, il sera grandissant mais expose les acteurs économiques à une autre menace : celle d'une montée en puissance d'évaluations arbitraires.

Un outil éthique au service de l'humanité
Pour Albert Camus, « la vraie générosité envers l'avenir consiste à tout donner au présent ». C'est en quelque sorte l'esprit qui anime les critères ESG. Pour préparer l'avenir, il faut être actif dans le présent. Le problème qui se pose porte sur les menaces qui pèsent sur la communauté internationale. Le réchauffement climatique est sans conteste le plus grand défi qui attend l'humanité tant les détériorations naturelles sont constatées à grande

vitesse. La fonte des zones glacées de la planète est d'autant plus préoccupante qu'elle montre les dérèglements climatiques observés depuis quelques décennies et qui se produisent avec une rapidité déconcertante. Si l'ensemble des glaces polaires devait fondre, le niveau des océans monterait globalement de soixante-cinq mètres sur l'ensemble de la Terre, ce qui reviendrait à condamner de nombreuses zones insulaires, côtières mais également intérieures. L'espace habitable s'en retrouverait ainsi considérablement réduit et les déplacements de populations pourraient concerner près de trois milliards d'individus. Un tel scénario catastrophe n'est pourtant pas une manière de soulever des inquiétudes mais d'annoncer une réalité future si d'aventure des efforts immédiats et effectifs ne sont pas mis en œuvre. L'investissement responsable est en soi un formidable outil imaginé car soucieux de léguer un héritage positif aux générations futures. Pour autant, doit-on considérer que leur promotion soit fondamentalement mise en avant pour cette raison ? Rien n'est moins sûr. Nous l'avons déjà expliqué, leur promotion survient dans une période où les relations internationales connaissent de grandes évolutions avec l'émergence d'un monde multipolaire et l'affirmation d'une contestation crédible à la domination américaine en matière de *hard* et de *soft power*. Les critères ESG ont été repris en partie en qualité d'instrument de *soft power*. Toutefois, cette vision ne doit pas occulter l'aspect humain de la démarche qui est nécessaire dans un environnement global où la communauté internationale s'expose à de graves menaces.

Il est certain que la lutte contre le réchauffement climatique, les abus contre les individus ou bien de gouvernance ne pourront connaître de résultats probants que si et seulement si tout le monde accepte d'en jouer le jeu et de se conformer à certaines règles éthiques. Pour ce qui est de la contrainte juridique, il faudra sans doute attendre plus longtemps pour qu'un droit positif international s'impose harmonieusement dans le monde. Là n'est pas le sens du débat. Intellectuellement, la pensée responsable est une sorte de filiation naturelle de l'esprit humaniste qui anima les penseurs Erasme ou Spinoza en leur temps puis l'esprit des Lumières au XVIIIème siècle. Il est important que les grandes décisions politiques, économiques et sociétales soient inspirées en amont de pensées intellectuelles, bien que toute pensée connaisse une différence entre sa théorisation et son application concrète au sein d'une société. C'est ce qui caractérise une idéologie.

L'investissement responsable a ceci de séduisant que ceux qui sont prêts à suivre ses enseignements peuvent effectivement promouvoir une approche humaniste de la gouvernance globale au travers d'une véritable évolution sociétale. La dimension coercitive désormais exprimée par des acteurs financiers désireux de mener la communauté internationale vers un monde meilleur est acceptable dès lors qu'elle motivée par des raisons saines. Ne pas aider financièrement un acteur qui ne respecte pas les enjeux environnementaux, les droits et libertés individuels ou des dérives de gouvernance publique ou privée est un moyen de s'affirmer pour défendre une éthique qui sera d'autant plus remarquable si ses promoteurs s'astreignent sincèrement aux mêmes exigences. Si les fers de lance respectent scrupuleusement ce qu'ils défendent, il devient alors possible d'espérer vivre dans un monde meilleur.

A défaut de nous nourrir d'illusions ou de pensées trop optimistes, essayons de comprendre que le mouvement amorcé par le secteur financier a des chances de voir ses exigences suivies d'effets dès lors qu'il rendra les impératifs financiers d'autres acteurs plus difficilement accessibles en raison d'un non-respect suffisant des critères ESG. Prenons l'exemple de la lutte contre le réchauffement climatique : si les mécanismes coercitifs génèrent un véritable effet sur les politiques d'entreprises et induisent in fine des résultats probants sur l'environnement, l'esprit collectif et humain doit alors l'emporter sur les rivalités politiques ou autres. C'est aussi pour cette raison que nous manifestons une inquiétude au regard de la réalité des relations internationales et de la dualité Etats-Unis-Chine, bien que l'Empire du Milieu soit convaincu de la nécessité impérieuse de se tourner vers un nouveau modèle énergétique. Le penseur français Montesquieu, dans son œuvre magistrale sur la séparation des pouvoirs, avait alors théorisé cette dernière avec son fameux principe : « il faut que par la force des choses le pouvoir arrête le pouvoir ». C'était précisément le fondement de ce principe qui anime les régimes démocratiques mais cela sous-entend qu'il y ait un rapport de force qui s'impose, à de bonnes fins, pour contrôler la bonne exécution des règles et ainsi augmenter les chances de se prémunir contre toute forme de dérive du pouvoir. Eu égard à la Chine, nous pouvons espérer qu'à défaut de renier les critères ESG en raison d'une opposition manifestée à l'encontre des Etats-Unis, que cette dernière accepte d'intégrer ce nouveau modèle en vue de contribuer à l'amélioration de la qualité de vie des Chinois mais également de la communauté internationale. La vision humaniste des critères ESG dépasse en effet toute forme de considération nationale. Elle défend l'individu et l'environnement.

Un impact économique croissant pour une tendance durable et des interrogations en suspens

D'après la société JP Morgan Asset Management, en 2019, « *30,700 milliards de dollars (47 % du total des actifs sous gestion) sont liés à une forme d'intégration ESG ou à certains types de sélection par exclusion. Toutefois, moins de 10,000 milliards de dollars (12 % du total des actifs sous gestion) sont investis dans des stratégies d'investissement dédiées.* » [14] Cela tend à montrer que l'investissement responsable devient une pratique qui est amenée à se développer davantage. Au-delà du pouvoir d'influence qui peut être appuyé par des décisions politiques mais aussi une régulation normative, l'individu demeure à la base de ce système dès lors que l'épargnant confie son capital à des sociétés (banques, gestionnaires de fortune privée, etc.) qui s'engagent fermement à investir dans des opportunités respectueuses des critères ESG. Cela a des effets. Nous pouvons citer l'exemple du géant russe du minerai Norilsk Nickel. Ce dernier a connu une sortie massive d'investisseurs après avoir été placé sur la liste des sociétés proscrites. Depuis lors, il a dépensé deux milliards de dollars pour réduire ses émissions de dioxyde de soufre et a l'intention de dépenser un milliard sept-cents millions de dollars supplémentaires, bien qu'il soit l'un des plus grands pollueurs au monde. L'attitude de Norilsk et les efforts déployés pour se « conformer » à des standards plus vertueux est un précieux indicateur que les grandes sociétés qui cherchent des partenaires financiers se soucient désormais des conséquences d'un rapport les concernant et dont les notations seraient mauvaises.

Les agences de notation disposent dès lors d'un pouvoir d'influence grandissant, à l'instar d'un Trip Advisor qui embellit ou au contraire détruit la réputation d'un restaurant ou d'un hôtel. Certes, dans ce cas, ce n'est pas la société qui émet une notation mais un consommateur. Il s'avère que des dérives ont été dénoncées concernant des professionnels dont la réputation a été ternie par des concurrents. Cependant, de manière générale, plus un professionnel récolte d'avis de consommateurs et plus ses qualités de service sont crédibles et révélatrices de l'avis général. C'est dans cette idée que les agences de notation

---

[14] Karen Ward, Jennifer Wu, « *Quel est l'impact des critères ESG sur les pratiques d'investissement ?* », am.jpmorgan.com, 9 septembre 2019

peuvent avoir un pouvoir de promotion ou de destruction auprès des demandeurs de partenariat financier car en fonction de leurs conclusions, les investisseurs pourront à tout moment refuser de coopérer avec une société qui ne respecte pas suffisamment les critères ESG. En ce sens, l'agence de notation incarne l'image d'un juge éthique voire d'une arme redoutable pour quiconque s'évertuerait à ne pas consentir à des efforts significatifs pour promouvoir l'environnement, le social et la gouvernance dans un cadre de nouvelles performances éthiques.

Nous avons mené une petite étude voici quelques mois sur les performances ESG des grands acteurs du secteur pétrolier et gazier. Pour parvenir à un résultat convaincant, nous avions alors cherché à connaître les performances ESG d'acteurs cosmopolites et surtout référencés sur des places boursières de plusieurs juridictions. Nous avions alors consulté les résultats publiés par Sustainalytics. Nous avions constaté que parmi les dizaines de sociétés référencées dans les notations, l'écrasante majorité d'entre elles était notée avec une conclusion qui ne laissait aucune place au doute puisque le risque ESG était élevé ou bien sévère. Les « meilleurs élèves », rares dans le classement, étaient considérés comme relevant d'un risque ESG moyen. Le géant espagnol Repsol faisait partie de ces rares « bons élèves ». Le constat était d'autant plus amer que parmi les plus mauvaises notations, beaucoup concernaient des sociétés américaines. D'autres acteurs chinois et russes étaient également sanctionnés par de mauvaises notations mais la question que nous nous posons porte précisément sur ces sociétés américaines : dans un contexte accru de concurrence internationale où les enjeux économiques et géopolitiques jouissent d'un pouvoir d'influence considérable, ces sociétés seront-elles sanctionnées par des investisseurs qui se veulent exigeants quant au respect des critères ESG ? Les investisseurs se désisteront-ils si ces dernières n'améliorent pas leurs performances qui, pour le coup, portent essentiellement sur la dimension environnementale ?

En Russie et en Chine, les sociétés qui disposent de mauvaises notes sont sanctionnées par rapport aux trois grands critères tandis que les sociétés occidentales le sont essentiellement pour leurs mauvaises performances sur l'environnement. Dès lors que des fonds d'investissement américains ont annoncé vouloir couper leurs participations dans des sociétés russes, chinoises ou saoudiennes, auront-ils la même attitude avec des sociétés américaines ? En somme, l'attitude des investisseurs sera-t-elle la même en fonction de l'origine nationale de la société qui sollicite des partenariats financiers ? Notre crainte porte effectivement sur un risque arbitraire et à l'instar d'un arbitre dans le sport, toute décision peut ne pas être objective. Autrement dit, l'agence de notation, à l'instar du consommateur sur Trip Advisor, peut détruire ou flatter une réputation à partir de la publication de résultats ou de conclusions qui reposent sur une évaluation globale dont la méthodologie n'est pas transparente. Il s'agit là d'une crainte et non d'une dénonciation. En revanche, il est effectivement souhaitable, dans une logique de boucle vertueuse, que le système de notation se rapproche au maximum de ce qui peut être qualifié d'objectivité et que les décisions des investisseurs s'appuient sur des conclusions ou rapports qui se veulent également vertueux. Les critères ESG doivent être un argument visant à promouvoir une meilleure qualité de vie et non à s'engager dans une bataille politique ou commerciale aux motivations incertaines.

Conclusion
Les critères ESG sont programmés pour devenir des standards internationaux au pouvoir d'influence grandissant. Le pouvoir financier dispose en effet d'un atout

considérable : celui de décider de ne pas s'investir dans un projet qui ne serait pas suffisamment respectueux de ces critères. L'absence de définition des critères de notation pose des questions pour lesquelles nous n'avons pas de réponse. C'est ce qui nous laisse craindre, peut-être à tort, une forme de dérive dans l'appréciation des candidats éligibles aux investissements responsables. Il est manifeste que les critères ESG vont étendre leur influence dans le monde dès lors que de grandes sociétés financières s'engagent dans cette voie et que des décisions cinglantes viennent frapper les esprits. Nous sommes évidemment ravis qu'un système qui n'est globalement pas encore régulé puisse s'imposer avec pour principale motivation la mise en place d'un système vertueux dans lequel l'environnement, le social et la gouvernance sont au cœur des préoccupations des investisseurs qui se veulent responsables.

Dans l'absolu, la promotion de ces critères est assurément une excellente initiative. Si les règles d'éthique sont respectées, elles doivent théoriquement mener à une amélioration globale de la qualité de vie à l'échelle planétaire. Le processus est en marche mais il faudra de nombreuses années pour qu'il parvienne à définitivement s'imposer partout. Or nous avons identifié des facteurs qui, selon nous, peuvent freiner la diffusion effective de ces standards à grande échelle. Il s'agit d'une supposition qui ne demande qu'à être infirmée. Il n'existe aucune vérité mais la promotion des critères ESG comporte une dimension politique et géopolitique dès lors, il s'agit d'un terrain d'affrontement, qui plus est dans un climat global d'exacerbation de la rivalité opposant les Etats-Unis à la Chine. En clair, considérant que ces critères ont été imaginés en Occident et que la pression des investisseurs est à ce jour essentiellement occidentale, nous ne pouvons pas écarter l'idée qu'une partie des motivations de ses promoteurs effectifs ne soit pas animée par une envie de troubler le bon fonctionnement du système politique et économique chinois. En Occident, la Chine est perçue comme un mauvais élève qui se soucie peu de l'éthique des critères ESG même si des efforts sont sincèrement consentis pour trouver les moyens de réduire la pollution ambiante qui est devenue un véritable fardeau en matière de santé publique ainsi que pour les finances du pays. Pour ce qui est du social et de la gouvernance, les agences de notation sanctionnent les mécanismes de pilotage qui, à leurs yeux, ne se soucient pas assez des droits et libertés individuels tandis que la gouvernance des entreprises demeure très nébuleuse.

De manière très explicite, il existe un grand vide juridique autour de l'environnement ESG. Il y a quelques balbutiements juridiques observés dans l'UE mais il faudra des années avant qu'un système normatif effectif fasse autorité dans les juridictions nationales ou bien à un niveau supranational. En somme, les critères ESG incarnent une superbe occasion de créer de nouvelles opportunités d'affaires, notamment pour les sociétés d'audit ou les agences de notation qui verront ainsi leur pouvoir d'influence considérablement accru. Comme déjà évoqué dans cette réflexion, une telle situation, en l'absence d'une régulation normative globale, ouvre la porte au champ des possibles, notamment celui de l'arbitraire qui pourrait jouer à l'encontre de principes éthiques pourtant officiellement défendus. En soutenant de nouveaux critères éthiques et moraux, les acteurs influents vont ainsi dicter les nouvelles orientations d'affaires et les conditions pour les réaliser sous couvert d'enseignements éthiques et moraux. Si les résultats obtenus dans le temps sont satisfaisants et que des progrès significatifs sont constatés dans le monde pour l'environnement, le social et la gouvernance, nous pourrons alors affirmer que la promotion de ces critères aura été bénéfique pour l'ensemble de l'humanité. Si en revanche les résultats ne sont pas probants, il faudra alors opérer une autre lecture et concéder que la promotion de ces critères aura été une vaine opération... voire que les véritables motivations étaient ailleurs.

Pour le coup, nous sommes convaincus que l'émergence des investissements responsables, tels qu'ils furent théorisés originellement, ne sont pas devenus une sorte de nouveau paradigme à la mode par hasard. La Chine et sa puissance (économique, politique et militaire) croissante font partie des grandes préoccupations. Comment freiner cette montée en puissance chinoise sans heurt diplomatique mais tout en opérant subtilement et avec efficacité ? Les critères ESG prennent alors tout leur sens dès lors que des institutions financières s'engagent dans l'investissement responsable et qu'elles peuvent décider à leur guise de participer ou non à un projet pour lequel elles estimeront que ces fameux critères ne seront pas suffisamment respectés. Se pose alors la question du juste milieu, celle pour laquelle il sera possible d'estimer qu'une société « mérite » d'être la récipiendaire d'un investissement responsable ou non. C'est à ce niveau que cette nouvelle mécanique demeure nébuleuse et potentiellement arbitraire. Reprenons l'exemple des sociétés pétrolières et gazières. Elles sont généralement très mal notées, quelle que soit leur origine nationale. Pour autant, les sociétés américaines seront-elles systématiquement sanctionnées par le refus d'investissements responsables émanant de fonds d'investissement américains ? Nous n'en sommes pas certains. En revanche, que ces fonds refusent de s'engager avec des partenaires russes ou chinois pour les mêmes raisons, nous y croyons davantage.

Nous craignons la mise en place d'un système qui se veuille vertueux mais qui pratique en réalité une politique du « deux poids, deux mesures ». Cela étant, nous ne voyons pas la promotion des critères ESG d'un mauvais œil. Bien au contraire, nous les accueillons nourris d'espoirs puisqu'ils se veulent responsables et il y a assurément une grande part de sincérité dans cette démarche. Si nous devions dresser un *SWOT analysis* [15] sommaire des critères ESG, nous les définirions comme suit :

- *Force* : c'est la défense d'une vision éthique du monde au travers d'un investissement responsable. L'initiative, intellectuellement parlant, est honorable et doit être soutenue dès lors que la principale motivation repose sur le progrès en vue d'un monde meilleur.

- *Faiblesse* : le manque de régulation normative. Si les critères ESG parviennent à s'imposer au fil du temps, les Etats voire les groupements d'Etats devront légiférer pour les encadrer juridiquement et se prémunir contre toute forme d'abus.

- *Opportunité* : dans un système global que beaucoup qualifient de défaillant (le dernier exemple en date avec la crise économique liée à la pandémie Covid-19, la thèse d'un *big reset* [16] financier fut évoquée), les critères ESG peuvent s'imposer comme un nouveau paradigme dominant et promouvant des standards d'action qui se veulent moraux et responsables. L'opportunité demeure qu'une nouvelle ère d'affaires est en train de se mettre en place.

- *Menace* : en l'absence de régulation normative, le risque d'arbitraire est d'autant plus accru. Il faut

---

[15] Note de l'auteur : le *SWOT analysis* est une méthode d'analyse née dans le monde anglo-saxon. Elle s'appuie sur quatre critères d'évaluation : les forces (*strengths*), les faiblesses (*weaknesses*), les opportunités (*opportunities*) et les menaces (*threats*). Cette méthode permet d'évaluer les avantages et les inconvénients d'une situation ou d'un problème et d'en tirer une synthèse.
[16] Traduction de l'auteur : la grande réinitialisation

impérativement penser aux mécanismes juridiques qui permettront de limiter les tentatives insidieuses d'abus. De même, les systèmes de notation ou d'évaluation demeurent flous et peuvent remettre en question la méthodologie ainsi que l'objectivité de la société d'audit ou bien l'agence de notation consultée. En l'absence de régulation clairement définie, leur pouvoir d'influence est considérable puisqu'elles peuvent attribuer les bons ou les mauvais points sans qu'il soit possible d'évaluer la qualité de leur intervention en amont. Une crainte peut par exemple porter sur des tentatives de corruption faites à l'égard d'agences de notation ou de cabinets d'audit de la part de sociétés susceptibles de faire l'objet d'une évaluation.

La note devient une promotion ou bien une sanction, à l'instar des notes scolaires qui évaluent la qualité du travail rendu par un élève. Le système est séduisant si, et seulement si, il s'accompagne de règles de droit. Face à un vide juridique, toute action qui se veut bienveillante peut rapidement être détournée de sa motivation originelle pour laisser place à des abus. C'est un danger. D'autre part, la dimension politique sous-jacente est réelle. Les pouvoirs publics ont tout intérêt à garder un œil attentif sur la promotion de ces nouveaux critères qui, en étant vantés, donnent une image positive à l'action publique qui apporte son soutien pour sa promotion. De même, dès lors que des agences de notation et des sociétés d'audit pilotent les évaluations, personne ne peut critiquer ouvertement l'action ou les intentions d'un Etat. Pourtant, comme nous avons pu le voir, les projets de financement avortés dans certains pays laissent entendre que la dimension politique fait partie des refus de s'engager dans des projets qui ne seraient pas soutenus par les autorités exécutives d'un pays. Nous nous interrogeons par exemple sur l'application des critères ESG pour l'Afrique, continent pour lequel des études récentes indiquent que les niveaux de corruption n'ont jamais été aussi élevés que pendant la crise pandémique de la Covid-19. Doit-on considérer que les investisseurs occidentaux se refuseront à investir dans ce continent en raison de pratiques qui ne correspondent pas à l'éthique défendue par les détenteurs du capital ? Nous ne demandons qu'à voir mais de nombreux Etats africains sont dans l'obligation économique de faire appel à des investissements étrangers tant les défis qui attendent le continent sont aussi nombreux qu'urgents à solutionner (croissance démographique, besoins sanitaires à satisfaire, urbanisation croissante, emploi, etc.).

Nous préconisons la création de structures privées, associatives ou entrepreneuriales, qui fassent appel à des autorités scientifiques disparates pour définir autrement les critères d'évaluation sur la base d'une rigueur scientifique. Nous pensons qu'un support universitaire et composé d'experts originaires de différentes régions du monde (à l'instar du GIEC) peut aider à promouvoir une concertation collective et internationale pour penser ou affiner les critères d'évaluation tout en veillant, au regard de la diversité nationale et de l'expertise du panel intervenant, à conserver comme visée prioritaire de toujours rechercher l'objectivité ou de s'en rapprocher. De toute évidence, les critères ESG sont promis à un bel avenir. Ils ne sont promus que depuis quelques années mais ils commencent à séduire bon nombre d'acteurs politiques et économiques qui souhaitent engager la communauté internationale sur les sentiers de vertus qui sont aussi honorables que respectables. Si la recherche finale consiste à améliorer le monde pour le bien de l'humanité, il n'y a pas à hésiter : il faut s'engager dans cette voie. Il lui faut impérativement se doter de règles de fonctionnement. Toute bonne pensée, si elle n'est pas encadrée, s'expose à des dérives sachant qu'un cadre normatif n'immunise pas contre des abus. Cependant, sans régulation, la porte est laissée ouverte à toute forme d'opportunité malveillante et contraire à l'esprit qui se veut vertueux pour l'environnement, le social et la gouvernance. C'est à cette condition que nous pourrons espérer la diffusion des critères ESG dans une approche de bon fonctionnement.

L'intrigant business ESG
Mars 2021

Les critères ESG ont ceci de particulier qu'ils sont de plus en plus souvent invoqués alors qu'ils ne sont pas clairement définis. Il existe certes différents facteurs d'appréciation mais au-delà de ces critères, le plus surprenant est qu'il n'y a quasiment aucun encadrement juridique. En d'autres termes, les critères ESG tendent à s'imposer toujours plus dans les affaires internationales tandis qu'ils reposent sur immense vide juridique. Il est très probable que cette anomalie se verra comblée dans les prochaines années (ou pas...) mais en attendant, de nouvelles habitudes d'affaires sont en train de se mettre en place... de même que des moyens de pression. C'est effectivement une de leurs particularités. Ils ne sont quasiment pas prévus par les règles de droit et pourtant, ils sont en passe de s'imposer dans le monde avec leurs exigences. Ces dernières sont d'autant plus fortes que si elles parvenaient à faire autorité, elles pourraient profondément modifier le visage de la gouvernance, du respect de l'environnement, des droits et des libertés individuels dans de nombreux pays et entreprises. En clair, la vision responsable des investissements se veut très ambitieuse puisqu'elle comporte une dimension morale et éthique. Sur le fond, si les critères ESG sont promus avec cette véritable motivation, il faut saluer cet élan dont l'objectif est de rendre ce monde meilleur. Sur la forme, nous nous interrogeons toujours sur la manière dont ils parviendront à s'imposer définitivement dans le climat des affaires sans faire l'objet de dérives ou d'abus. En l'absence de règles de droit définissant leur cadre juridique, la porte est effectivement ouverte aux abus en tous genres et nous sommes convaincus qu'il faudra beaucoup de temps pour parvenir à mettre en place un cadre juridique global, étatisé ou bien supranational, car les critères ESG, avant d'être les défenseurs de valeurs éthiques et morales, constituent des atouts majeurs des jeux de pouvoirs économiques et politiques.

Il existe une urgence internationale en matière de lutte contre le changement climatique. Bien que ce fléau ne soit pas unanimement reconnu comme scientifiquement prouvé, des signes d'inquiétude sont toutefois régulièrement relevés pour tenter de mettre en évidence une responsabilité de l'action humaine dans un processus global qui tend à aller de mal en pis, mais dont l'aggravation semble s'intensifier depuis trois décennies. Le Protocole de Kyoto s'inscrivait dans cette logique mais un quart de siècle plus tard, le constat est désolant. Les températures globales ne cessent de croître, les zones glaciaires tendent ainsi à fondre à grande vitesse ce qui induit une montée du niveau des eaux et l'immersion à venir de nombreuses régions insulaires ou côtières. Pour ce qui est de ce constat alarmant, il s'agit d'une tendance qui paraît irréversible. Les glaces fondent, l'espace habitable se réduit et il faudra compter sur une grande immigration à venir dans les décennies à venir. Le premier élément mis en cause est le phénomène de pollution qui, aux dires de la communauté scientifique (le GIEC), intensifie le processus de changement climatique en raison du niveau d'émissions de gaz à effet de serre. Il faut toutefois comprendre qu'une partie de ces dernières est générée par des activités qui ne sont pas humaines mais qui relèvent de la nature comme l'élevage bovin. La Terre a connu des périodes de réchauffement et de refroidissement climatique sans qu'aucune activité humaine ne puisse être imputée à ces évolutions climatiques. En revanche, pour ce qui nous concerne, nous avons vu qu'en très peu de temps, les résultats relevés par la communauté scientifique sont stupéfiants tandis qu'aucun phénomène naturel ne parvient à les expliquer entièrement. C'est ainsi qu'il faut considérer une responsabilité humaine… élément qui semble être implicitement admis par les critères ESG puisque ce qui concerne la dimension environnementale fait référence à la dégradation de l'environnement. Or la lutte contre la pollution est la préoccupation principale de cette dimension environnementale.

L'investissement responsable, tel que promu par certains acteurs économiques, est actuellement suivi de décisions à l'impact fort. Des sociétés financières refusent désormais d'engager des fonds dans des projets qui ne respecteraient pas la dimension environnementale. Dans l'absolu, c'est un argument honorable. Les sociétés qui sont suspectées de polluer seraient donc dans le collimateur des institutions financières. Le problème est de déterminer comment les décisions d'investir sont prises et sur quels éléments elles se fondent. Est-ce qu'une société d'exploitation pétrolière est sanctionnée pour la pollution qu'elle génère directement au travers de ses activités industrielles ou bien est-ce le fait que le pétrole soit considéré comme une ressource polluante qui entre en ligne de compte ? En effet, le pétrole est utilisé pour tant de raisons que toute société produisant des biens et services recourant au pétrole peut ainsi être considérée comme polluante et voir son activité freinée par des refus de financement au motif d'investissement responsable. Pourquoi pas, mais un système ne peut s'imposer que s'il est juste. C'est le même principe que pour l'impôt qui ne sera pas accepté s'il est considéré comme injuste. Le risque des critères ESG réside dans l'absence d'encadrement global, qu'il soit juridique ou autre, car malgré l'intervention d'agences de notation ou de sociétés d'audit qui voient en ces critères une aubaine de business, il est permis de penser que des décisions d'investissement ou non peuvent s'effectuer en fonction du profil du client et / ou de son origine nationale. Oui, les critères ESG sont manifestement une arme économique et politique. C'est la raison pour laquelle il serait étonnant qu'une régulation normative internationale soit mise en place à court terme.

D'immenses opportunités d'affaires

Un champ d'activité peu exploré offre de grandes perspectives dès lors qu'il se révèle prometteur. Toutefois, un gisement prometteur n'augure pas nécessairement une grande réussite. Par le passé, les chercheurs d'or, les prospecteurs de pétrole et autres aventuriers en quête de fortune se ruèrent sur le Yukon ou la Californie dans l'espoir de trouver les ressources qui devaient assurer leur richesse. Il y eut beaucoup de prétendants mais une minorité seulement parvint à afficher une certaine réussite tandis que la plupart des grandes fortunes se bâtirent sur des affaires nées en corrélation avec la découverte des grands gisements d'or ou de pétrole comme les promoteurs des chemins de fer. Plus récemment, le business de l'internet divisa les entrepreneurs à ses balbutiements lorsque certains estimèrent que cette technologie n'aurait pas d'avenir ou du moins un effet limité tandis que d'autres y virent au contraire une formidable opportunité en y décelant une révolution à venir des habitudes de consommation des individus. Certaines des plus grandes fortunes du monde se sont bâties en un quart de siècle, voire moins pour certaines. Elles possèdent le lien commun d'avoir misé sur le développement du potentiel numérique. Les fameux GAFAM font désormais partie des sociétés les plus riches du monde, de celles qui génèrent les plus gros chiffres d'affaires annuels et qui comptent parmi les plus importantes capitalisations boursières, tous domaines d'activités confondus.

Régulièrement, de nouvelles inventions apparaissent mais il existe systématiquement une période d'inconnue ou d'incertitude qui laisse le loisir aux spéculateurs d'entreprendre ou de prendre des risques. On y décèle un potentiel. Dans certains cas, il peut s'avérer très prometteur, sans qu'aucune certitude ne vienne accompagner une explosion du marché. En somme, être un pionnier ou un visionnaire peut avoir ses avantages mais comprendre ce qu'on peut tirer d'une invention en comporte sans doute davantage. Pour certains, la technologie blockchain est la prochaine grande évolution technologique, celle qui parviendra à s'imposer naturellement comme internet le fit en son temps dans les années 1990. De nos jours, les cryptomonnaies intriguent même si au sein de cet océan d'offre, le Bitcoin semble être au-dessus du lot. Mi-mars 2021, cette monnaie virtuelle atteignit le sommet de 60,000$ l'unité, une somme considérable et pour laquelle il n'existe pas réellement d'explication rationnelle, en apparence, pour une telle envolée spéculative si ce n'est l'implication d'Elon Musk dans ce business entre autres, lui qui compte effectivement faire en sorte que les clients de Tesla puissent désormais régler leurs achats en Bitcoins. Pour certains, le modèle économique de cette cryptomonnaie suscite de nombreuses interrogations et y perçoivent un modèle économique limité qui ne permettra pas sa survie. Cette perspective est au demeurant possible et un excès de spéculation peut effectivement engendrer une explosion de bulle spéculative entraînant un effondrement de la valeur. C'est précisément ce qui survint à l'orée du XXIème siècle avec internet. De nombreux acteurs souffrirent de l'effondrement du marché, certains abandonnant leur business pourtant prometteur… tandis que d'autres sentirent qu'il fallait poursuivre les efforts engagés et qu'une embellie notable succèderait à cette période sombre pour les spéculateurs. Ce qui est nouveau laisse entrevoir des espoirs dès lors que du potentiel d'affaires est détecté. En revanche, il n'y a rien d'automatique à ce qu'un succès soit garanti. Cependant, dans toute opportunité, des acteurs sauront se démarquer en créant, en innovant, en trouvant la bonne formule commerciale pour intéresser le client et ainsi générer de la richesse. C'est précisément ce que nous décelons avec les critères ESG.

Ces derniers s'imposent de plus en plus dans le business international. Ils s'imposent par la force parce qu'ils sont défendus ou bien promus par de grandes institutions financières qui disposent de la ressource la plus précieuse : le capital monétaire. Elles cherchent évidemment à effectuer les placements les plus rentables pour leurs clients mais dès lors qu'elles invoquent les critères ESG, nous comprenons que la dimension d'investissement responsable n'est pas la seule motivation existante. Les standards ESG, dès l'instant qu'ils ne sont ni clairement définis ni encadrés par des règles de droit, octroient une marge de manœuvre considérable à ceux qui souhaitent développer des affaires. Des analystes sceptiques doutent de la pérennité de ces critères.

Pour notre part, nous sommes convaincus du contraire : de formidables opportunités sont en train d'être créées et verront prochainement le jour. Le fait que de grandes institutions financières les promeuvent nous incite à croire que leur pouvoir d'influence permettra de les installer comme modèle de fonctionnement généralisé. Ce processus va prendre du temps. C'est précisément tant qu'il ne sera ni généralisé ni encadré par des règles de droit que les opportunités d'affaires seront les plus grandes. En clair, ces critères ESG peuvent s'appliquer à n'importe quel secteur d'activité, à tous les acteurs publics et privés. Il n'y a actuellement aucune limite si ce n'est celle du pouvoir d'intimidation ou de persuasion. C'est en effet une conséquence que nous redoutons : les abus. Celui qui détient le capital est en position de force puisqu'il peut décider à sa guise de procéder à un investissement responsable pour lequel il s'appuiera sur l'évaluation de cabinets d'audit ou d'agences de notation… sans qu'aucune objectivité ne soit garantie. Il est certain que des acteurs économiques joueront la carte de la transparence pour motiver leur engagement ou bien leur refus de s'engager dans un projet d'investissement. D'autres n'opteront pas pour la même orientation et verront dans les critères ESG un moyen efficace d'asseoir leur position sur un marché donné.

Le risque de dérive affairiste

C'est la principale menace que nous identifions. En l'absence d'un cadre normatif fourni et considérant de plus que la méthodologie d'évaluation des cabinets d'audit et des agences de notation demeure opaque aux yeux du monde profane, ce qui ne signifie pas pour autant que les audits soient mal menés, nous disposons d'un terrain propice à la liberté d'interprétation. En clair, une bonne ou mauvaise appréciation ou notation sera soit valorisante soit pénalisante pour une entreprise ou un pays. Toute la difficulté consiste donc à mettre en place un système d'évaluation qui soit transparent mais également animé par la recherche constante d'une estimation globale qui tendra toujours plus à s'orienter vers l'objectivité, c'est-à-dire vers une évaluation juste. En l'état actuel des choses, il existe un risque élevé de favoriser ou bien de désavantager un acteur économique, que les raisons soient bonnes ou non. Lorsqu'on évoque un environnement d'investissement responsable, il convient d'évaluer les trois grandes catégories ESG. Il existe forcément des points forts et d'autres qui peuvent et doivent être améliorés. Cependant, doit-on systématiquement refuser un projet d'investissement responsable pour un acteur évalué dont les notes ne sont pas forcément satisfaisantes ? Imaginons le cas de figure d'un acteur économique pour qui les résultats de l'audit démontrent que de grands progrès sont à réaliser mais que cependant, une amélioration globale a été constatée par rapport à un audit précédent. Doit-on sanctionner cet acteur qui semble manifester une volonté de tendre vers une amélioration ? La question se pose d'autant plus qu'en période de Covid, des rapports officiels alarmants sont régulièrement publiés dont un qui porte sur le niveau de corruption, au demeurant exceptionnellement élevé, sur le continent africain. Le bilan est que depuis que la crise pandémique s'est abattue sur le monde, les niveaux de corruption ont fortement augmenté en Afrique.

Ainsi, si nous suivons la logique de l'investissement responsable, beaucoup d'Etats ou entreprises privées africaines devraient être sanctionnés en raison de cet indicateur qui ne correspond pas aux valeurs éthiques et humaines recherchées. Les fautifs doivent être sanctionnés. Certes. Cependant, nous évoquons un continent qui a cruellement besoin de financements extérieurs pour se développer. Les détenteurs du capital peuvent envisager une participation mais peuvent la conditionner et éventuellement la suspendre ou réclamer un remboursement si le « cahier des charges » éthique n'est pas respecté. Il s'agit évidemment d'une suggestion bien qu'il faille effectivement accompagner l'octroi de financements de sanctions en cas de non-respect ou de transgression des valeurs défendues par l'investisseur responsable. Cela montre l'étendue du travail qui reste à accomplir pour encadrer cette dynamique d'investissement responsable, tant en matière de droit public que privé, à l'échelle nationale ou supranationale. Il est impératif de fournir un cadre juridique, qu'il soit codifié ou bien coutumier. A défaut d'annihiler toute forme d'abus, la règle de droit a le mérite de prévoir une sanction en fonction de la transgression commise. En l'état actuel des choses, rien ne permet de sanctionner quiconque pour une évaluation dont les résultats seraient perçus comme arbitraires ou biaisés.

A l'instar des pensées politiques, la théorisation d'une idée ou d'un concept a ceci de séduisant qu'à l'origine, la recherche d'un système de fonctionnement meilleur est au cœur des préoccupations de son « géniteur ». La recherche d'une amélioration ou d'un progrès est honorable bien qu'elle comporte systématiquement des failles. Lorsqu'une société cherche à mettre en pratique une pensée politique, au-delà d'être confrontée au ressenti de chaque individu la composant et qui peut exprimer un désaccord quant à sa conception personnelle d'un monde meilleur, il existe fatalement une différence entre ce qui a été théorisé et ce que des décideurs publics peuvent concrètement mettre en place. Il existe toujours des facteurs qui feront qu'une pensée politique ne peut jamais être fidèlement reproduite telle qu'elle a été pensée. C'est bien ce qui valut à Churchill de considérer que *« la démocratie est le pire des systèmes, à l'exclusion de tous les autres »*. Contrairement aux apparences, il érige la démocratie au sommet des régimes politiques puisqu'il considère comparativement que les autres sont moins bons. Toutefois, le principal message de cette citation porte sur le caractère imparfait de n'importe quel système politique, y compris celui qui prône et véhicule des valeurs démocratiques. D'ailleurs, ce n'est pas un hasard si les systèmes de gouvernance politique ne sont pas immuables et que tout gouvernant, qu'il soit autoritaire ou démocrate, s'expose à une fragilité, celle du système qu'il dirige mais qui peut à tout moment devenir incontrôlable. C'est la raison pour laquelle un système démocratique doit être cultivé. La plus grande des erreurs serait de considérer qu'une fois qu'un système est parvenu à établir une gouvernance démocratique, la tâche la plus ardue eût été accomplie. La difficulté majeure consiste à garantir cette qualité de gouvernance dans la durée.

Si les critères ESG parvenaient à être mieux encadrés il serait tout à fait envisageable, à long terme, qu'une amélioration globale fût constatée dans le monde pour tout ce qui relevât du respect de l'environnement, de la société et de la gouvernance. Nonobstant, il faut au préalable qu'il n'y ait pas de dérive dans la manière d'évaluer les acteurs qui feront l'objet d'un audit. C'est la raison pour laquelle il faut fournir aux critères ESG des fondations solides qui fassent autorité pour faire en sorte qu'elles soient acceptées par le plus grand nombre, qu'il s'agisse des évaluateurs ou bien des évalués.

Amorcer un mouvement international

Nous réfléchissons depuis plusieurs années déjà à la mise en place d'un système qui serait composé de l'alliage suivant : collégialité, internationalisation et pluridisciplinarité. C'est ce qui permettrait en quelque sorte une forme de séparation des pouvoirs bien qu'il ne s'agisse pas d'une gouvernance politique ou juridique. Ce que nous proposons n'est pas une ébauche d'encadrement des règles de fonctionnement mais un système de pensée qui cherche à promouvoir une méthodologie.

- La collégialité passe nécessairement par l'intervention de nombreux acteurs, qu'ils soient dirigeants publics, d'entreprises ou bien des chercheurs. C'est la réunion de ces compétences qui peut apporter une légitimité à l'établissement d'une méthodologie dont le but est la recherche permanente d'une tendance à l'objectivité.
- L'internationalisation : les critères ESG sont promis à un avenir à l'échelle mondiale. C'est pour cette raison que les acteurs concernés doivent provenir d'horizons géographiques divers, de cultures différentes afin d'associer et d'appréhender des particularismes laborieux et culturels pour trouver

des compromis qui puissent permettre un fonctionnement dans un environnement globalisé.

- La pluridisciplinarité : elle fait appel à des besoins de considérer une approche générale qui puisse s'appliquer à tous les secteurs d'activité existants, de faire intervenir une rigueur empirique de différents horizons de recherche : juridique, scientifique, politique, financière, technologique et autres.

C'est la raison pour laquelle nous appuyons l'idée d'une création d'un centre international de recherche qui regroupe des chercheurs qui font autorité dans leur discipline universitaire. Nous suggérons d'adjoindre à ces éminences de la recherche des professionnels reconnus de l'univers juridique, politique et d'affaires. L'idée à terme consiste à établir une méthodologie visant à optimiser les évaluations d'acteurs qui se retrouvent audités dans la perspective de financement responsable. En clair, il s'agit d'accompagner les différentes parties à une opération de financement responsable, d'évaluer la situation générale de l'acteur audité à l'instant présent mais également d'analyser les évolutions dans le domaine du respect des critères ESG sur une période donnée qui peut s'étaler d'une à plusieurs années en amont. D'autre part, il convient également d'établir des liens avec les institutions de financement qui accordent une importance grandissante au respect des critères ESG.

Pour cela, il faut considérer qu'une telle plateforme nécessitera du temps pour sa mise en place et le développement de la méthodologie qu'elle compte promouvoir, sachant de plus qu'il faudra l'actualiser au gré d'évolutions qui peuvent être sociétales ou autres. D'autre part, cela induit une participation financière ainsi qu'un investissement en termes de temps consacré à la création, au lancement puis à la pérennisation de cette nouvelle activité qui s'inscrit sur un marché extrêmement porteur. Nous sommes en effet convaincus que les critères ESG ont un avenir assuré dans le milieu du business international. Nous comptons également adjoindre à cette plateforme la création d'une association à caractère international dont le but est la promotion de cette nouvelle méthodologie, de faire en sorte qu'un espace de communication soit consacré, dédié et qu'il puisse en ressortir l'organisation d'événements ponctuels portant sur les avancées des travaux. Cette vision s'inscrit dans une logique de transparence ainsi que de collégialité.

La crise pandémique de la Covid-19 va assurément apporter son lot d'évolutions dont certaines sont déjà constatées. Il va y avoir des changements d'habitudes de vie comme la propension croissante au télétravail. Toutefois, tous les acteurs économiques mondiaux n'évolueront pas à la même vitesse. Il sera difficile d'exiger à une économie émergente de s'adapter aux critères ESG à la même vitesse que celle opérée par les économies les plus performantes ou avantagées. Ce paramètre est à prendre en considération. Un audit doit être considéré avec les particularismes de l'acteur qui en fait l'objet. Il faut donc veiller à ce que les outils de travail créés respectent une certaine équité, d'encourager les acteurs en retard mais qui manifestent une véritable bonne foi ou au contraire détecter ceux qui agissent en toute mauvaise foi. La tâche est ardue mais nous la pensons réalisable dès lors que différents avis, suggestions et autres réflexions viendront alimenter un débat dans lequel interviendront des acteurs aux profils variés.

Bien qu'aucun système ne soit parfait, le fil conducteur qui doit animer ce mouvement consiste à la recherche permanente de tendre vers l'objectivité. En effet, en cette période agitée de crise pandémique, de nombreuses critiques s'abattent sur les décideurs publics quant à leur gestion de crise qui semble si souvent mal comprise par ceux qui en subissent les effets négatifs. Nous pouvons évoquer cette campagne générale de vaccination qui connaît des soubresauts avec des polémiques naissantes et grandissantes relatives à l'efficacité de certains vaccins et aux effets indésirés constatés. Nous pouvons évoquer les privations temporaires de libertés individuelles qui affectent les populations, bien qu'elles soient décidées en vue de contenir la propagation de cette forme de coronavirus, mais qui sont négativement ressenties en raison d'une communication institutionnelle hésitante, mal assurée et peut-être pas totalement transparente. Considérant tout cela, il importe donc que la plateforme que nous souhaitons créer et promouvoir communique de manière transparente, que la manière de travailler et d'évaluer soit claire et comprise de tous, qu'elle s'attache à se prémunir contre toute forme d'arbitraire.

Démystifier des craintes naissantes

La pandémie de la Covid-19 a provoqué une agitation mondiale unique dans l'Histoire récente. Son impact économique et social est sans précédent. Lorsque la grippe espagnole frappa le monde, des statisticiens estiment que cinquante à cent millions de décès furent causés par cette dernière entre 1918 et 1921. Cette pandémie fit rage pendant trois ans. Pour ce qui est de la Covid-19, nul ne sait combien de temps cela durera malgré la campagne de vaccination qui s'organise aux quatre coins de la planète. Quelques semaines après avoir été lancée, des affaires naissent pour dénoncer des cas d'effets secondaires indésirés. Pour les cas les plus extrêmes, des décès ont été relevés. Cela a suffi pour créer une onde de choc et contraindre des Etats occidentaux à suspendre la commercialisation et l'utilisation du vaccin AstraZeneca. Les voix les plus critiques ou sceptiques s'inquiètent désormais des conséquences de cette pandémie mal contrôlée sur les droits et libertés individuels. Certains estiment d'ailleurs que les Etats peuvent être tentés par une dérive de gouvernance totalitaire [17] ou du moins soulèvent la question. Il convient d'effectuer un parallèle avec les critères ESG.

De notre point de vue, il existe un écart considérable entre des privations de libertés individuelles temporaires et le basculement vers un totalitarisme. Il ne faut pas confondre une situation inédite qui exige des mesures restrictives exceptionnelles relatives aux mouvements des individus et un système de gouvernance coercitif où l'individu s'efface au profit d'un collectif. En l'état actuel des choses, nous n'avons nullement entendu parler de brimades, d'arrestations ou d'emprisonnements arbitraires, de procès expéditifs et fantaisistes ou encore de systèmes organisés visant à éradiquer une partie de la population. Nous ne sommes pas en train de connaître ce que l'Allemagne hitlérienne ou l'URSS stalinienne expérimentèrent naguère. Bien que nous ne comprenions pas certaines décisions gouvernementales d'Etats occidentaux qui donnent parfois l'impression d'être désemparés ou perdus face à la situation sanitaire qui peine à s'améliorer, faisons attention aux éléments de langage utilisés. Il ne faut pas confondre ce qui peut être perçu comme un risque (potentiel ou naissant) de dérive de la gouvernance et un abus généralisé avec des conséquences extrêmes pour tout individu faisant partie du système. Il en va de même pour les critères ESG. Nous n'excluons pas qu'il puisse y avoir des abus et c'est en ce sens que nous souhaitons agir.

Il existe une grande différence entre évoquer la crainte d'abus et généraliser une crainte. Nous n'affirmons d'ailleurs pas qu'il existe des abus en matière d'investissement responsable mais nous préférons anticiper

---

¹⁷ *"Has the pandemic turned your government into totalitarians? RT launches own Covid-19 Freedom Index"*, www.rt.com, 15 mars 2021

toute forme de dérive possible en nous focalisant sur une méthodologie au sujet de laquelle nous comptons communiquer car la transparence est à nos yeux un immense atout pour limiter les envies de dérive ou d'abus. Pour ce qui est des critères ESG, nous constatons qu'ils deviennent de plus en plus présents dans le paysage d'affaires tandis que le climat international s'est considérablement tendu en raison de la rivalité politique et économique qui oppose les Etats-Unis à la Chine.

Dans un monde manifestement multipolaire et actuellement soumis à des tensions pour lesquelles il est ardu d'estimer jusqu'à quel point elles peuvent culminer, la promotion de ces critères apparaît à la fois comme une arme économique d'abord mais également politique. L'investissement responsable fut théorisé il y a quatre décennies. Pourtant, il a fallu quasiment vingt ans avant qu'il soit évoqué dans des revues économiques spécialisées et encore une quinzaine d'années supplémentaires avant que des institutions financières se décident à mettre en place des mécanismes de financement qui s'inscrivent dans une logique de responsabilité éthique, morale, vertueuse et autres qualificatifs qui vont dans le sens de l'amélioration et du progrès. Le principal problème qui en ressort est le fait que les critères d'évaluation demeurent nébuleux dans la mesure où si des thématiques ont effectivement été identifiées comme devant faire partie d'un ensemble de facteurs intégrant la dimension responsable, nous ignorons la manière dont ces thématiques assurent leur évaluation globale. C'est ainsi que nous craignons que cela puisse donner lieu à des abus, à plus forte raison dans une période que les médias n'hésitent plus à qualifier de « nouvelle guerre froide ».

Dans un tel contexte, la survenance de la Covid-19 apporte une nouvelle dimension d'incertitude, d'où les appréhensions portant sur la tentation présumée des Etats de vouloir s'engager dans une voie totalitaire. Oui, la promotion des critères ESG croît alors que nous affrontons un climat global de néo-guerre froide et que la crise pandémique n'est pas sous contrôle. Le climat global est par conséquent propice à une tentation de dérive pour tout ce qui peut apparaître comme incarnant une opportunité mais ne faisant l'objet d'aucun cadre normatif. C'est en ce sens que les critères ESG représentent à nos yeux un risque d'abus s'il n'existe pas un encadrement (pas nécessairement juridique) transparent et qui parvienne à faire autorité tout en étant reconnu comme juste et équitable. C'est ainsi qu'il nous appartiendra de mettre en place les outils de communication pour promouvoir cette méthodologie conçue collégialement et pour laquelle nous espérons parvenir à établir une évaluation juste et équitable, qualités qui nous paraissent indissociables de l'investissement responsable.

Comprendre le potentiel de ce business

La quasi-absence de régulation juridique est une aubaine autant qu'une crainte pour le climat d'affaires. Elle incarne une aubaine car elle ouvre ainsi de nombreux horizons d'action sans craindre de s'exposer à des sanctions pour les acteurs tentés par toute forme de déviance à moins que ces actions soient déjà prévues et sanctionnées par des cadres juridiques nationaux ou internationaux. En l'occurrence, pour ce qui est des abus en matière d'évaluation ou d'audit, il sera difficile de s'attaquer à un auditeur ou à une agence de notation si rien ne permet de caractériser une infraction. D'autre part, elle incarne une crainte dès lors qu'aucune règle de droit clairement établie ne permette de qualifier ce qui pourrait être perçu comme une forme de déviance ou d'abus. C'est la raison pour laquelle nous militons pour la création d'un outil méthodologique veillant à établir une transparence dans la manière d'évaluer un candidat à un investissement responsable sans qu'il s'expose à un refus à la motivation douteuse.

Les critères ESG feront assurément partie des grands standards de la finance de ces prochaines années. Nous en entendrons de plus en plus parler. Ils finiront par s'imposer et faire autorité. C'est la raison pour laquelle il nous semble essentiel de pouvoir leur fournir un encadrement, de faire en sorte qu'investisseurs et récipiendaires d'investissements dits responsables puissent coopérer sur la base de facteurs d'évaluation que nous essaierons de qualifier de « justes ». Ces critères s'inscrivent dans une logique globale qui tend à améliorer la qualité de vie générale de l'humanité. Ils cherchent à s'opposer à des tendances qui nuisent au climat des affaires mais aussi à la qualité de vie sur Terre. Dès lors, l'accent est mis pour promouvoir des solutions industrielles, de consommation et autres qui s'évertuent à promouvoir de nouvelles habitudes de production et de consommation visant à réduire les effets néfastes de l'action humaine sur l'environnement. De même, les envies manifestées de s'attaquer à d'autres problématiques telles que la corruption ou la transgression des droits et des libertés individuels ont pour objectif de réduire des inégalités dont l'origine repose sur des décisions arbitraires.

Cependant, nous décelons malgré tout d'importantes failles qui nous laissent croire que les critères ESG ne s'imposeront pas facilement. Nous pouvons par exemple évoquer des refus d'investissements liés à des soupçons portant sur des évaluations négatives en matière de gouvernance et qui pourront faire l'objet de critiques ou de dénonciations concernant une forme d'ingérence déguisée. C'est la raison pour laquelle il est indéniable que les critères ESG revêtent une dimension éminemment politique, notamment, par exemple, pour des entreprises publiques ou bien des entreprises de droit privé mais dirigées par des personnalités proches des arcanes politiques de leur pays d'origine. Exprimé autrement, au travers d'audits défavorables à des projets d'investissements, bien que ces derniers puissent reposer sur des motivations tout à fait honorables et crédibles, il n'est pas à exclure que cela puisse faire l'objet de différends diplomatiques. Nous pensons ainsi à ces fonds d'investissement américains qui refusent de s'engager auprès d'entreprises russes ou chinoises, considérant que la diplomatie menée par Washington à l'égard de Moscou ou de Pékin n'est pas des plus amicales.

Un des grands enjeux de notre projet d'outil méthodologique revêt par conséquent une dimension diplomatique bien que notre intention soit totalement étrangère à toute forme de tentative d'influence. Il s'agit d'un outil créé et mis à la disposition de tous, sans aucune forme de discrimination ou bien d'arrière-pensée. Il s'agit d'une initiative qui se veut scientifique. Toutefois, nous lui accordons une grande importance car elle vise à contribuer à la fondation de bases déjà en cours de construction pour le business international. En ce sens, les possibilités d'intervention sont illimitées car il n'existe aucun secteur d'activité qui ne puisse faire l'objet de ces évaluations. Il est entendu que certains secteurs d'activité seront appréhendés avec une attention particulière. Nous pensons aux énergies fossiles, aux mines, aux transports, mais personne ne pourra s'estimer exclu de ces évaluations car les dimensions environnementales, sociales et de gouvernance font que tout acteur économique est susceptible d'être audité dans une logique d'investissement responsable dès lors qu'il sollicite un financement...

Nonobstant, nous n'excluons pas que les critères ESG finissent par s'imposer pour d'autres raisons que celles du financement responsable. Nous pouvons spéculer sur le fait que des acteurs puissent être écartés d'appels d'offres car ils ne sont pas favorablement évalués. C'est en ce sens que les critères ESG sont d'une part un moyen de pression redoutable mais également un instrument nous permettant de comprendre l'importance grandissante qu'ils auront dans le monde. C'est sans doute pour cette raison que ces critères initialement théorisés en Europe occidentale sont désormais défendus ou mis en avant en Amérique du Nord et en Europe… et que la Russie cherche désormais à s'engager dans cette voie responsable. C'est ce qui nous laisse croire que d'autres régions du monde érigeront peu à peu ces critères comme des axes essentiels de leur fonctionnement politique, économique, juridique et social.

Conclusion

Après plusieurs analyses sur les possibilités de développement d'affaires autour des critères ESG, nous avons acquis une certitude : le potentiel est non seulement immense mais il s'agit d'un des grands secteurs en cours de développement et promis à un bel avenir. Le plus déroutant est qu'ils parviendront à se faire accepter en dépit d'une absence remarquée d'encadrement juridique. Il est probable que cette absence de cadre normatif soit le fruit d'un manque d'anticipation de la part des Etats qui n'ont peut-être pas su appréhender le potentiel d'essor dans l'environnement d'affaires. Il peut également s'agir d'une attitude globale planifiée par les Etats de laisser des acteurs privés promouvoir de nouveaux standards d'affaires qui présentent en réalité un véritable intérêt politique. Dès lors, les possibilités paraissent infinies. Le problème est qu'en l'absence d'encadrement juridique, la porte est ouverte à tous les abus.

Nous avons la conviction qu'un exceptionnel potentiel de développement attend les critères ESG. Ils sont séduisants car ils promeuvent des valeurs de responsabilisation et de morale. Nous synthétisons ces valeurs comme l'érection de l'humanisme au premier rang de ce qui peut être perçu comme une tentative générale de sauver ce qui peut encore être épargné. En premier lieu, nous pensons à la dimension environnementale. Les excès commis par certains acteurs, industriels notamment, portent sur des dénonciations, dès les années 1980, de pollutions diverses qui contribueraient au phénomène du changement climatique. Les préoccupations politiques se sont traduites par le fameux Protocole de Kyoto qui visait à trouver les solutions devant contenir les émissions de gaz à effet de serre. Depuis lors, le constat est amer : non seulement la communauté internationale n'est pas parvenue à contenir les émissions de gaz à effet de serre mais la situation s'est rapidement aggravée avec l'émergence économique de la Chine, de l'Inde mais également les habitudes de consommation d'autres acteurs polluants qui ont conservé leurs manières de faire comme les Etats-Unis.

Nous sommes arrivés à un point critique où la communauté scientifique internationale tire régulièrement sur le signal d'alarme pour alerter les décideurs politiques et les enjoindre à fournir les efforts nécessaires pour tenter d'enrayer un phénomène global de dégénérescence des conditions environnementales. Nous observons des phénomènes qui paraissent connaître une accélération prononcée par rapport à ce que les scientifiques considèrent comme altération naturelle. Cela laisse ainsi entendre qu'une activité humaine est induite et que si les habitudes de consommation de l'Homme ne changent pas rapidement, nous sommes avertis que l'avenir de la Terre sera compromis. Il en va ainsi de la vie sur Terre.

Les scientifiques considèrent que certaines espèces animales ou végétales sont menacées d'extinction en raison des changements climatiques qui sont en train d'impacter l'écosystème mondial. Nous pensons aux zones polaires qui souffrent particulièrement des hausses des températures moyennes qui affectent l'environnement local dans des proportions inquiétantes et qui conduisent à des conséquences qui vont au-delà de celles généralement présentées. Dans le grand Nord russe, nous pensons à la fonte accélérée du permafrost qui provoque des conséquences redoutées. Il existe effectivement des installations nucléaires mais également minières. Les éboulements voire les effondrements de terrain peuvent induire des conséquences dramatiques. C'est probablement ce qui motive les institutions bancaires russes à se tourner désormais vers les critères ESG, à les reconnaître et à les promouvoir. L'écologie fait partie des grands axes prioritaires du Kremlin. La Russie semble donc animée par la volonté de s'engager dans une vision responsable, notamment pour ce qui est de l'environnement, subissant elle-même les désagréments d'un réchauffement inquiétant de régions qui s'exposent sans doute à des drames en devenir.

L'exemple russe est particulièrement marquant car il s'agit du pays qui compte le plus de population vivant dans des régions où les conditions de vie sont les plus extrêmes. Il est certain que ces zones ne sont pas densément peuplées mais l'immensité territoriale du pays fait que plusieurs grandes villes donnent sur la mer de Barents, en raison notamment de l'exploitation des hydrocarbures comme dans la région de Yamal. Pourtant, les entreprises russes ont été récemment épinglées par des fonds d'investissement américains qui ont déclaré vouloir ne plus s'engager auprès de sociétés russes, chinoises ou saoudiennes. Les évaluations rendues publiques par plusieurs agences de notation indiquent que les sociétés russes dans le secteur des hydrocarbures ne sont pas plus mauvaises que celles

portant sur des alter ego américains. Certaines sociétés américaines sont parfois plus mal notées que les russes mais la question que nous soulevons une nouvelle fois demeure : si les fonds d'investissement américains refusent désormais de s'engager financièrement dans des projets russes, agiront-ils de la même manière avec des sociétés américaines ? La réponse peut être affirmative et cela sous-entendrait alors qu'un vaste mouvement est en train de voir le jour aux Etats-Unis et concorderait avec la volonté de Joe Biden de s'attaquer au changement climatique. La réponse peut être négative et cela donnerait d'autant plus de relief à notre thèse que les critères ESG ne sont pas uniquement animés par une volonté éthique de changer les choses mais qu'il existe probablement une volonté politique de voir ces nouveaux standards émerger : ils sont le moyen de pression qui peut conditionner la nouvelle géopolitique mondiale.

L'émergence des critères ESG s'opère curieusement alors que s'intensifie la rivalité politique et économique opposant les Etats-Unis à la Chine. Ce sont par ailleurs les fonds d'investissement américains qui ont commencé à annoncer leur refus de s'engager dans des projets russes ou chinois en raison du non-respect de ces critères... En l'occurrence, nous pouvons aisément imaginer que si des entreprises parvenaient à obtenir des résultats significatifs en matière environnementale, nous ne serions pas surpris qu'elles se retrouvent exclues de financement occidental pour des raisons qui se trouvent dans les critères S et G. C'est pour cela que notre analyse penche pour l'idée que la standardisation à venir de ces critères n'est pas uniquement motivée par l'envie d'améliorer la qualité de vie sur Terre. Cela fait sans doute partie des préoccupations mais il serait illusoire de ne pas croire à d'autres motivations. C'est ainsi que sous leur aspect « humaniste », ces critères constituent effectivement un moyen subtil de contrarier les ambitions économiques et politiques des adversaires de ce que nous pourrions qualifier de monde occidental, d'autant plus depuis l'investiture de Joe Biden aux Etats-Unis et sa volonté manifeste de se rapprocher de ses alliés européens traditionnels.

D'un côté, il y a effectivement une urgence à agir. Les bonnes dispositions prises lors des conférences onusiennes sur le climat sont de bons exemples illustrant une prise de conscience générale sur la nécessité d'agir concrètement et efficacement contre les émissions de gaz à effet de serre. D'un autre côté, nous percevons malheureusement les limites d'une préoccupation certaine en raison des résultats obtenus qui sont très éloignés de ceux espérés. En ce sens, il existe cet espoir qu'une bonne utilisation des critères ESG puisse générer des effets positifs dans la durée pour les trois grandes catégories ciblées. Cependant, en l'état actuel des choses et en l'absence de règles encadrant leur fonctionnement, nous craignons que ces critères ne soient pas utilisés que pour de bonnes raisons. Nous en sommes convaincus, ils font partie d'un arsenal de moyens promus pour chercher à nuire à l'émergence ou à la montée en puissance de certains Etats ou entreprises. Il ne s'agit pas là d'une théorie du complot mais d'un constat. Les résolutions exprimées par des fonds d'investissement américains démontrent que leur refus de s'engager au nom des critères ESG qui ne seraient pas, selon eux, suffisamment respectés, ne sont pas uniquement motivés par ce prisme. Le danger d'appréciations ou d'évaluations partiales demeure une probabilité dès lors que le pouvoir d'interprétation est une composante incontournable de la sélection des choix d'investissement.

A nos yeux, la solution passe par l'établissement de règles qui peuvent devenir coutumières et dont le but consiste à évaluer justement un acteur audité et à promouvoir un esprit de justice et d'équité afin que tout acteur s'inscrivant dans une logique de respect des critères ESG puisse comprendre les raisons qui peuvent pousser des institutions financières à ne pas investir dans ses projets, qu'il comprenne explicitement les reproches qui lui sont faits et les points sur lesquels il doit s'améliorer. Un refus d'investissement responsable ne doit pas être une sanction qui sous-entend un rapport de force entre un acteur dominant et un autre dominé. Un refus peut très bien être considéré avec équité. Il peut faire l'objet d'encouragements, être accompagné de conseils pour permettre à l'acteur qui a essuyé le refus de comprendre ce qui est attendu de lui, de corriger les défauts identifiés par les audits. C'est cet esprit que nous souhaitons promouvoir et c'est précisément ce qui nous incite à vouloir constituer un projet international regroupant des experts et des chercheurs provenant de différents horizons géographiques et sectoriels. Les critères ESG font déjà partie du paysage d'affaires et leur rôle ira crescendo. C'est notre conviction. C'est pour cela que nous réfléchissons à la création d'outils qui viseront, nous l'espérons, à limiter les abus en matière d'investissement responsable.

Nous sommes arrivés à une période charnière où nous disposons d'un choix. Soit nous continuons de vivre comme nous le faisons et savons que l'avenir de la vie sur Terre en sera d'autant plus menacé. Soit nous essayons de contenir puis d'inverser une tendance négative en nous attaquant aux problèmes avec la mise en place d'outils visant à contraindre les acteurs économiques à s'engager fermement à ne plus nuire à l'esprit ESG, à gommer petit à petit les mauvaises habitudes qui incarnent désormais des dangers menaçants pour l'humanité. En ce sens, le potentiel ESG est illimité puisque tout ce que nous faisons ou entreprenons entre dans la dimension responsable. Toute activité professionnelle est par conséquent concernée. Au-delà des acteurs étatiques et des entreprises, n'oublions pas que le plus petit dénominateur commun à l'attitude responsable demeure l'individu. Il s'agit d'un autre travail mais la première responsabilisation incombe à l'individu.

Pourquoi le pouvoir d'influence des critères ESG ira crescendo
Juin 2021

1er juin 2021, une réunion importante regroupant les acteurs de l'OPEP + se tient à Vienne, en Autriche. Le même jour, les spéculations pétrolières sur les marchés financiers vont bon train. En effet, les spéculateurs misent sur une hausse annoncée de la production, signe que la demande mondiale suit cette trajectoire évolutive malgré la présence encore tenace de la Covid-19 dans le monde. L'or noir cristallise toujours autant d'attentions tant son pouvoir d'influence est immense. Il est et demeure la ressource naturelle au pouvoir d'influence le plus grand, et de loin. Pourtant, il est souvent pointé du doigt. Il a de nombreux détracteurs, ceux qui voient en son utilisation, et à juste titre, que de nombreux produits dérivés sont polluants et contribuent au phénomène du réchauffement climatique. Les produits plastiques polluent les mers et océans. Ils contribuent à la détérioration de la faune et de la flore à grande échelle. Quant aux carburants, leur utilisation massive dans les secteurs industriels et des transports notamment est régulièrement dénoncée comme faisant partie des facteurs qui contribuent activement aux émissions de gaz à effet de serre.

Le discours officiel mondial des dirigeants étatiques abonde vers celui d'une prise de conscience, d'une nécessité de promouvoir les mécanismes qui viseront à lutter contre le changement climatique. Les discours sont offensifs, déterminés et désireux d'être suivis d'effet. Dans la réalité, il serait sans doute erroné et inopportun d'évoquer une quelconque forme d'hypocrisie, mais les résultats se font attendre tandis que les dégâts occasionnés ou du moins imputés au réchauffement climatique se font toujours plus voir. Assez ironiquement, alors que se tient la réunion de l'OPEP +, plusieurs publications dans la presse venaient rappeler les dommages causés dans le monde par le changement climatique comme les morts attribuées aux différents épisodes caniculaires qui sont devenus plus fréquents dans le monde depuis les années 2000. Un deuxième exemple est celui de la fonte très rapide des glaciers en Islande, la terre de glace par excellence. Ces exemples tendent à montrer l'urgence qu'il y a à trouver des solutions de substitution aux énergies polluantes et les énergies fossiles en premier lieu. Pourtant, la réunion de Vienne rappelle que le monde économique est très lié à celui du pétrole, ressource naturelle qui fait office de baromètre en matière de santé économique mondiale.

Dans le même temps, une tendance est en train de se dégager. Les grands acteurs pétroliers diffusent des messages portant sur leur volonté de se tourner vers d'autres énergies, de montrer le visage d'acteurs qui se veulent responsables et qui ne veulent plus être stigmatisés en qualité de maîtres ès pollution. Le géant français Total a récemment opéré un changement de dénomination : le groupe s'appelle désormais TotalEnergies. Ce coup de communication cherche à montrer que ce mastodonte des hydrocarbures est également tourné vers d'autres énergies présumées moins polluantes que le pétrole et le gaz. Le géant norvégien Statoil avait aussi opté pour un changement de nom voici quelques années en devenant StatoilHydro puis Equinor lorsque le groupe, tout en conservant ses activités dans les hydrocarbures, se lança dans le marché éolien. Il existe donc une tendance qui prend forme et qui s'intensifie alors que dans le même laps de temps, les critères ESG acquièrent silencieusement un pouvoir d'influence toujours plus croissant.

De notre point de vue, ce n'est ni anodin ni un hasard. Il est en train de se passer quelque chose dans le monde. Nous ne sommes pas crédules au point de croire qu'une révolution des mentalités et des actions est en cours. Les choses se feront lentement mais il est indéniable que quelque chose est en ordre de marche. De même, nous ne sommes pas naïfs au point de considérer que tout est mis en place à des fins uniquement humanistes. Nous espérons qu'une partie de la motivation soit humaniste mais il serait ingénu d'occulter les intérêts économiques. Des entreprises sont en train de réajuster leur modèle économique, de se tourner ou de s'adapter à de nouvelles tendances qui prennent forme. Les critères ESG font partie de ces nouveaux standards de fonctionnement qui vont influencer et impacter le futur modèle économique mondial, celui qui prône désormais une économie globalement responsable. Dans l'absolu, il faut s'attendre à ce que les acteurs récalcitrants à se conformer soient sanctionnés d'une manière ou d'une autre, ce qui reste naturellement à démontrer. Cependant, les critères ESG sont de plus en plus présents au sein des enjeux politiques et économiques internationaux. Leur pouvoir d'influence augmente discrètement. C'est d'ailleurs ce qui frappe en premier lieu lorsqu'on les analyse : ils sont partout mais on en parle peu. Ce n'est qu'une hypothèse mais il y a sans doute une explication : la discrétion est peut-être de mise car un nouveau modèle économique mondial est en train de se mettre en place. Cela signifie qu'il y a des places à prendre, des parts de marchés à conquérir et de nouvelles fortunes à bâtir.

Il y a un peu moins de trois décennies, l'arrivée d'internet en accès libre au grand public laissa beaucoup de monde sceptique, notamment chez les entrepreneurs. Beaucoup ne croyaient pas en son potentiel qui était pourtant annoncé par certains comme phénoménal. Les entrepreneurs qui y crurent ont pour certains connu une immense réussite. Parmi les gens plus riches du monde, il faut compter plusieurs magnats de l'internet dont Jeff Bezos avec la création d'Amazon, Sergey Bryn et Larry Page pour Google ou encore Mark Zuckerberg avec Facebook. Nous pouvons citer d'autres grandes réussite. Les fondateurs de Yahoo, Ebay, Paypal, Skype, Spotify et moult autres exemples témoignent de réussites pour certaines fulgurantes. Internet a connu des débuts balbutiants et rencontra une explosion de la bulle spéculative au début des années 2000 qui laissa craindre le pire pour l'avenir du monde *online* [18]. En fin de compte, internet repartit de plus belle. Deux décennies plus tard, force est de constater que cette technologie a chamboulé de nombreuses habitudes et a véritablement opéré un bouleversement des comportements ou des habitudes. Qui aurait imaginé effectuer une carrière professionnelle en télétravail à l'orée des années 1990 ? Qui aurait imaginé trouver l'amour ? Qui aurait imaginé effectuer ses courses ou ses achats en ligne puis se faire livrer à domicile ? Tout cela n'aurait sans doute pas été possible sans internet. Et pourtant, en peu de temps, nos habitudes de vie ont complètement changé. Dans les années 1990, les premiers téléphones cellulaires étaient commercialisés. A ce jour, il nous est désormais difficile de vivre sans, de vivre sans connexion internet. Cela a ses inconvénients, notamment pour les populations qui ont du mal à se familiariser aux nouvelles technologies et qui ne disposent pas d'une connexion à internet. De plus en plus de démarches ou formalités administratives s'effectuent en ligne. Il est de plus en plus rare d'effectuer des déclarations sur papier qui sont ensuite envoyées à l'administration. Internet a clairement changé nos vies.

De cette révolution technologique, nous pouvons en tirer du bon et du mauvais. Comme pour chaque invention, il existe toujours des détournements des raisons originelles

---

[18] Traduction de l'auteur : en ligne

qui ont poussé à cette création. Nous pouvons penser aux utilisateurs qui recourent au darknet pour s'adonner à leurs turpitudes tout en essayant de se dissimuler. Nous pouvons évoquer les trafics en tout genre, les propagandes d'organisations terroristes qui sont également accessibles sur des réseaux sociaux, par exemple. Il existe cependant des conséquences originellement plus inattendues et qui pourtant sont une réalité : les géants de l'internet sont de grands pollueurs. De même, nous pouvons citer le cyberterrorisme. Ce fléau est d'autant plus inquiétant qu'une attaque de grande ampleur peut être extrêmement nuisible et dommageable pour la victime ciblée. C'est d'autant plus dangereux qu'il y a déjà eu, par exemple, des précédents de prise de contrôle de centrales nucléaires à distance. Nous pouvons imaginer les dangers redoutables qui peuvent guetter la communauté internationale avec des individus, des réseaux voire des Etats mal intentionnés. Il est tout aussi envisageable de pirater des infrastructures stratégiques telles que des oléoducs ou des gazoducs, de suspendre temporairement des livraisons de matières premières, voire de paralyser des armées si la crise devait durer dans le temps. En somme, internet incarne à bien des égards l'arme de tous les dangers, y compris celle d'un contributeur à la pollution mondiale.

Le 2 juin 2021, en pleine réunion de l'OPEP +, l'Agence Internationale de l'Energie (AIE) jeta un pavé dans la mare en communiquant sur le fait que les investissements consentis dans le monde ne sont pas suffisants par rapport aux objectifs climatiques définis par la communauté internationale et ce malgré un espoir d'une hausse de 10% des investissements dans l'énergie par rapport à 2020. [19] Le directeur général de l'agence se fendit

---

[19] Noah Browning, *« L'investissement dans l'énergie n'est pas à la hauteur des objectifs climatiques, dit l'AIE »*, www.reuters.com, 2 juin 2021

d'un commentaire lapidaire indiquant que *de bien plus importantes ressources doivent être mobilisées et orientées vers les technologies énergétiques propres pour mettre la planète sur la bonne voie pour atteindre l'objectif de zéro émission nette d'ici 2050* [20] et précisant par ailleurs que les investissements à consentir dans l'énergie devraient tripler d'ici 2030. [21] Il s'agit peut-être d'un simple hasard calendaire, mais la dépêche Reuters voyait plus ou moins dans le même temps l'Agence France Presse en diffuser une autre portant sur la volonté du Président Biden de suspendre tous les forages pétroliers dans une zone protégée de l'Arctique. [22] Dans les faits, deux semaines à peine avant son investiture officielle, le Président Biden avait demandé une analyse complète des conséquences environnementales concernant des concessions attribuées. Le cas échéant, à l'issue des conclusions, la Maison Blanche avisera des suites à donner. Il semblerait toutefois qu'une telle communication ne survienne pas inopinément. En agissant de la sorte, Joe Biden s'attaque à une des dernières décisions présidentielles de Donald Trump. D'autre part, en pleine réunion de l'OPEP + et face aux messages alarmants sur la nécessité d'agir efficacement contre le réchauffement climatique, cette suspension de forage arrive à point nommé.

Il est curieux de constater qu'autant d'événements surviennent en si peu de temps alors que les gouvernements occidentaux, pour la plupart, valident les plans de déconfinement des populations et espèrent un retour à la normale rapidement, considérant de plus les impératifs de performance économique fortement affectés en 2020. La

---

[20] *Ibidem.*

[21] *Ibidem.*

[22] AFP, *« Washington suspend les forages de pétrole dans une zone protégée de l'Arctique »*, www.lefigaro.fr, www.lesechos.fr, www.france24.com, 2 juin 2021

crise sanitaire Covid n'est pas révolue. Les variants témoignent des mutations du virus originel contre lequel le corps médical doit constamment s'adapter. La commercialisation de plusieurs vaccins laisse toutefois augurer des jours meilleurs. D'ailleurs, la communication de nombreux dirigeants étatiques va quelque peu dans ce sens : elle ne néglige pas la gestion de crise sanitaire pour laquelle ils espèrent un épilogue proche tandis qu'ils se tournent vers d'autres objectifs considérés comme prioritaires. Parmi ces objectifs, le premier généralement évoqué est la lutte contre le réchauffement climatique. Ce constat n'est pas étonnant dès lors que cet objectif est régulièrement avancé comme un rappel à l'ordre de la nécessité d'action et d'obtention rapide de résultat. Pourtant, si la communauté internationale semble s'accorder sur les besoins impérieux d'une action globale qui allient les secteurs publics et privés ainsi que la responsabilisation de chaque individu, l'écho le plus souvent entendu porte sur des constats scientifiques décevants et des moyens économiques insuffisants pour espérer obtenir des résultats concrets et probants.

En ce sens, la promotion des critères ESG peut être perçue comme une sorte d'accélérateur, un moyen de pression qui inciterait les récalcitrants à respecter de nouveaux standards sous peine d'être sanctionnés dans leurs besoins financiers. Le problème est que tant que ces critères ne seront pas strictement encadrés, toute décision favorable ou défavorable peut reposer sur de l'arbitraire. D'autre part, les critères ESG incarnent l'esprit défendant la vision d'un monde meilleur. Il se veut moral, éthique voire idéaliste à certains égards car les objectifs recherchés et les maux combattus peuvent effectivement l'être avec efficacité mais la première victoire serait déjà de pouvoir faire valoir des résultats probants : baisse significative des émissions de gaz à effet de serre, des trafics en tous genres, de la corruption et autres plaies qui sont directement visées. Il ne faut cependant pas s'attendre à ce que le monde devienne in fine vertueux. Il existera toujours des tricheurs, des personnes physiques ou morales qui continueront de transgresser les règles en vigueur. Les critères ESG peuvent assurément contribuer à améliorer bien des choses si tant est que les moyens de pression pour y parvenir soient justes. Un système injuste finira par être rejeté. Dans le principe, nous adhérons au fait que l'investissement responsable soit un moyen de pression afin d'inciter les mauvais élèves à s'améliorer pour le bien de tous mais nous redoutons surtout que l'utilisation qui en sera faite ne soit pas aussi vertueuse qu'il n'y paraît.

L'argent est le nerf de la guerre. Ce n'est pas une nouveauté. Quant aux luttes de pouvoir, elles font partie de toute forme de société organisée. La rivalité sino-américaine va probablement animer le XXIème siècle. L'un et l'autre s'affronteront sur bien des terrains. Toutes les motivations seront ainsi bonnes pour tenter de déstabiliser l'adversaire et de l'affaiblir. En l'occurrence, il est très probable que les critères ESG soient promus en vue de freiner les ambitions chinoises. Sur le terrain de la pollution, les investisseurs responsables disposent d'arguments pour refuser des financements pour des projets chinois, bien que la Chine, consciente des coûts que cela induit en matière de santé publique, cherche des alternatives énergétiques pour réduire sa dépendance aux ressources fossiles tout en promouvant d'autres secteurs énergétiques. Il s'agit du pays qui investit le plus dans le nucléaire et les énergies renouvelables. Pourtant, la pollution des grandes aires urbaines demeure un vrai problème. Au regard de ses besoins industriels et autres, la Chine mettra du temps à résoudre ses problématiques de pollution. Si tant est qu'elle parvienne à se faire reconnaître comme un exemple de lutte contre les phénomènes de changement climatique, elle risque toutefois de se voir opposer des refus d'investissements dits responsables en raison d'un système de gouvernance globale qui sera dénoncé comme étant, par exemple, peu transparent et vertueux en matière de respect des droits de l'Homme.

En d'autres termes, si objectivement tout acteur peut s'améliorer, les critères ESG risquent de se heurter à la critique du « deux poids, deux mesures » : en clair, si on a envie de ne pas investir dans un projet de financement, il sera toujours possible de trouver un prétexte pour sanctionner un autre acteur, le freiner voire l'affaiblir. C'est ainsi que les critères ESG disposent d'un immense potentiel de développement : ils constituent une arme à plus d'un titre. D'autre part, il y aura vraisemblablement des évolutions en matière de définition et de déterminer toujours plus ce qu'ils sont et recouvrent. Toutefois, pour ce qui est de la législation, nous nous attendons dans un premier temps à ce qu'elle soit délibérément légère afin que les détenteurs du pouvoir de « sanctionner » puissent conserver une grande marge de manœuvre d'appréciation et par conséquent un immense pouvoir. De notre point de vue, nous n'en sommes qu'aux prémices de l'ère ESG. Nous espérons cependant qu'elle sera effectivement juste et vertueuse, telle qu'elle est présentée par ses promoteurs.

La Chine s'attaque aux cryptomonnaies
Juin 2021

Ce ne sont pas uniquement des avertissements lancés par le gouvernement chinois ; Pékin est en train de s'attaquer sérieusement au problème du *mining* [23], ce phénomène associé aux cryptomonnaies. Le *mining* peut être défini comme *« une pratique visant à produire de nouveaux actifs grâce à la puissance de calcul d'ordinateurs »*. [24] Les annonces officielles de Pékin et les interdictions de *mining* annoncées dans la région du Sichuan notamment ont immédiatement eu un impact sur les cours de nombreuses cryptomonnaies dont le fameux Bitcoin repassé sous le seuil de 33 000 $ le 21 juin. Quelques semaines plus tôt, il s'échangeait autour de 60 000 $. Le monde s'est emparé d'une frénésie sans précédent pour les monnaies virtuelles en constatant les grandes fluctuations qui ont assuré la fortune de certains. La crise sanitaire de la Covid-19 a sans doute dynamisé l'engouement mondial pour ces cryptomonnaies qui continuent d'intriguer car certaines ont vu leur valeur littéralement exploser. De nombreux spéculateurs ont ainsi cherché à investir tels des chercheurs d'or. Pourtant, si le monde de la cryptomonnaie fascine autant qu'il intrigue, beaucoup estiment que leur modèle économique n'est pas durable.

L'annonce de Pékin n'est pas une première. Le gouvernement chinois a manifestement la ferme intention de s'attaquer aux fermes de minage et avait déjà fait de précédentes annonces en mai 2021 qui laissaient entendre qu'il y avait une volonté réelle d'action contre un phénomène qui génère un impact négatif pour

---

[23] Traduction de l'auteur : le minage
[24] *« La Chine s'attaque aux cryptomonnaies »*, www.ouest-france.fr, 21 juin 2021

l'environnement. Cette volonté n'est pas anodine : *« la Chine est la première productrice mondiale d'actifs de cryptomonnaies, avec près de 80 % des échanges mondiaux, malgré une interdiction d'échanges internes depuis 2017, mais ces derniers mois plusieurs provinces ont ordonné la fermeture des entreprises du secteur installées sur leur territoire. L'interdiction du mining dans la province du Sichuan a entraîné la fermeture de 26 entreprises la semaine dernière, une information non confirmée par les autorités mais largement relayée sur les réseaux sociaux chinois et confirmée par d'anciens producteurs de cryptomonnaies. »* [25] Afin de joindre les paroles aux actes, Pékin a ordonné aux fournisseurs d'électricité de cesser d'alimenter les fermes de minage. D'anciens producteurs de cryptomonnaies témoignent également de la visite des autorités qui viennent s'assurer que les fermes de minage cessent leur activité.

Il s'agit en effet d'une activité énergivore. Elle dispose d'un grand potentiel de croissance en Chine. Une récente étude publiée dans Nature [26] estime qu'au rythme auquel la Chine s'adonne au *mining*, les émissions de carbone induites par cette activité seraient équivalentes en 2024 aux niveaux de production d'émissions de carbone de pays tels que l'Italie ou l'Arabie saoudite. Depuis plusieurs années, la Chine s'est lancée dans une vraie politique énergétique qui s'attache à moins recourir aux ressources fossiles et globalement à tout ce qui a un impact polluant. Cette position n'est cependant pas simple à mettre en œuvre car les besoins économiques de la Chine et ses impératifs de croissance économique sont en partie assouvis par la consommation accrue de ressources polluantes. C'est ainsi que le pays a beaucoup investi dans des projets renouvelables ainsi que dans d'autres énergies moins

---

[25] *Ibidem.*
[26] *Ibidem.*

polluantes que le pétrole, le gaz ou le charbon. Il se heurte toutefois aux cryptomonnaies.

Il ne fait guère de doute que lorsque Pékin souhaite, Pékin obtient. Si les autorités chinoises ont décidé de s'attaquer aux fermes de minage, elles doivent considérer que l'impact environnemental doit être important car quelques années auparavant, elles envisageaient la possibilité de se tourner vers les cryptomonnaies. Toutefois, la Chine a reconsidéré depuis lors sa vision puisqu'elle craint que les cryptomonnaies aient in fine un impact négatif sur son économie nationale. Elle craint effectivement que la hausse des échanges et surtout la possibilité que des cryptomonnaies puissent avoir une valeur d'échange réelle pour l'achat d'actifs finisse par avoir une incidence inflationniste que les autorités politiques et économiques auraient du mal à contenir. Dès mai 2021, plusieurs sociétés chinoises ont compris les intentions de Pékin et ont tout simplement pris l'initiative de couper leurs serveurs. Elles prirent la précaution de prévenir leurs investisseurs pour les informer qu'ils reprendraient leurs activités de *mining* une fois qu'ils auraient pu la délocaliser.

Le mouvement amorcé par la Chine n'est pas près de s'arrêter de sitôt : en s'attaquant aux producteurs de cryptomonnaies, elle cherche tout simplement à protéger son économie… tandis que le gouvernement est lui-même un important détenteur de cryptomonnaies. Autrement dit, pour les spéculateurs de cryptomonnaies, il convient surtout de bien connaître les technologies qui se trouvent derrière chacune d'elles pour comprendre les opportunités d'investissement. La qualité de la technologie sera un précieux indicateur pour la valorisation des cryptomonnaies. Malgré cette décision politique de Pékin, cela ne va pas pénaliser outre mesure la valorisation de certaines d'entre elles. Il y a de l'engouement et de la demande. Enfin, les cryptomonnaies sont généralement l'invention de programmeurs qui affirment au travers de leurs créations numériques un élan de liberté. Aucune autorité ne leur imposera de réfréner leurs aspirations créatives.

Pour rappel, plus de 70% de l'activité de production de cryptomonnaies s'effectuent en Chine. De même, si les autres Etats constatent des résultats probants pour l'économie chinoise, ils auront à leur tour la tentation d'interdire les fermes de minages. En somme, la Chine a peut-être mis en route un effet *bandwagon* [27] ou une future émulation internationale. Cela étant, il n'y a rien de décisif si ce n'est que Pékin s'attaque sérieusement aux producteurs de monnaies virtuelles sur son territoire. Cela demeure un coup de semonce mais les mineurs ne devraient pas tarder à trouver des juridictions plus enclines à accepter des activités de minage. Il faut plutôt considérer que les Etats auront du mal à s'ériger contre le développement de la technologie blockchain. Pour le coup, il s'agit d'un autre débat sur lequel nous sommes en train de travailler. Le potentiel de la technologie blockchain est assurément sous-estimé.

---

[27] Traduction de l'auteur : un effet de mode

La Chine fait peur
Juin 2021

Depuis plusieurs années, la communication officielle chinoise a considérablement évolué. Tout s'est produit sous l'impulsion d'un homme : Xi Jinping, l'homme fort du pays, celui qui a sans doute su conquérir un pouvoir qu'aucun autre dirigeant chinois n'était parvenu à obtenir depuis Mao Zedong. Celui qui fut dans sa jeunesse un Prince rouge, c'est-à-dire un fils de haut dignitaire du parti communiste qui tomba plus tard en disgrâce auprès du Grand Timonier, connut une adolescence et une jeune vie d'adulte difficiles avant de revenir discrètement dans le giron du parti communiste, de faire ses preuves et de parvenir à la consécration suprême, celle qui en fait désormais le dirigeant tout-puissant de la Chine, l'homme dont les ambitions n'ont semble-t-il plus de limites.

L'histoire économique et politique de la Chine, à compter des années 1990, est celle d'un pays connu pour être le plus peuplé du monde mais qui sut planifier une croissance économique continue et dynamique pour transformer en l'espace de deux décennies un acteur politique et économique secondaire en une redoutable superpuissance mondiale. La Chine est assurément une superpuissance car son économie nationale est en train de concurrencer celle des Etats-Unis. Sa force politique est indiscutable. Quant à sa puissance militaire, elle ne cesse d'étonner le monde occidental. La Chine est parvenue en peu de temps à s'imposer comme une des grandes puissances dominantes de la planète, la seule en mesure de s'ériger en concurrent crédible des Etats-Unis et surtout de faire fi des contrariétés qui peuvent provenir du monde occidental. Pays discret sur la scène politique internationale pendant longtemps, l'Empire du Milieu a su patienter avant de s'affirmer. Bien que le monde occidental le critique sur de nombreux sujets, il ne dévie pas de la trajectoire qu'il a tracée. Rien ne semble l'atteindre.

La crise sanitaire Covid-19 est apparue en Chine, dans des conditions qui demeurent obscures. L'appareil d'Etat a communiqué à plusieurs reprises des informations qui n'ont pas convaincu la communauté internationale au point que le Président Biden a demandé aux services de renseignement de son pays de rédiger un rapport sur la question de l'origine véritable de cette forme de coronavirus. Depuis un an et demi, la Covid-19 s'est abattue sur le monde. Sur la Chine d'abord, pays qui a vu cette crise sanitaire poindre ou du moins être rendue publique en fin d'année 2019. La communauté internationale reprocha ultérieurement à Pékin de ne pas avoir communiqué sur la dangerosité de cette nouvelle forme de coronavirus, d'avoir laissé des touristes chinois sortir des frontières nationales alors que des lanceurs d'alerte et des médecins chinois avaient commencé à diffuser des messages et commentaires portant sur la dangerosité de ce nouveau mal. La Chine ne fut nullement ébranlée par ces interrogations. Si elle connut un ralentissement de son activité économique, elle sut réagir rapidement, ou du moins, sa reprise économique fut beaucoup plus rapide que celle de nombreux pays qui sont par ailleurs toujours englués dans une gestion de crise sanitaire ayant de fortes incidences sur l'activité économique. La Chine a donc repris avant les autres. Elle a officiellement communiqué des statistiques étrangement basses pour les décès imputés à la Covid. La communauté internationale doute de ces statistiques officielles. Elle pense en effet que les chiffres publiés sont bien inférieurs à la réalité mais qui pourrait aller vérifier ? Il n'existe vraisemblablement pas de moyen d'obtenir une vérification objective, de connaître la vérité portant sur le nombre de morts liées à la Covid. En revanche, la Chine parvient à se montrer forte. Peu importent les critiques, elle ne recule devant rien. Au contraire, elle avance.

Cette démonstration de force est d'autant plus impressionnante qu'elle ne s'émeut pas face aux sanctions américaines. Elle est sanctionnée et elle riposte, imperturbable. C'est par ailleurs une des grandes différences par rapport à la guerre froide : à un moment donné, il semblait inéluctable qu'un des blocs s'effondrerait pour des raisons économiques. En l'occurrence, le système soviétique fut contraint de mettre un terme à une rivalité qui déboucha in fine sur une dislocation de l'URSS. Avec la Chine, la donne est différente. Ce n'est vraisemblablement pas sur le terrain économique que la Chine va afficher ses limites. Au contraire, elle a consenti à des investissements considérables pour son projet de restauration des Routes de la Soie. Elle a su étendre sa toile en Asie, en Europe, en Afrique ainsi qu'en Amérique du Sud. Rien ne lui semble impossible et son dirigeant Xi Jinping se montre déterminé à aller jusqu'au bout de ses ambitions. Pour l'ensemble de la communauté internationale, ces dernières font parfois peur. La Chine ne se cache plus. Coutumière de la discrétion naguère, elle s'affirme et expose ses souhaits. Personne ne semble pouvoir l'arrêter. Quant à sa philosophie de planification, elle est simple : tout se prévoit à long terme.

L'ascension du Prince rouge

C'est ainsi qu'étaient désignés les proches de Mao Zedong. Cette élite privilégiée eut l'immense honneur de vivre dans la Cité Interdite de Pékin. C'est là que Xi Jinping passa une partie de son enfance. En d'autres termes, sans faux pas, une carrière toute tracée lui était destinée au sein de l'appareil d'Etat. Malheureusement pour lui et sa famille, son père Xi Zhongxun tomba en disgrâce aux yeux du Grand Timonier. Sa famille dut quitter la Cité Interdite et connaître les affres d'une disgrâce publique que chaque membre de sa famille subit comme un véritable fardeau. Xi Jinping connut des années difficiles, des années où sa qualité de « fils de » l'endurcit. Il redoubla d'efforts pour ne pas être rejeté. Cela coûta cher à sa famille. De plus, le jeune Xi Jinping dut faire un choix entre soutenir sa famille avec les conséquences inhérentes à une telle décision ou bien faire montre de loyauté et de fidélité au parti communiste... et à son grand dirigeant de l'époque, Mao Zedong.

Il fallut beaucoup de courage, de persévérance et de ténacité à Xi Jinping pour tracer son chemin. A la mort de Mao Zedong, une bonne nouvelle parvint : son père retrouva les bonnes grâces du nouveau patron chinois Deng Xiaoping. Plutôt que de s'appuyer sur un réseau relationnel de qualité, Xi Jinping entreprit une carrière au sein de laquelle il mit un point d'honneur à assurer des fonctions qui lui permirent de s'élever au sein de la hiérarchie du parti communiste, jusqu'au point d'atteindre les élites et de connaître le destin politique qui lui est désormais connu. Sa carrière est un modèle de patience et d'intelligence, doublée de compétences reconnues par tous. Il sut déterminer la bonne stratégie qui le conduirait jusqu'aux plus hautes sphères du pouvoir politique national. Xi Jinping est un fin stratège.

Très adepte de la pensée de Mao Zedong, il a remarquablement su s'imposer au sein du parti communiste et rapidement faire valoir ses choix. De manière surprenante, il coupa avec la communication de ses prédécesseurs qui se voulaient prudents et discrets même lors des années de forte croissance et d'irrésistible montée en puissance économique. Arrivé au pouvoir, Xi Jinping se lança à la poursuite d'un immense rêve : restaurer les Routes de la Soie. Ce projet unique dans l'Histoire a pour but de favoriser le commerce chinois dans le monde. Sur l'ensemble du continent asiatique, l'Europe et l'Afrique de l'Est, la Chine entend créer de nombreuses infrastructures portuaires, routières, ferroviaires et d'autres en vue de sécuriser ses approvisionnements stratégiques, notamment en hydrocarbures, et de faciliter les exportations vers l'Occident. Pour cela, il accorda un budget de mille milliards de dollars. La communication autour de ce projet ne faisait aucun doute : la Chine était définitivement partie à la conquête du monde. Xi Jinping ne fait aucun mystère sur son souhait de voir son pays régner sur l'économie mondiale. Il ne craint aucunement les accrochages avec les Etats-Unis : il paraît sûr de sa force.

Sa grande intelligence tactique lui a permis de conquérir le pouvoir, de déployer des politiques publiques comme la lutte contre la corruption qui lui ont permis d'asseoir sa domination au sein du parti communiste. Il est parvenu à écarter de nombreuses personnalités susceptibles de contrarier ses projets et intentions. Sa force semble inébranlable. Quant au peuple chinois, il apparaît comme une sorte de guide pour lequel l'image du parti communiste demeure celle du parti politique qui doit continuer à régner en Chine tandis qu'il se montre redoutable avec l'économie de marché. Il n'y a jamais eu autant de milliardaires chinois que sous la présidence de Xi Jinping. Son pouvoir est tel qu'il a quasiment obtenu la garantie d'être le Président à vie de la Chine. Il est le dirigeant le plus puissant depuis Mao Zedong et la création de la République Populaire de Chine pour laquelle il nourrit des ambitions sans limites pour la célébration du centième anniversaire de sa fondation qui surviendra en 2049. A l'instar des grands dirigeants politiques, il espère laisser une trace indélébile de son passage tant dans l'espace que dans le temps, l'image d'un bâtisseur et d'un promoteur de la grandeur de la Chine, celui qui aura permis à l'Empire du Milieu de devenir la première puissance économique planétaire.

L'irrésistible ascension politique et économique

Il s'agit d'un constat : en un quart de siècle, l'évolution économique de la Chine a été spectaculaire et impressionnante, passant d'une économie potentiellement émergente à celle d'une superpuissance mondiale. Et ce n'est pas fini. Quant à sa force politique, elle a également considérablement évolué au gré de son ascension économique. En règle générale, pouvoir économique et pouvoir politique sont étroitement associés. Comme déjà indiqué, la force chinoise a été planifiée. Elle a connu de nombreuses années consécutives lors desquelles le taux de croissance économique était supérieur à 10%. Il existe certes un décalage entre le développement spectaculaire des aires urbaines et des zones rurales mais la Chine est assurément un mastodonte économique mondial. Le Président Xi Jinping a donné un coup d'accélérateur en promouvant un projet qui n'avait jamais été planifié par le passé à une échelle planétaire : la restauration des Routes de la Soie. Beaucoup d'analyses semblaient sceptiques, prônant que de tels investissements seraient préjudiciables pour l'économie chinoise, que les investissements ne seraient pas amortis ou qu'ils génèreraient une catastrophe économique pour le pays.

Au travers de ce projet, la Chine envoie le message d'ambitions démesurées mais parfaitement assumées, un message qui comporte une certaine dimension d'assurance : la Chine n'hésite pas ; elle entreprend et en a les moyens. Elle finance à outrance et lorsque les partenaires ne parviennent pas à rembourser leurs dettes, elle se montre impitoyable, se souciant peu des réactions suscitées dans les pays qui subissent les conséquences : pertes d'emplois pour les travailleurs locaux, déficit de recettes pour les autorités publiques, etc. La Chine paye et avance, même dans des pays qui craignent sa manière de négocier et les conditions qu'elle parvient toujours à imposer, y compris dans des pays qui font l'objet de nombreuses attentions internationales, elle parvient à tirer son épingle du jeu. L'Asie centrale illustre cette affirmation. Les anciennes républiques soviétiques que sont le Kazakhstan, le Kirghizstan, l'Ouzbékistan, le Tadjikistan et le Turkménistan font partie des pays ciblés pour le déploiement des nouvelles Routes de la Soie. L'essentiel des investissements réalisés dans ces pays est chinois, ce qui a eu pour effet de réduire l'influence russe sur ces pays. Les Etats-Unis, l'Inde et l'Europe regardent de près ce qui se passe dans ces républiques centrasiatiques pour des raisons économiques et stratégiques, notamment eu égard aux enjeux énergétiques. La Chine est incontestablement devenue la puissance étrangère dominante en raison des investissements réalisés mais demeure politiquement discrète. Par discrétion, il ne faut pas entendre invisible ou inactive. Cette position n'est pas nouvelle.

Lorsque les Jeux olympiques d'été de 2008 furent organisés à Pékin, en plein débat international sur la condition des Tibétains qui indignait de nombreux pays occidentaux et après l'intervention médiatisée de l'organisation non-gouvernementale Reporters Sans Frontières à Olympie, la Chine fit démarrer le périple de la flamme olympique depuis Pékin en vue de lui faire effectuer un tour du monde. Il s'agit là d'une vieille tradition de l'esprit olympique. La première ville visitée par la flamme fut Almaty, l'ancienne capitale du Kazakhstan. Comme un symbole, les mesures de sécurité déployées furent considérables et le premier relayeur de la flamme au site de Medeu fut le Président de la République kazakhstanaise en personne, Noursoultan Nazarbaïev. Il est difficile de ne pas y percevoir un message politique, une bonne volonté du Kazakhstan d'assurer à la Chine qu'il n'y aurait aucune action d'entreprise contre la flamme olympique ou aucune manifestation perpétrée par des activistes défendant le peuple tibétain.

Plus d'une décennie plus tard, il est manifeste que l'influence politique chinoise a continué de croître car la puissance économique de la Chine a considérablement évolué depuis lors. La politique de construction infrastructurelle est impressionnante : routes, ponts et autres réseaux de communications sortent de terre et facilitent les échanges commerciaux avec des zones réputées inhospitalières pour des raisons topographiques notamment. Avec la Chine, plus rien ne semble impossible, y compris dans des régions désertiques, difficiles d'accès voire soumises à des problèmes sécuritaires. La Chine construit et cherche continuellement à dynamiser toujours plus ses exportations. De nombreux pays y voient une opportunité : ils n'auraient jamais entrepris de tels travaux pour des raisons économiques voire techniques. La Chine apporte les capitaux et le savoir-faire. En d'autres termes, elle contrôle tout le processus, ce qui lui facilite les conditions de négociations pour lesquelles elle tire systématiquement un grand avantage. Et malheur à celui qui ne parvient pas à honorer ses engagements.

Pourtant, il commence à se dire que les prêts chinois semblent être consentis plus difficilement, que la Chine rencontrerait des difficultés économiques qui ne lui permettraient plus d'afficher les moyens de sa politique. *« Le Nigeria cherche désespérément 1 milliard de dollars. Bank of China et Sinosure avaient promis des fonds pour construire un gazoduc de 615 kilomètres évalué à 2,8 milliards de dollars au centre du pays. Mais ils n'ont rien déboursé et la compagnie pétrolière publique NNPC se retrouve en difficulté. Cet épisode est le nouveau signe du recul de Pékin face aux financements d'infrastructures en Afrique. Les prêts des banques chinoises aux multiples projets ciblés dans l'énergie et les transports y ont chuté de 11 milliards de dollars en 2017 à 3,3 milliards en 2020, indiquait en avril une étude du cabinet Baker McKenzie. »* [28] L'étude en question est assurément sérieuse. Cependant, la baisse des investissements chinois est peut-être tout simplement liée à la réalité économique de la Covid-19. Pékin communique volontiers sur le fait que la Chine ait admirablement rebondi, montrant ainsi sa capacité à contenir la pandémie tout en poursuivant une politique économique dynamique, bien que ralentie par la crise sanitaire. Cette communication officielle est sans doute à relativiser. Sans l'accuser d'être mensongère, elle idéalise probablement une situation qui n'est vraisemblablement pas aussi rayonnante. Il est très probable que la Chine ait su rebondir plus rapidement que le monde occidental et que son économie nationale ait été moins affectée mais il est difficile de croire qu'elle n'ait pas été sévèrement impactée. Il est tout aussi probable que la Chine ait réduit ses investissements à l'étranger parce qu'elle a précisément et économiquement souffert de la crise sanitaire.

D'autre part, la baisse des investissements dans un pays comme le Nigeria, notamment pour ce qui est du financement de pipelines, peut s'expliquer par des projets locaux de grande envergure tels que le gazoduc Nigeria-Maroc, une initiative multipartite africaine. Ce projet long de plus de cinq mille cinq cents kilomètres est programmé pour relier le Nigeria et le Maroc. Il transitera par les pays côtiers du Golfe de Guinée et de la côte atlantique. Si ce futur gazoduc fait l'objet de nombreuses critiques, il modifiera le paysage géopolitique du quart Nord-Ouest de l'Afrique en cas de réussite et contribuera à l'essor

---

[28] Armelle Bohineust, *« L'argent chinois ne coule plus à flots à l'étranger »*, www.lefigaro.fr, 19 juillet 2021

économique des pays traversés. Il n'existe actuellement aucune certitude concernant les intentions chinoises, c'est-à-dire qu'il est difficile de déterminer si ce recul de la politique d'investissement est le fruit d'une stratégie déployée par Pékin ou bien si cela correspond à des difficultés économiques. En clair, il est toujours aussi malaisé de lire dans le jeu de la capitale chinoise.

Une communication officielle déroutante

C'est un constat : la Chine sait admirablement déployer une communication officielle qui fera tiquer la communauté internationale mais qui la satisfera pleinement car malgré les critiques voire les accusations de mensonge, personne ne parvient à la faire trembler. La communication officielle de Pékin sur la crise Covid-19 en est une parfaite illustration. Les explications fournies par les autorités n'ont pas convaincu la communauté internationale. Pire, il n'a toujours pas été établi avec certitude l'origine exacte de la Covid-19. Pendant un temps, l'origine fut attribuée à des animaux (chauve-souris et pangolins) mais après un an et demi de crise sanitaire, le bilan est déroutant : aucune originelle naturelle n'a pu être prouvée et la thèse d'un accident de laboratoire voire davantage continue de prendre de l'ampleur dans le monde occidental. C'est ce qui motiva le Président Biden à commander une analyse aux services de renseignement de son pays visant à déterminer l'origine exacte de cette forme de coronavirus. Pour autant, est-ce que cela semble inquiéter la Chine outre mesure ? Il semblerait que non. Elle est sereine. Une fois de plus, son assurance est déroutante. Il est probable que si des accusations devaient être portées contre des laboratoires de la région de Wuhan (négligence voire volonté délibérée de diffuser cette forme de coronavirus), Pékin parviendrait à nier, à contester l'impartialité des enquêtes et à faire valoir sa voix car elle se sait forte.

Un des principaux enseignements des relations internationales repose sur la fameuse morale du *Loup et l'agneau* du fabuliste français Jean de la Fontaine qui postule que la raison du plus fort est toujours la meilleure. Si l'hypothèse pour laquelle des conclusions accablantes devaient être fournies et incrimineraient les autorités chinoises, il est probable que Pékin parvienne à s'en tirer à bon compte car plus un Etat est puissant et plus il est difficile de l'atteindre, y compris lorsqu'il s'agit d'un combat des chefs. Les relations internationales sont conflictuelles dès lors que les Etats se jaugent et cherchent à faire valoir leur puissance, qu'elle soit de l'ordre du *hard* ou du *soft power*. Pour accéder à la catégorie suprême, celle des poids lourds, il faut s'assurer au préalable de ne pas surestimer ses forces et de ne pas sous-estimer ses faiblesses. Il est indéniable que la Chine est en mesure de s'ériger contre les Etats-Unis, de riposter lorsque qu'elle subit des sanctions et de ne pas se laisser intimider par qui que ce soit. Lorsqu'il est question de cyberattaques et de campagnes d'espionnage, trois pays sortent du lot : les Etats-Unis, la Russie et la Chine. Cela montre surtout le niveau atteint par le secteur des hautes technologies chinoises. D'ailleurs, l'affaire Huawei ne comporte pas uniquement le seul fait que le monde occidental craigne une vaste campagne d'espionnage orchestrée par la Chine avec le déploiement de la technologie 5G. Cette capacité chinoise à pouvoir déployer de telles technologies à si grande échelle a surtout été marquée par une implacable prise de conscience occidentale : la Chine fait définitivement partie des grandes puissances technologiques.

Dans un environnement global conflictuel, où les principales puissances se jaugent, s'évaluent, se testent ou se confrontent, la course aux nouvelles technologies fait partie des grands enjeux tout comme la cybersécurité. A l'époque de la guerre froide, la principale préoccupation portait sur l'atome. Les principaux protagonistes possédaient cette technologie et bien que plusieurs périodes de tensions laissassent craindre le pire comme lors de la crise des missiles de Cuba, l'arme nucléaire apparut in fine comme un vecteur de dissuasion et de neutralisation. En fin de compte, ce n'est pas la course à l'atome qui décida du sort de la guerre froide. D'autre part, c'est pendant cette période critique des relations internationales que fut promu le Traité de non-prolifération nucléaire (TNP). Enfin, les armes traditionnelles sont en train d'être supplantées par la haute technologie numérique. Un tir de missile est très rapidement identifiable ou du moins, l'origine du tir ne fait aucun doute. Cela permet une riposte très rapide. Pour ce qui relève des cyberattaques, la donne est différente car si le but est d'atteindre des sites ou positions stratégiques, bien que des soupçons pèsent rapidement sur des suspects potentiels, une attaque bien menée est difficile à tracer et à remonter. A ce jeu, Américains, Russes et Chinois surpassent la concurrence. Cela vaut également pour tout ce qui est de l'ordre du contrôle de l'information, de la diffusion d'informations, qu'elles soient vraies ou fausses, vraies et déformées ou amplifiées, etc. Tous ces éléments plaident en faveur d'une hypothèse pour laquelle seuls des doutes concluront un débat pour lequel il apparaît qu'aucune vérité éclatante ne fasse autorité.

Admettons l'hypothèse que les services de renseignement américains concluent sur une intention délibérée de la Chine d'avoir créé et diffusé la Covid-19. De telles accusations seraient aussitôt contrées par une communication officielle de Pékin qui dénoncerait des mensonges américains ou qui pourrait reconnaître une origine laborantine tout en niant une quelconque volonté de nuire. En clair, il sera difficile pour les détracteurs de la Chine de lui faire peser de graves accusations. Cette dernière a déjà probablement programmé un plan de communication le cas échéant. Elle excelle dans ce domaine. Sa communication officielle est déroutante. Elle est développée en fonction de la stratégie que Pékin cherche à déployer et à faire valoir. Elle s'adapte au contexte. Sous la présidence de Xi Jinping, elle a considérablement évolué. Elle se veut désormais offensive. Lorsque les Etats-Unis commencèrent à suspecter une origine laborantine de la Covid-19, la Chine n'avait alors pas tardé à répliquer que la Covid avait été introduite en son sein par des militaires américains dans la région de Wuhan. La communication avait été effectuée par un porte-parole du ministère des Affaires étrangères. Cela avait alors surpris car la Chine n'était pas coutumière de ce type de communication, qui plus est dans une logique d'opposition aux Etats-Unis… car d'ordinaire, rares sont les acteurs internationaux qui s'octroient la liberté de porter des accusations de la sorte contre Washington, d'autant plus lorsqu'elles se retrouvent rapidement contredites car il est désormais quasiment certain que les premiers cas de Covid en Chine soient antérieurs à la prétendue introduction du virus par des militaires américains.

A la conquête de la suprématie économique mondiale au gré des opportunités

Le Président Xi Jinping l'a annoncé : il souhaite que son pays soit devenu la première puissance économique mondiale pour la célébration du centième anniversaire de la création de la République Populaire de Chine en 2049. Il est probable que Pékin atteigne cet objectif plus tôt. La logique de l'initiative OBOR (One Belt, One Road) est économique et géopolitique. En atteignant une telle puissance économique, la Chine a pris conscience qu'elle était en train de faire évoluer le centre de gravité de l'économie mondiale. Il ne faut donc plus considérer que le seul monde occidental accapare le leadership de l'économie mondiale. La Chine se charge de rappeler que ce dernier ne détient aucun monopole en la matière. Le programme OBOR est destiné à optimiser le commerce extérieur chinois : exporter davantage et plus rapidement. De même, ces nouvelles voies de communication doivent lui permettre d'assurer les approvisionnements essentiels pour son bon fonctionnement économique.

Dans un environnement géopolitique mondial aussi tendu qu'incertain, l'opposition Etats-Unis-Chine se caractérise par une volonté des deux parties de traiter avec un acteur en particulier : l'Europe. Bien que le Vieux continent soit le plus petit en termes de superficie, il conserve toutefois une grande valeur stratégique car son économie demeure puissante. En relations internationales, l'Europe fut pendant plusieurs siècles la région dominante du monde. Le contrôle des mers, la constitution de grands empires ultramarins ou encore la révolution industrielle permirent aux principales capitales européennes de s'imposer comme les places les plus puissantes de la planète. Au XXème siècle, cette réalité s'étiola au gré des guerres mondiales, de la décolonisation ou encore de la survenance de la guerre froide qui opposa les deux grandes superpuissances économiques et politiques du moment, les Etats-Unis et l'URSS. La construction économique européenne s'amorça dans une vision de pacification durable du Vieux continent mais naquit pendant que certains protagonistes fussent alors engagés dans des conflits de décolonisation à l'instar de la France alors engluée dans la guerre d'Indochine puis celle d'Algérie. En 1992, la création de l'Union européenne (UE) conféra une dimension politique à la construction européenne. Jusqu'au Brexit, le nombre d'Etats membres ne cessa de croître. Dans un sens, l'union fait la force mais dans le cas de l'UE, il est devenu manifeste que son influence politique ou économique n'est pas comparable avec celle des Etats-Unis ou de la Chine à l'orée des années 2020. Pourtant, elle conserve un fort attrait stratégique. Si Donald Trump la négligea lors de sa présidence, Xi Jinping comprit tout l'intérêt qu'il pourrait tirer en tissant ou plutôt en renforçant ses liens économiques avec l'Europe.

En clair, si l'UE ne dispose pas d'un poids économique ou politique équivalent à celui des Etats-Unis ou de la Chine, elle ne doit cependant pas être sous-estimée : les superpuissances dominantes ont besoin de traiter des affaires politiques, économiques, militaires ou autres avec les partenaires européens. C'est la raison pour laquelle le Président Biden a immédiatement cherché à rectifier les relations diplomatiques de son pays avec l'Europe, relations qui furent distendues pendant la présidence Trump. C'est entre 2016 et 2020 que la Chine lança par ailleurs ses offensives économiques en acquérant plusieurs grandes infrastructures européennes comme des ports ou des aéroports. C'est lors de cette période que le Président Xi Jinping entreprit une longue tournée européenne en 2019. Son but était de renforcer ses liens économiques au sein du Vieux continent mais également de les pérenniser, tout en opérant ou finalisant certaines acquisitions. Il s'était engouffré dans la brèche européenne qui ne voyait pas d'un mauvais œil l'opportunité de marquer sa distance par rapport aux Etats-Unis. Toutefois, l'union qui doit théoriquement primer au sein de l'UE a surtout révélé de grandes failles. La visite de Xi Jinping correspondait à une période sensible car agitée par l'affaire Huawei (qui avait certes pris naissance en Amérique du Nord), le Brexit et la crise économique, notamment la dette publique de certains Etats européens (l'Italie et la Grèce en particulier) qui prirent alors le parti de se tourner vers la Chine qui accepta volontiers d'écouter les propositions de Rome ou d'Athènes. Pour la nouvelle Administration Biden, une des priorités consista à rétablir au plus vite de bonne relations diplomatiques avec les principales puissances européennes afin de contenir l'influence chinoise en Europe et de s'assurer que l'avenir économique du Vieux continent ne se tourne pas vers l'Orient.

Une question d'équilibre

La Chine, les Etats-Unis et l'Europe recherchent le juste équilibre. Chacun essaye de tirer son épingle du jeu, sachant qu'un des principes fondamentaux des relations internationales consiste à trouver les moyens d'affaiblir l'autre. Ainsi, l'UE a depuis les années 1950 cherché à construire un ensemble d'abord économique puis politique mais qui demeure soumis à des règles de fonctionnement interne difficiles, notamment pour ce qui est des décisions qui nécessitent l'unanimité. L'UE est assurément un acteur politique et économique d'envergure mondiale mais son poids global demeure inférieur à celui des Etats-Unis et de la Chine, au-delà de la simple dimension économique et du PIB. C'est ainsi que Washington et Pékin comprennent l'importance de traiter avec l'Europe mais cette dernière compte évidemment profiter d'une alliance avec l'un ou l'autre. Elle cherche un partenariat qui soit profitable. La Chine a momentanément séduit plusieurs acteurs étatiques européens mais il semblerait que cette stratégie ait été rendue possible en raison des dissensions au sein de l'UE notamment au regard des crises économiques rencontrées par plusieurs pays. D'autre part, ce climat fut favorisé en raison de l'éloignement marqué par Donald Trump vis-à-vis des alliés traditionnels des Etats-Unis. Toutefois, les Européens ont toujours affiché une certaine méfiance à l'égard de la Chine. Plusieurs affaires d'espionnage industriel ont ainsi favorisé ce climat de méfiance.

Pour Pékin et Washington, l'Europe revêt une importance stratégique. Dans les deux cas, travailler avec l'Europe se heurte à un obstacle de taille : l'éloignement géographique. Toutefois, à certains égards, la réalité géopolitique et géostratégique actuelle semble montrer que l'Europe est un point névralgique du commerce mondial. Pour être fort, il faut établir de bonnes relations politiques, économiques et autres avec des partenaires. Dans un environnement aussi globalisé, rares sont les pays qui optent pour l'autarcie. La Chine a assurément besoin d'exporter. Les exportations constituent le socle essentiel de son modèle économique. L'Europe constitue un marché de choix pour la Chine qui y voit une région importatrice de nombreux biens et services. Quant aux Etats-Unis, il importe de contrarier le modèle économique chinois. Ils ne verraient ainsi pas d'un mauvais œil que l'Europe ne tende pas à intensifier ses relations économiques avec la Chine. Quant à l'Europe, l'enjeu est de traiter avec l'un ou l'autre sans pour autant tomber sous une forme de rapport de domination. Tout est question d'équilibre. Pékin et Washington ont compris qu'il leur fallait travailler avec l'UE. A l'époque où les principales puissances européennes parvinrent à constituer des empires coloniaux, il était alors devenu manifeste que pour contrôler le commerce mondial, il fallait maîtriser les routes maritimes. Le commerce maritime demeure encore important de nos jours dans la mesure où les volumes d'échanges maritimes continuent de croître. Cela fait partie des raisons qui ont poussé la Chine à investir massivement dans des infrastructures portuaires à l'international. En revanche, si le contrôle des voies maritimes demeure stratégique, il est certain que le commerce avec l'UE l'est également pour les deux plus grandes puissances économiques étatiques de la planète.

Pour toutes les raisons exposées ci-dessus, Washington entend rétablir de bonnes relations politiques et économiques avec le Vieux continent. Quant à la Chine, elle va poursuivre sa politique de conquête économique. Contrairement à une appellation dont elle fait l'objet en

Occident, la Chine n'est pas l'Empire du Milieu mais la désignation originelle chinoise la décrit davantage comme le Centre du monde. A l'évidence, c'est l'intention du Président Xi Jinping : attirer le centre de gravité du commerce mondial en son sein. La Chine promeut de nombreuses décisions dont la portée est d'assurer la force de son économie nationale. Elle dispose d'un avantage considérable : son marché de consommateurs interne excède le milliard d'individus mais son modèle économique national repose toujours sur la capacité des entreprises à exporter. La Chine parvient malgré tout à faire face à la puissance des vecteurs d'influence occidentaux. De nombreux sites internet (moteurs de recherche, sites marchands, etc.) montrent que Pékin se soucie peu de la concurrence internationale ou du moins ne la craint pas. D'ailleurs, certains de ces sites ne comportent aucune version en ligne accessible dans une langue occidentale. La Chine entreprend, tant en son sein qu'à l'international.

Hard power et soft power

La Chine dispose d'une puissance économique, politique et désormais militaire de premier plan. Bien que des doutes subsistent concernant sa force économique, les puissances occidentales suspectent en effet une surestimation du bien-être économique chinois. Il n'y a cependant pas à douter que l'Empire du Milieu s'est peu à peu imposé comme une des grandes puissances internationales des nouvelles technologies. Ses travaux et ses avancées concernant la conquête spatiale sont spectaculaires. Outre ses ambitions relatives à la conquête de la Lune et le projet d'y établir une mission habitée permanente, elle fait partie du cercle restreint des Etats ayant su créer une mission scientifique et technologique pour la planète Mars. Quant à son armement, elle exhibe volontiers ses progrès pour montrer qu'elle n'a rien à envier aux autres grandes puissances productrices d'armement de pointe. Le budget de la défense de la Chine continue d'augmenter. Le pays s'est spécialisé sur des armes de qualité. Un tel investissement en recherche et développement n'est pas anodin : la Chine envoie un message au reste de la communauté internationale. Elle est forte.

Une puissance internationale cumule *hard* et *soft power*. L'un ne va pas sans l'autre. La Chine ne craint personne et a su le démontrer lorsqu'elle conclut des accords commerciaux géants avec l'Iran en mars 2021. Portant sur plusieurs dizaines de milliards de dollars, courant sur vingt-cinq ans et des secteurs stratégiques comme l'énergie, ces accords commerciaux déplurent naturellement aux Etats-Unis. Cependant, quelle est véritablement leur marge de manœuvre pour s'y opposer ? La Chine se soucie peu des réactions américaines là où les partenaires des Etats-Unis ont souvent été contraints de revoir leurs ambitions à la baisse avec l'Iran. En effet, Washington poursuit sa politique de pression économique sur l'Iran et recommande à ses partenaires occidentaux de ne plus faire d'affaires avec l'ancienne Perse. Le moyen de dissuasion le plus efficace est de menacer de ne plus traiter avec les entreprises qui se risqueraient à développer des affaires avec l'Etat ou avec des entreprises iraniennes. A cela s'ajoutent d'éventuelles amendes également dissuasives. La *compliance* bancaire se veut stricte à l'égard de l'Iran. L'origine des fonds étant toujours plus contrôlée, toute action avec un partenaire iranien se verrait interdite par des banques occidentales. La Chine ne se préoccupe pas de ces règles bancaires. Les banques chinoises traitent volontiers avec des partenaires iraniens dès lors que les opérations négociées vont dans le sens des intérêts économiques et stratégiques de Pékin.

Les accords de mars 2021 ont par ailleurs suscité de nombreuses critiques en Iran. La Chine a su tirer parti de la position isolée de Téhéran sur la scène internationale. Elle a ainsi pu négocier des conditions avantageuses, notamment pour les importations d'hydrocarbures. En Iran, les critiques portèrent sur une suspicion visant les autorités dirigeantes d'avoir facilement cédé face aux exigences des négociateurs chinois. Cependant, pouvait-il en être autrement ? La question se pose car il n'a jamais été question que la Chine « aide » l'Iran. Elle profite d'une situation très particulière qui ne permet pas à l'Iran de faire valoir des conditions idéales pour le pays. La Chine s'est engouffrée dans la brèche. En échange d'un partenariat de longue durée, le régime iranien s'assure des ventes et des rentes qui, à défaut de faire sortir le pays d'un contexte économique difficile, lui permettent surtout d'obtenir une sorte de perfusion économique salvatrice pour les élites dirigeantes qui espèrent ainsi pouvoir conserver le contrôle politique sur le pays.

L'exemple iranien est très révélateur : la Chine fait ce que personne d'autre n'aurait pu mettre en place avec Téhéran de peur de représailles provenant de Washington. En somme, la signature des accords commerciaux est un message directement adressé à la Maison Blanche et au Département d'Etat : personne n'empêchera la Chine d'avancer. Elle n'entend évidemment pas se soumettre à des exigences américaines. C'est ainsi qu'il faut interpréter les manœuvres militaires maritimes où Chinois et Américains notamment se jaugent et s'intimident, laissant craindre un dérapage incontrôlé. L'intimidation militaire est à considérer avec beaucoup de sérieux. Pourtant, le véritable terrain d'affrontement entre ces deux grandes puissances mondiales tourne désormais au niveau des nouvelles technologies. Dans ce domaine, la Chine a considérablement comblé le retard qu'elle avait. La cybersécurité est à l'évidence devenue un des grands enjeux majeurs d'opposition entre Pékin et Washington.

Conclusion

La grande force de la Chine est l'assurance dont elle fait montre. Elle a manifestement passé un cap supplémentaire depuis qu'elle est dirigée par le Président Xi Jinping. Ses prédécesseurs étaient parvenus en peu de temps à faire de ce géant démographique une puissance économique à croissance ultra rapide. Xi Jinping a fait accéder la Chine à une dimension supérieure : il a poursuivi sur la lancée économique mais a réussi à imposer son pays comme une des grandes places fortes de la politique internationale. Il est définitivement révolu le temps où la Chine avait du mal à faire entendre sa voix au sein du concert des nations. Elle est devenue un acteur majeur des relations internationales en raison de son appétit vorace destiné à assurer son dynamisme économique qui passe notamment par les exportations. D'autre part, la philosophie du pays est celle d'un vieux sage qui ne conçoit l'avenir qu'au travers d'une vision planifiée et à long terme des choses. C'est une différence fondamentale avec l'approche occidentale des politiques publiques dont la vision est davantage axée sur le court ou le moyen terme, à l'exception de certains domaines comme l'énergie.

La diplomatie chinoise est essentiellement économique. Elle intervient peu dans des affaires politiques. Tout ce qui relève de la politique porte sur des affaires internes pour lesquelles des critiques internationales s'élèvent mais lorsque Pékin décide, Pékin obtient. Par le passé, il y eut l'affaire du Tibet qui concentra tant d'attentions occidentales à l'approche des Jeux olympiques de Pékin en 2008. Depuis de nombreuses années, la questions des Ouïghours du Xinjiang a fait naître de multiples interrogations sur différentes problématiques dont la question du respect des droits de l'Homme. Pour autant, la Chine semble imperméable aux critiques. Tout ce qui se passe sur le territoire national chinois relève de la compétence exclusive des autorités chinoises. Le cas de Hong Kong est quelque peu différent mais dès lors que Pékin émit le souhait de reprendre en main la vie hongkongaise, il était devenu manifeste qu'il fût difficile pour l'ancienne colonie britannique de faire valoir son autonomie auprès de Pékin. Il y eut bien des mouvements de protestation mais ces derniers n'ont jamais ému les autorités dirigeantes de Pékin.

Le choc des civilisations tel que théorisé par Samuel Huntington n'a jamais semblé plus vrai. Lorsque cette pensée fut rédigée par son illustre auteur, les relations internationales connaissaient alors une situation inédite : la fin de guerre froide survenue quelques années auparavant avait laissé place à l'écrasante domination d'un seul pays en matière de *hard* et de *soft power*. Les Etats-Unis étaient alors l'hyperpuissance dominante et personne ne semblait en mesure de contester une décision américaine. A l'orée des années 1990, la Chine apparaissait comme un acteur de second rang des relations internationales. La domination américaine était incontestable si ce n'est d'un point de vue interventionniste sur des conflits qui furent en réalité des échecs militaires. Cependant, personne ne contestait le leadership politique, économique ou encore technologique des Etats-Unis. L'écart avec la concurrence était alors considérable.

L'émergence économique de la Chine s'est faite progressivement bien que les années 1990 et 2000 furent des années de croissance économique exceptionnelle. Il fut dit que la croissance chinoise s'essoufflerait, qu'elle ne pourrait se poursuivre durablement avec des taux aussi élevés (d'après la Banque Mondiale, au-delà de 14% en

2007). Pourtant, il y a effectivement eu un ralentissement des taux de croissance économique mais ceux-ci sont demeurés dynamiques (supérieurs à 5% par an pour les « mauvaises » années, toujours d'après la Banque Mondiale). En l'occurrence, le développement économique du pays a été spectaculaire et à bien des égards inattendu à de tels niveaux de progrès et de modernisation. En deux décennies, la Chine s'est muée en deuxième puissance économique mondiale. Quant à sa puissance politique, elle croît au fur et à mesure que son économie s'impose toujours plus dans le paysage de l'économie mondiale. Lorsque la Chine est critiquée, elle ne s'en émeut pas et poursuit sa marche en avant. Cela vaut également lorsque les Etats-Unis ont des griefs à faire valoir à son principal concurrent politique et économique.

Il apparaît que le seul marché intérieur chinois ne suffit pas à l'Empire du Milieu pour être autosuffisant. C'est la raison pour laquelle il doit impérativement exporter. Quant à ses besoins stratégiques, ils passent par des importations. La croissance économique chinoise a bouleversé ses besoins énergétiques et plus particulièrement en hydrocarbures. Alors qu'elle était autosuffisante jusqu'au milieu des années 1990, ses besoins en pétrole, en gaz naturel et en charbon connurent une hausse exceptionnelle au point qu'un quart de siècle plus tard, la Chine est devenue le premier importateur mondial de pétrole. Le problème est qu'il lui faut sécuriser ses approvisionnements. Pour cela, il lui a fallu multiplier les partenariats stratégiques avec la Russie, l'Asie centrale, certains Etats producteurs tels que l'Iran et l'Arabie saoudite, le Venezuela ou encore plusieurs producteurs africains. De même, soucieuse de ne pas s'exposer à des routes maritimes dangereuses et le passage délicat du détroit de Malacca, la Chine a entrepris la construction des nouvelles Routes de la Soie qui doivent lui apporter une certaine sérénité en matière d'approvisionnements.

Beaucoup redoutent la Chine, ses ambitions et ses intentions. Si les Présidents Vladimir Poutine et Xi Jinping paraissent s'apprécier mutuellement, Chinois et Russes se méfient l'un de l'autre. Cela résulte en partie de l'histoire commune de ces deux pays, des guerres qui émaillèrent les XIXème et XXème siècles. La Chine a de la mémoire. Le rapprochement stratégique entre les deux pays, opéré voici quelques années, avait surtout pour but l'assouvissement d'une volonté réciproque : vendre des hydrocarbures pour la Russie et sécuriser des approvisionnements en pétrole et en gaz pour la Chine. Ces deux pays sont également les fers de lance de l'Organisation de la Coopération de Shanghai (OCS), une organisation collégiale eurasiatique à vocation politique et économique. Un des buts recherchés par l'organisation est la sécurité. En se réunissant, les Etats membres de l'OCS peuvent ainsi dialoguer dans un esprit de paix. L'OCS vit dans les années 2010 l'adhésion de l'Inde et du Pakistan. Sachant les relations tendues entre ces deux Etats ennemis, le pari était osé. Cependant, l'OCS devenait ainsi un terrain de dialogue entre la Chine et l'Inde qui entretiennent également des relations diplomatiques tendues, en particulier dans les zones frontalières himalayennes. L'OCS connaît sans doute des effets limités, qu'ils soient économiques ou politiques. Pour la dimension sécuritaire, plusieurs crises entre l'Inde et le Pakistan ou l'Inde et la Chine ont failli basculer dans un niveau de tension encore plus élevé et qui ont fait craindre une escalade incontrôlée des tensions.

La Chine n'aime pas le conflit, à plus forte raison à proximité de ses frontières. Ses relations diplomatiques parfois houleuses avec l'Inde ne doivent cependant pas écarter le risque de l'éclatement d'une guerre qui apparaît malgré tout peu probable… mais la Chine se prépare à tout scénario. Il en va de même pour la question de Taïwan que Pékin refuse de reconnaître comme un Etat indépendant. Qu'il s'agisse de Taïwan ou de l'Inde, il existe toujours une ombre américaine prévenante, ce qui réduit le risque de dérapage incontrôlé. A contrario, la Chine demeure l'allié de la Corée du Nord, petit pays au régime quasi-totalitaire qui constitue un fardeau dans la diplomatie américaine en Extrême-Orient. La Chine joue le jeu de voter des sanctions contre la Corée du Nord devant le Conseil de sécurité des Nations Unies mais elle conserve un lien privilégié avec le régime de Pyongyang. D'ailleurs, lorsque Donald Trump entreprit de parler directement avec Kim Jong-Un, ce dernier n'était-il pas allé prendre conseil auprès de Xi Jinping à Pékin ? La gestion de crise nord-coréenne orchestrée par Donald Trump s'est avérée être une humiliation pour la diplomatie américaine qui avait pourtant fortement déconseillé au 45ème Président de l'histoire nationale d'agir de la sorte. Pour la Chine, cette nouvelle « amitié » Trump-Kim devenait du pain bénit, une opportunité de jouer un mauvais tour à Washington.

Avec l'élection de Joe Biden, la donne a changé. Le discours a évolué. Il n'est plus question de mettre en avant une quelconque franche camaraderie avec Kim Jong-Un. Les Etats-Unis ne parviendront vraisemblablement pas à obtenir la dénucléarisation de la Corée du Nord. La Chine ne compte évidemment pas voir son voisin communiste s'effondrer. Elle a besoin de cet état-tampon qui repousse les Américains et ses alliés sud-coréens ou japonais loin de ses frontières. Le grand jeu stratégique ne fait que se mettre en place. Les manœuvres militaires opérées par les Chinois et les Américains montrent que les relations entretenues par ces deux pays sont sensibles. Une chose est certaine, la Chine a comblé son retard en très peu de temps. Pour ce qui est des nouvelles technologies, elle affiche volontiers ses progrès avec ce message récurrent et sous-jacent qu'elle rivalise non seulement avec ses concurrents américains mais qu'elle est désormais capable de les dépasser dans certains domaines. Le cas Huawei ne contredira pas cette dernière affirmation.

Et si la Chine avait mis le monde à genoux ?
Avril 2021

Un vieil adage policier postule que « cherche à qui le crime profite ». Sans basculer dans les théories du complot, est-ce que la Chine ne serait pas en passe de développer une stratégie visant à asseoir sa domination ? La question se pose d'autant plus qu'officiellement, l'origine de la Covid-19 provient de l'Empire du Milieu, de la fameuse région de Wuhan, et que beaucoup de doutes subsistent. En effet, personne n'a à ce jour apporté la preuve de l'origine réelle de ce qui a provoqué cette pandémie mondiale. Les spéculations vont bon train. Certains estiment que la Covid-19 est d'origine naturelle tandis que d'autres suspectent une manipulation de laboratoire voire une intention coupable à peine masquée à l'égard des autorités chinoises. Qui dit vrai ? Dans cette partie introductive, il convient de rappeler qu'il existe de très nombreux virus d'origine naturelle et qu'il tombe sur Terre en chaque instant des centaines de milliers de virus par centimètre carré. Pourtant, de nombreuses zones d'ombre persistent autour de l'origine véritable de la Covid-19. Premièrement, la communication autour de cette pandémie a été chaotique lorsqu'il a fallu évoquer le patient zéro. A un moment donné, il fut identifié dans un marché populaire de Wuhan… avant que cette origine soit contestée par le fait que des patients antérieurs eussent été identifiés comme présentant les symptômes suspects de la Covid-19. En définitive, personne ne sait concrètement depuis quand cette forme de coronavirus circule dans le monde.

En mars 2021, la presse française s'est même fait l'écho de patients ayant supposément été infectés par la Covid-19 avant que les autorités chinoises et les lanceurs d'alerte l'évoquent publiquement en fin d'année 2019. En somme, les informations relayées par les médias français pourraient remettre en question l'origine géographique de ce coronavirus. Pourtant, des équipes d'experts scientifiques ont été dépêchées à Wuhan pour tenter de comprendre l'origine du mal. La communication de l'OMS est par ailleurs curieuse. Le patron de l'organisation a été suspecté de faire le jeu de la Chine car son élection a été favorisée par le soutien de Pékin. Jusqu'alors, l'OMS n'a jamais émis le moindre doute concernant une mauvaise intention chinoise de répandre dans le monde un virus qui affecterait la population mondiale mais aussi l'économie globale. Personne ne s'attendait à ce que les conséquences soient aussi lourdes en matière de bilan humain et de catastrophe économique. Toutefois, malgré les rapports de l'OMS qui jugent « peu probable » la thèse d'une création de laboratoire, de plus en plus d'analystes et de commentateurs érigent la thèse de l'intention coupable de Pékin : du côté occidental et notamment aux Etats-Unis, les médias se font désormais l'écho d'une thèse qui laisse entendre que la Chine a délibérément mis sur le marché un virus en vue d'asseoir son pouvoir économique dans le monde.

L'idée est séduisante. Elle vaut surtout le coup d'être analysée car bien que les origines véritables du virus soient floues et indéterminées, l'apparition de la pandémie n'est pas survenue n'importe quand. Bien qu'il y ait désormais des décès suspects antérieurs au dernier trimestre 2019 tant en Chine qu'en Occident, la crise sanitaire a véritablement éclaté en fin d'année 2019, soit un peu moins d'un an avant l'élection présidentielle américaine de novembre 2020. Elle a également éclaté à une époque où le Président Trump allait prochainement s'exposer à une nouvelle procédure en impeachment en raison de l'affaire Ukrainegate qui était alors en cours d'instruction au sein du Congrès. A ce jour, les analystes politiques s'accordent sur le fait que Donald Trump a probablement été sanctionné par l'électorat américain en raison de sa mauvaise gestion de crise sanitaire. Ses prises de position polémiques alors que le drame humain est immense aux Etats-Unis lui ont assurément été préjudiciables dans sa course à la réélection. Peut-être était-ce un cadeau empoisonné de la part de la Chine que de favoriser la propagation de ce coronavirus s'il s'agissait effectivement d'une création de laboratoire… Au-delà de toute forme de spéculation hasardeuse, cette pandémie survient à une période sensible de rivalité sino-américaine. La Chine entend devenir la première puissance économique mondiale et compte s'en donner les moyens. Ses ambitions n'ont pas de limite. C'est peut-être ce qui a alimenté les thèses d'un virus programmé pour fragiliser l'économie mondiale et notamment celle des puissances occidentales, les Etats-Unis en tête.

Dans un climat global où la rivalité Washington-Pékin est sans concession, il est tentant de penser que la Chine ait pu recourir à un stratagème inattendu pour favoriser ses desseins économiques, frapper là où les coups font mal, c'est-à-dire là où ils ne sont pas attendus. Lorsqu'on a commencé à parler de la Covid-19, personne n'a exprimé de crainte sur des conséquences mondiales, tant en matière de santé publique que d'impact sur l'économie. Pourtant, un an après l'explosion de la crise sanitaire, il faut se rendre à l'évidence que cette pandémie a causé des ravages considérables et qu'elle a fait jurisprudence. Désormais, toute nouvelle forme suspecte de virus est susceptible de laisser craindre le pire et qu'il faille recourir à des décisions publiques qui affecteront l'économie mondiale mais également les libertés individuelles. C'est précisément ce dernier point que nous allons essayer de soulever dans cette réflexion : ne sont-ce pas les libertés individuelles qui ont été les plus affectées pendant cette crise sanitaire ?

L'époque de l'ultra-domination américaines (*hard* et *soft power*) est semble-t-il révolue. Les thèses portant sur le déclin américain sont contestables car la puissance américaine (politique, économique, militaire notamment) demeure impressionnante mais en l'espace de deux décennies, la donne a considérablement changé avec la montée en puissance de la Chine. Lorsque le diplomate et ancien ministre français Hubert Védrine évoquait l'« hyperpuissance » américaine [29], il avait raison dans la mesure où il soulignait l'écart qui séparait la domination de la patrie de l'Oncle Sam avec n'importe quelle autre institution étatique dans le monde. Ce qui était vrai il y a vingt ans ne l'est désormais plus. La première décennie du XXIème siècle a vu les relations internationales évoluer au gré des jeux de puissance et des émergences économiques. Là où le monde bipolaire de la guerre froide s'effondra avec la chute de l'URSS, le monde des années 1990 semblait parti pour connaître une ultra-domination américaine programmée pour durer.

Symboliquement, nous considérons qu'il y a eu un avant et un après 11 septembre 2001. Depuis lors, les interventions militaires américaines en Afghanistan et en Irak ne peuvent être considérées comme des succès. Près de vingt ans plus tard, ces pays continuent d'être ravagés par l'instabilité socio-politique, le désarroi économique et sont plus que jamais sous la menace d'organisations terroristes qui peuvent à tout moment troubler les jeux d'équilibre politique. En l'espace de quelques années, nous avons assisté à une résurrection rapide de la Russie pourtant moribonde après l'éclatement de l'URSS mais à qui il a fallu une décennie pour se remettre d'un épisode de traumatisme (perte de repères générale) qui devait la

---

[29] Hubert Védrine, *Face à l'hyperpuissance,* Fayard, 2003, 384 pp.

plonger dans un marasme politique et économique pour une durée indéterminée mais supposément longue. La flambée des prix d'échange des hydrocarbures a contribué à ce que l'économie russe bénéficie de cet effet d'aubaine ; à cela, il convient de préciser que la Russie a pris une nouvelle dimension dans les relations internationales depuis que le Président Poutine est aux affaires. Il n'a jamais manqué de faire comprendre à quiconque que son pays n'entendait pas se soumettre à des décisions qu'il n'accepterait pas. Fort de ce renouveau économique, il disposait des arguments lui permettant de s'affirmer tout en voyant sa crédibilité croître à mesure que ses qualités de fin stratège politique devenaient reconnues sur la scène internationale. Il fallait désormais compter de nouveau sur la Russie. Elle était de retour ! Pendant la même période, un autre pays connaissait une évolution économique spectaculaire : la Chine. En moins de deux décennies, la Chine est passée d'un Etat à l'économie émergente et prometteuse à celui de monstre économique qui s'est depuis lors clairement déclaré concurrent pour contester la domination économique américaine. La montée en puissance de la Chine est telle qu'elle inquiète les Etats-Unis. Il n'est pas anodin que Donald Trump ait mis un point d'honneur à chercher par tout moyen à freiner les ambitions chinoises. Il est manifeste que le seul pays susceptible de contester la force économique américaine est la Chine.

Les relations internationales ont beaucoup évolué depuis l'aube du troisième millénaire. La supériorité américaine n'est plus aussi criante bien qu'elle surpasse celle de quasiment tous les Etats à l'exception de la Chine qui est désormais en mesure de se dresser contre les ambitions de Washington et la Russie qui, à défaut de rivaliser économiquement, dispose d'un crédit politique et diplomatique de premier plan. Lorsque cette dernière se retrouve en proie à des sanctions économiques occidentales, elle subit sans se poser en victime expiatoire. Elle sait rebondir. Elle a su le faire en scellant une alliance énergétique à long terme avec la Chine. Elle a également su créer le malaise en raison de ses ambitions dans l'Arctique. Sa diplomatie montre qu'elle est capable de tenir tête aux Etats-Unis. Vladimir Poutine est aux affaires depuis deux décennies. Quant à Xi Jinping, il est parvenu à obtenir les pouvoirs qu'il visait. Il est devenu le chef d'Etat le plus puissant de Chine depuis l'ère Mao et entend conserver son pouvoir pour une longue durée. Le numéro un chinois s'est définitivement lancé dans une course à la concurrence avec les Etats-Unis.

La guerre économique s'annonce rude, sans concession. C'est ce qui fut mis en place par Donald Trump au travers de son slogan « *America first* ». Il cherchait par tout moyen à contrarier l'économie de son plus sérieux rival. Il appartient désormais à Joe Biden de déterminer les orientations économiques qui lui permettront de conserver le leadership économique dans le monde… mission qui ne sera pas aisée à satisfaire car l'économie américaine a grandement souffert de la crise Covid-19. Cette crise sanitaire incarne peut-être un tournant, un moment charnière de l'opposition sino-américaine car il semblerait que Pékin ait su mieux appréhender cette crise pandémique que le monde occidental. Ce dernier continue par ailleurs de redouter les effets économiques de cette pandémie à court terme. Il en va de même pour la survenance et la propagation de toute nouvelle forme de virus susceptible de contrarier la vie économique et sociale de l'Occident pour des durées indéterminées. Pour le coup, la Chine laisse l'image d'un pays qui semble être retourné à une vie normale et qui entend à nouveau viser d'importants taux de croissance économique.

La Chine a vite appris. Sa force économique lui a permis de s'imposer comme un des acteurs étatiques incontournables de la communauté internationale, de faire partie de ceux pour qui les décisions des autres n'ont aucun effet. Tout le monde peut contester, critiquer ou vilipender la Chine, rien n'y fait. Lorsqu'elle a décidé, rien ne l'arrête. Elle se fiche de voir pleuvoir des critiques sur des sujets qui peuvent heurter le monde occidental. Sur son territoire, personne ne lui dicte sa loi. A l'extérieur, elle se fiche des commentaires. Depuis plusieurs années, plusieurs crises internes font régulièrement les grands titres de la presse internationale mais personne n'a aucune prise sur Pékin. Les critiques pleuvent dans le monde mais est-ce que pour autant cela a eu un effet concret ? Les plaintes ou dénonciations qui portent sur le mauvais traitement octroyé à la communauté ouïghoure du Xinjiang est caractéristique de l'état d'esprit de Pékin qui laisse le monde s'exprimer mais qui poursuit sans ciller ce qui a été décidé en interne. Souvenons-nous du précédent tibétain à la fin des années 2000 lorsqu'à l'approche des Jeux olympiques de Pékin de 2008, des mouvements internationaux s'étaient formés pour dénoncer le sort réservé aux Tibétains. Depuis lors, le problème a été largement résolu avec l'envoi massif de Hans pour diluer l'ethnie autochtone au travers d'une forte progression démographique locale. Au regard de toute forme de contestation, l'ethnie han est une arme redoutable pour les minorités. Dans le cas du Xinjiang, il s'agit d'un bis repetita. Il a été demandé à de nombreux Hans de s'établir en Chine occidentale. Quant aux répressions, Pékin se soucie peu des qu'en dira-t-on. Il en va de même pour Hong Kong. Lorsqu'il a été décidé de vouloir tordre le cou aux élans démocratiques, d'autonomie et autres de cette plateforme incontournable de l'économie asiatique et mondiale, Pékin a su mettre en place une stratégie efficace qui a indigné la communauté internationale et fait fuir les expatriés qui n'entendaient pas vouloir devenir des justiciables de la juridiction chinoise. Quant aux Hongkongais, ils n'avaient plus qu'à constater un état de fait prévisible : la raison de Pékin est toujours la plus forte. Lorsque la capitale chinoise décide, c'est toujours suivi d'effet.

Malgré les critiques et les pressions internationales, rien n'a permis d'émouvoir le Président Xi Jinping au point de le faire douter et encore moins d'effectuer un pas en arrière. Lorsqu'une décision est prise, toute une mécanique se met en état de marche et plus rien ne doit arrêter la dynamique. L'ambitieux projet de restauration des Routes de la Soie a suscité de nombreux doutes. La Chine aurait-elle les moyens de sa politique ? Elle finance et ne donne rien. Aucun investissement réalisé à l'étranger n'est gratuit. Elle paye mais elle fixe les règles du jeu. Celui qui ne peut pas rembourser en temps et en heure s'expose à une réaction impitoyable : la Chine récupère pour quatre-vingt-dix-neuf ans la jouissance de l'exploitation et des profits générés par les zones ou infrastructures qui ne s'acquittent pas de leurs dettes. Qui a la capacité de s'opposer à Pékin et de faire valoir ses arguments ? Personne. La raison du plus fort est toujours la meilleure. Cette force chinoise est d'autant plus remarquable qu'elle s'est imposée naturellement en peu de temps. Il a fallu moins de deux décennies pour que le géant démographique asiatique se transforme en redoutable monstre économique et politique. Malgré les sanctions économiques occidentales, américaines en premier lieu, rien ne semble freiner la marche en avant de l'ascension économique chinoise.

Dans un environnement global multipolaire, la Chine a su tirer son épingle du jeu, bien qu'elle soit consciente des mauvaises impressions qu'elle laisse en Occident mais également dans d'autres régions du monde où ses méthodes sont sévèrement critiquées. Cela ne l'empêche pas d'avancer. Il est entendu qu'elle cherche en permanence le juste équilibre pour pouvoir satisfaire et optimiser son dynamisme économique qui repose essentiellement sur les exportations de biens et services. D'autre part, elle doit veiller à assurer et sécuriser certaines importations stratégiques nécessaires à son développement économique comme les hydrocarbures. Cependant, elle n'a jamais paru aussi forte. Tout ce qu'elle entreprend, elle l'assume. Quant à sa concurrence économique avec les Etats-Unis, il est devenu manifeste qu'elle ne craint pas d'affronter son plus sérieux rival et à ne pas céder aux intimidations américaines comme les barrières douanières. Elle s'adapte au contexte mais n'entend pas se soumettre à une quelconque pression adverse. Depuis le changement de gouvernance politique aux Etats-Unis, toute l'attention est désormais portée sur l'Administration Biden et ce qu'elle entend mettre en place afin de freiner les ambitions chinoises. Le discours officiel se veut résolument offensif, dans la lignée de celui de Donald Trump, mais le nouveau Président élu parviendra-t-il à donner le change comme put le faire son prédécesseur ? En effet, Donald Trump cherchait en permanence des moyens visant à contrer les ambitions chinoises et à contrarier son modèle économique… jusqu'à l'apparition de la Covid-19.

Les origines floues du Covid-19

Une étude scientifique antérieure à la survenance de la pandémie du Covid-19 a montré que huit cents millions de virus et bactéries frappaient quotidiennement chaque mètre carré de la couche limite atmosphérique. [30] La découverte ne portait pas sur le fait qu'il « pleuve » des

---

[30] Isabel Reche, Gaetano d'Orta, Natalie Mladenov, Danielle M. Winget, Curtis A. Suttle, *"Deposition rates of viruses and bacteria above the atmospheric boundary layer"*, The ISME Journal, www.nature.com, 29 janvier 2018

microbes et bactéries dans l'atmosphère terrestre mais sur la concentration de ces éléments venus de l'espace et dont certains sont probablement à l'origine d'épidémies ou d'épizooties. La nature apporte donc son lot d'éléments perturbateurs mais pour ce qui est de la pandémie Covid-19, les origines réelles demeurent floues et incertaines. En effet, l'origine géographique semble être la région de Wuhan en Chine mais il n'existe aucune certitude. Il se pourrait que des cas antérieurs de Covid-19 n'aient pas été détectés. Il est suspecté que cette forme de coronavirus existe depuis plus longtemps que ce qui est officiellement établi, c'est-à-dire le dernier trimestre 2019. En d'autres termes, rien ne permet d'affirmer avec certitude que Wuhan soit effectivement le foyer originel de la Covid-19. Cela reste toutefois probable dans la mesure où la première crise sanitaire relative à ce coronavirus a éclaté dans cette région densément peuplée de Chine. Il s'agit donc d'une présomption.

Près d'un an et demi après l'éclatement de la crise sanitaire qui n'a cessé depuis lors de se diffuser dans le monde, là où beaucoup d'Etats occidentaux continuent de batailler contre les nouveaux cas de malades et les variants qui ne cessent de perturber la lutte contre l'éradication du virus, la Chine semble avoir repris une vie normale. Il a été reproché à l'Empire du Milieu d'avoir probablement communiqué des statistiques erronées sur le nombre réel de patients infectés et décédés de la Covid-19. D'autre part, dès lors que les autorités chinoises ont pris conscience de la dangerosité du virus, beaucoup s'interrogent sur les raisons qui n'ont pas poussé Pékin à interdire à ses ressortissants toute sortie du territoire pour des raisons de villégiature. Tandis que les cas de malades infectés se multipliaient, la période du Nouvel An chinois fut l'occasion pour des millions de Chinois de quitter temporairement la mère patrie pour séjourner en Europe. Le premier foyer européen fut l'Italie. En cette période, deux grands événements attirèrent les touristes chinois venus nombreux : la Fashion Week de Milan et le carnaval de Venise. Nous connaissons la suite : les autorités italiennes furent rapidement débordées par l'ampleur du phénomène Covid-19 tandis que le fléau commençait à s'abattre sur toute l'Europe. Depuis lors, plusieurs centaines de milliers de décès sont à déplorer sur le Vieux continent. Malgré la commercialisation de vaccins, la pandémie continue de faire des victimes toujours plus nombreuses, plusieurs pays occidentaux comptant désormais plus de cent mille décès imputés aux complications de la Covid-19.

De nombreuses polémiques sont nées à partir de la communication officielle de Pékin. Il est reproché à la Chine d'avoir caché des choses ou bien d'avoir menti. Il y eut des histoires suspectes avec des lanceurs d'alerte chinois qui moururent officiellement de la Covid-19 tandis que d'autres eurent des ennuis avec la justice nationale. De même, il a été reproché à l'OMS de faire montre de mansuétude à l'égard de la Chine alors que les détracteurs ou critiques évoquaient l'appui décisif apporté par Pékin à celui qui a été élu Secrétaire général de l'organisation. Enfin, des rapports des services de renseignements américains faisaient état depuis plusieurs années d'inquiétudes concernant des activités scientifiques menées dans des laboratoires de la région de Wuhan, ces informations ayant depuis lors alimenté les thèses portant sur une origine de la pandémie qui proviendrait des laboratoires. Pire, la Chine devient alors suspectée d'avoir délibérément introduit ce coronavirus sur le marché ! Qui dit vrai ? La question se pose d'autant plus qu'on ne parvient toujours pas à déterminer avec certitude l'origine de la pandémie. Est-elle naturelle ou non ? Quant à la communication de l'OMS, elle interpelle. Elle est d'autant plus curieuse qu'elle a rapidement voulu écarter la thèse d'une création laborantine sans toutefois défendre avec vigueur l'origine naturelle de la Covid-19. En mars 2021, alors qu'une inspection de l'OMS à Wuhan continuait d'apporter des conclusions floues sur les origines de ce mal sanitaire, la presse américaine se voulut plus catégorique et accusa clairement la Chine d'être à l'origine de la création de cette forme de coronavirus. En l'état, la presse américaine indique se fonder sur des rapports provenant des services de renseignement mais nous nous interrogeons aussi sur l'opportunité de véhiculer de tels messages afin de dynamiser un sentiment nationaliste aux Etats-Unis et un ressenti antichinois, à l'instar de la « chasse aux sorcières » opérée par le Sénateur McCarthy contre les communistes pendant la guerre froide. La question se pose d'autant plus qu'il est attendu du Président Biden de démontrer sa fermeté à l'égard de la Chine. Jusqu'à présent, il a appuyé un discours officiel pour lequel il a à maintes reprises déclaré poursuivre des politiques fortes contre la Russie et la Chine mais il lui est désormais demandé d'agir concrètement. En somme, nous nous demandons si les informations relayées par la presse américaine ne résonnent pas comme un coup de pression adressé à la Maison Blanche ainsi qu'au Département d'Etat.

A l'approche de la fin du premier trimestre de gouvernance Biden, le constat est éloquent : la Chine semble avoir repris une activité économique normale tandis que la communication officielle de Pékin laisse entendre que la crise sanitaire fait partie du passé. La réciproque n'est pas valable pour les Etats-Unis où la crise sanitaire continue de sévir. Quant aux victimes officielles de la Covid-19, leur nombre surpasse largement celui de n'importe quel autre pays. Les décès se comptent par centaines de milliers et les conséquences économiques sont considérables. Les Etats-Unis cherchent un rebond économique ; en attendant, il existe des inquiétudes concernant la capacité de l'Administration Biden à appréhender les ambitions chinoises. C'est ainsi que la thèse d'une création de laboratoire prend d'autant plus de crédit à Washington. Pour cela, il existe une alternative : soit les services de renseignement ont collecté des informations fiables et fondées qui tendraient à conforter une telle thèse ; soit les informations véhiculées dans les médias sont infondées et auraient pour intention de créer un sentiment antichinois en vue de désigner un responsable aux maux économiques et sociaux des Etats-Unis.

Si la deuxième option devait être retenue, cela n'est pas sans rappeler la triste histoire des crises économiques sévères pouvant avoir un impact sur la pérennité des régimes démocratiques. C'est en période de crise que les mouvements populistes reçoivent le plus d'écoute auprès de l'électorat. C'est en période de crise économique que les extrêmes politiques obtiennent les faveurs de l'électorat. C'est en période de crise économique qu'on essaye de désigner par tous les moyens des responsables. Avant même la survenance de la pandémie, nous avions constaté que plusieurs pays avaient désigné à leur tête des dirigeants populistes. Ce fut le cas aux Etats-Unis avec l'élection de Donald Trump bien qu'il représentât le parti républicain ; il en fut de même au Brésil avec l'élection de Jair Bolsonaro. Nous pouvons mentionner plusieurs Etats européens où les partis d'extrême droite notamment ont connu une forte percée électorale. En somme, si la crise sanitaire avait été soigneusement préparée et planifiée par la Chine (il ne s'agit pas d'une affirmation mais d'une hypothèse), elle a sans doute frappé le monde occidental encore plus fort qu'il n'y paraît car au-delà de l'impact sanitaire et économique, plus les perturbations dureront et plus les chances d'assister à un désordre sociétal grandiront. En Occident, la crise sanitaire a eu un effet ravageur sur les libertés individuelles.

Des privations temporaires de libertés dangereuses pour les systèmes démocratiques

Quelle que soit l'origine exacte de la Covid-19, le monde occidental n'était manifestement pas préparé à affronter une crise sanitaire qui s'étale sur une durée aussi longue. Il y a eu des sous-estimations de la gravité de la situation. Les décideurs publics n'ont pas mesuré la gravité de la crise sanitaire qui allait éclater. Pire, lorsque l'Italie prit l'initiative de prendre des mesures restrictives pour les déplacements de sa population, les dirigeants des pays voisins considérèrent que Rome exagérait les mesures décidées. La vérité est que personne n'a vu venir l'impact désastreux de cette pandémie. Après une première vague de confinement des populations occidentales, les décideurs publics demeurèrent confiants quant au fait que la pandémie pût être contenue dans des délais n'excédant pas quelques semaines. Ils étaient loin de s'imaginer que la crise sanitaire serait encore d'actualité un an plus tard... sans que personne ne sache précisément combien de temps elle continuerait de sévir tant sur les populations que sur les systèmes économiques nationaux.

Les décideurs publics sont pointés du doigt par leurs administrés qui critiquent sévèrement la gestion de crise sanitaire, les décisions qui sont mal comprises et qui ne paraissent pas légitimes ou adaptées à la réalité de la situation. Il faut bien le reconnaître : non seulement la gestion de crise est très complexe, mais les décideurs publics semblent désemparés face à une situation qu'ils ne maîtrisent pas. Il ne s'agit aucunement d'une critique mais d'un constat. Les décisions publiques ne sont pas le fruit d'une incapacité à appréhender la crise avec assurance mais elles se font à tâtons dans la mesure où personne ne sait fondamentalement combien de temps il faudra composer avec cette réalité sanitaire considérant de plus que les apparitions de nouveaux variants continuent d'inquiéter les autorités publiques ainsi que les populations civiles. Les gouvernants sont responsables de leur communication mais il leur appartient de prendre les décisions alors que le contexte sanitaire est inédit et qu'il continue d'impacter les économies occidentales (nous nous focalisons sur l'Amérique du Nord et l'Europe). Tout cela s'accompagne de restrictions de libertés individuelles qui, le temps passant, sont de moins en moins acceptées. Ce point précis soulève d'autant plus nos craintes que le ras-le-bol global est acté. Les populations civiles protestent, s'expriment sur les réseaux sociaux, bravent les interdits en organisant des manifestations qui transgressent les règles dictées par les gouvernants. Les mouvements contestataires croissent. Les messages relayés par les médias ou véhiculés sur les réseaux sociaux trahissent de l'incompréhension mais également une forme d'intolérance grandissante à toute décision coercitive pour les libertés individuelles. Autrement dit, les décisions publiques continuent d'être contestées et le danger repose désormais sur la mise en route d'une dynamique qui consisterait à contester automatiquement toute décision sans prendre le temps d'essayer de la comprendre. Si une telle dynamique devait se mettre en place, le danger serait alors grand pour la pérennité de l'exercice démocratique du pouvoir.

Les décisions publiques sont parfois surprenantes. L'exemple français est assez éloquent en la matière. Depuis plusieurs mois, l'ombre d'un nouveau confinement de la population plane sur l'ensemble du territoire métropolitain et lorsqu'il fut décidé de prononcer des mesures restrictives pour une durée de quatre semaines, la première surprise fut de constater que les libertés individuelles n'étaient pas si aliénées. Chacun disposait en effet de la possibilité de se déplacer librement avec certes quelques contraintes (par exemple, chacun peut se déplacer dans un rayon de dix kilomètres autour de son domicile) et un couvre-feu imposé sur tout le territoire national à compter de dix-neuf heures… alors qu'il avait été fixé préalablement à dix-huit heures dans les zones qui avaient nécessité un confinement anticipé. En somme, on veut lutter contre la propagation de la Covid-19 mais on permet aux individus de pouvoir sortir de chez eux plus facilement et plus longtemps. Pourtant, si le nombre des cas de contamination continue d'être élevé, il faudra s'attendre à ce qu'un durcissement des conditions de vie pour chacun s'opère. C'est probablement le scénario redouté par le gouvernement français qui, depuis l'élection d'Emmanuel Macron en qualité de chef de l'Etat, a déjà eu à affronter la réforme des retraites qui mobilisa beaucoup de monde dans les rues, la fameuse crise des gilets jaunes et désormais celle de la Covid-19 qui impacte durement l'économie nationale. D'une part, beaucoup d'entreprises qui vivent actuellement avec les aides publiques ne pourront pas reprendre leur activité une fois que ces aides ne seront plus accordées. D'autre part, s'il fallait restreindre les libertés individuelles, il est à redouter que la population française finisse par ne plus respecter les décisions publiques.

Ce qui vaut pour la France l'est également pour les régimes démocratiques occidentaux : face aux incertitudes portant sur la durée pendant laquelle la pandémie affectera la vie de chacun, plus la crise sanitaire persistera et plus le risque de « rébellion » contre les décisions publiques grandira. D'ailleurs, les Etats sont actuellement tiraillés entre la volonté de sévir pour faire respecter les comportements à risque et la mansuétude qu'ils cherchent malgré tout à promouvoir pour ne pas s'attirer les foudres des populations civiles. Ainsi, nous constatons, alors que le port du masque est obligatoire dans de nombreux endroits, que de nombreux individus ne le portent pas en public et qu'ils ne sont pas systématiquement verbalisés par les autorités régaliennes compétentes. Cet exemple illustre à bien des égards la dissonance qui existe entre la communication ferme des Etats pour lutter contre la pandémie et la réalité qui est beaucoup plus souple. Toutefois, si la crise sanitaire persiste, il est à prévoir un durcissement des conditions de vie qui pourrait alors être suivi par des effets beaucoup plus contraignants et coercitifs pour les administrés. Les pays occidentaux paraissent globalement lassés d'une situation qui ne semble pas sous contrôle. Depuis un an, la vie des individus est affectée et s'il fallait procéder à un accroissement des restrictions en matière de libertés individuelles, le désordre pourrait dès lors provenir des populations qui s'accorderaient à s'opposer aux décisions publiques. C'est une différence fondamentale avec le mode de fonctionnement de la Chine.

Libertés contrôlées contre liberté élargies

Il existe de nombreuses différences politiques et culturelles entre la Chine et le monde occidental. En Occident, le régime politique chinois est qualifié d'autoritaire, appellation qui n'émeut pas les dirigeants de Pékin. Depuis plusieurs millénaires, la société chinoise fonctionne de la sorte. Cela était déjà le cas pendant la longue période impériale puis cela le fut également une fois le régime impérial déchu, les occupations étrangères puis l'arrivée au pouvoir de Mao Zedong. Peut-être que le peuple chinois est animé des mêmes envies et aspirations semblables aux libertés individuelles que les régimes occidentaux connaissent mais la Chine fonctionne ainsi : les dirigeants imposent des règles ; tout contrevenant s'expose à des sanctions dissuasives. Par exemple, un lanceur d'alerte chinois sait qu'il s'expose à des sanctions sévères lorsqu'il dénonce ou relaye des messages que les autorités du pays souhaitaient voire circonscrites. Ce que le peuple chinois accepte comme règles de fonctionnement ne le serait pas en Occident où de nombreux peuples se sont battus pour obtenir des libertés individuelles élargies. La liberté de penser, de voter, de s'exprimer sont autant de libertés sacrées et reconnues dans bon nombre de règles constitutionnelles. Le premier amendement de la Constitution américaine est un hymne à la liberté, celui qui permet à tout citoyen d'être le détenteur de libertés élargies. Cet appel à la liberté a pour origine la volonté des Etats fédérés de s'extraire de la domination britannique. Cette fin coloniale coïncida avec la volonté des Pères Fondateurs de promouvoir la liberté individuelle au premier rang des valeurs sacrées et inaliénables des Etats-Unis d'Amérique. Cet esprit d'ouverture des vannes de la liberté comporte des inconvénients. Ainsi, le fait que chacun puisse agir à sa guise et s'exprimer sans restriction expose le peuple américain à des désagréments. Cela favorise des comportements extrêmes. Les médias se font trop souvent les échos de fusillades mortelles de grande ampleur ou bien de dérives de mouvements politiques ou encore d'individus animés par des idées et des messages qui seraient proscrits et sanctionnés dans de nombreuses juridictions occidentales. Ce qui anime l'esprit de liberté des Etats-Unis repose sur les batailles menées par les Américains du XVIIIème siècle contre la couronne britannique. Depuis lors, la liberté est une composante essentielle de la vie de chaque citoyen américain.

Le monde occidental est globalement épris de libertés. Plus ces dernières seront restreintes dans la durée et plus le risque de débordements populaires grandira. La question est précisément de déterminer combien de temps les populations occidentales supporteront ces conditions de vie auxquelles elles ne sont pas habituées. Il s'agit d'un facteur d'autant plus important qu'au-delà de la crise sanitaire, il faut se préparer à une crise économique de grande ampleur qui anéantira l'activité professionnelle de nombreux acteurs économiques. Les Etats parviendront-ils à indemniser ou aider tous ceux qui se retrouveront impactés économiquement de la sorte ? Rien n'est moins sûr car les difficultés économiques ne s'estomperont pas dans les plus brefs délais. Les conséquences économiques seront nombreuses et lourdes. Autrement dit, les risques protestataires sont potentiellement élevés… d'autant plus que certains pays entrent dans une phase pré-électorale avec des échéances à venir importantes comme en Allemagne ou en France. La dimension du calcul politique entre en ligne de compte. Il faut que les dirigeants politiques aient le cran de prendre des décisions impopulaires mais qui s'avèrent nécessaires afin de limiter les dégâts économiques et humains sans se soucier des conséquences électorales le cas échéant. La gestion de crise est inédite et d'une grande complexité. Le monde occidental paraît condamné à en subir les affres pendant plusieurs années tandis qu'en 2020, la Chine fut la seule grande puissance économique internationale à se targuer d'un taux de croissance positif. En clair, l'Empire du Milieu a apparemment mieux digéré la gestion de crise sanitaire que bon nombre de puissances occidentales. C'est effectivement probable. Rappelons-nous surtout que nous sommes entrés depuis plusieurs années dans un véritable climat de nouvelle guerre froide et que dès lors, l'affrontement sino-américain ne cesse de croître en intensité. Ces querelles portent sur l'économie avec des tentatives d'intimidation monétaire, des barrières douanières pénalisantes pour les pays exportateurs et plus généralement tout ce qui vise à déclencher la colère de Pékin ou de Washington.

Tous ces exemples tendent à alimenter la thèse d'une nouvelle forme de guerre froide mais il n'est pas à exclure que cette dernière soit également opérée au travers d'opérations beaucoup plus sales comme la mise en circulation d'un virus… Bien qu'il n'existe aucune preuve que la Covid-19 soit une invention laborantine et destinée à perturber le monde occidental, l'apparition de la pandémie apparaît malgré tout à un moment critique, dans une période où Donald Trump, farouche opposant à la Chine, cherchait à être réélu aux Etats-Unis ; dans une période où le monde occidental dénonce le sort réservé à Hong Kong sans pour autant pouvoir intercéder en faveur des Hongkongais qui ne désirent pas être rattachés à la juridiction chinoise, eux qui ont martelé des messages invoquant leur envie de conserver les droits et libertés qu'ils connaissaient depuis si longtemps. La Chine a montré qu'elle avait gagné dans l'ancienne colonie britannique qu'elle parviendra à mettre au pas. Hong Kong n'aura pas d'autre choix que d'accepter les conditions qui sont et seront imposées par Pékin. Ce qui vaut pour Hong Kong l'est également pour toute la Chine occidentale. En agissant de la sorte, les autorités dirigeantes envoient un message à toute la population nationale : le système est toujours plus fort que l'individu. Toute forme de protestation sera vaincue par le système. Lorsqu'il le faut, le régime communiste impose ses vues et tout le monde se doit de suivre, y compris lorsque cela implique des restrictions de libertés individuelles. Le monde occidental n'est pas habitué à cette forme de gouvernance. Ce qui est « accepté » par la population chinoise ne le sera pas forcément en Amérique du Nord ou bien en Europe en cas de crise sanitaire prolongée.

Le nationalisme chinois a de la mémoire

Le monde occidental a tendance à diaboliser quelque peu la Chine comme ce fut le cas naguère avec l'URSS pendant la guerre froide. La Chine est tantôt décrite comme une menace voire un péril pour l'Occident. Elle parvient à étendre sa toile internationale à grande vitesse. Elle remporte des marchés, optimise ses exportations y compris là où elle est décriée. En Afrique, de nombreux Etats critiquent l'attitude chinoise en vue d'obtenir des marchés de construction notamment et d'envoyer de nombreux ouvriers chinois plutôt que de recruter de la main d'œuvre locale… ou bien s'insurgent contre les conditions de travail accordées aux travailleurs locaux. Cela n'empêche pourtant pas la Chine de continuer à finaliser des marchés. Elle déploie une dynamique offensive à l'international et ses méthodes sont toujours aussi redoutables et redoutées pour les débiteurs qui ne parviennent pas à régler leurs dettes dans les temps prévus par les contrats. Le style chinois est très efficace. Sa force économique lui permet d'agir de la sorte. Le nationalisme chinois s'exprime ainsi par la volonté de vouloir asseoir une domination économique mondiale… et de rappeler à de nombreux acteurs politiques étrangers que la Chine a de la mémoire.

L'histoire récente de l'Extrême-Orient est émaillée de guerres et autres conflits pour lesquels la Chine fut impliquée. Parmi les ennemis de la nation, l'Empire tsariste puis l'URSS figurent au rang des mal aimés à Pékin. Les tensions avec le voisin russe sont très anciennes. Il y eut des conflits au XVIIème siècle mais les plus marquants furent sans conteste la révolte des Boxers fomentée par la société secrète de *Poings de la justice et de la concorde* qui s'insurgea contre la présence de puissances internationales en territoire chinois, une présence étrangère qui exploitait les richesses et profitait des avantages géopolitiques du pays. La Russie faisait partie des nations alliées mais dans l'esprit chinois, c'est le pays qui commit le plus grand affront à l'empire chinois en osant organiser un défilé militaire de triomphe devant la Cité Interdite. Plus tard, en 1929, un autre conflit opposa l'URSS à la Chine en raison des chemins de fer. Dans les années 1960, le conflit pour l'île Damanski opposa une nouvelle fois les deux voisins géographiques. Pour toutes ces raisons, la rancœur demeure tenace et c'est ainsi que lorsque des rapprochements diplomatiques s'opèrent entre Moscou et Pékin, surtout depuis la fin de l'époque soviétique et à plus forte raison dans les années 2000 avec la montée en puissance fulgurante de l'économie chinoise, il faut considérer ces initiatives comme des manœuvres à portée stratégique.

L'accord énergétique géant survenu entre les deux pays en 2014 ne résultait pas uniquement d'une volonté bipartite d'enterrer la hache de guerre au regard de l'Histoire. Il s'agissait d'une manœuvre réfléchie et opportuniste qui correspondait aux attentes économiques des deux pays à ce moment-là. La Russie cherchait à contourner les sanctions portant sur ses exportations d'hydrocarbures vers l'Europe occidentale en raison de la crise ukrainienne. Quant à la Chine, elle cherchait alors à sécuriser l'importation d'importants volumes d'hydrocarbures si importants pour assurer son dynamisme économique. C'est ainsi qu'un accord géant fut conclu pour une durée de vingt-cinq ans. Pour autant, une telle opération ne doit pas laisser entendre que ce rapprochement induise une forme de réconciliation ou une volonté partagée de vouloir construire une nouvelle relation diplomatique harmonieuse. La Russie se méfie de la Chine et inversement. Les décisions politiques et diplomatiques de ces deux Etats sont marquées par le pragmatisme et le réalisme. On traite ensemble car nos intérêts communs du moment l'exigent. Cela ne doit pas occulter les tensions du passé que la Chine garde en mémoire. Il en va de même pour le ressenti chinois à l'égard du Japon. Durant la première moitié du XXème siècle, plusieurs incursions nippones survinrent en Chine au prix de servitude, de brimades, d'humiliations et de crimes contre les populations locales qui constituent encore une forme de plaie qui ne s'est jamais définitivement refermée.

Nous ignorons si Pékin planifie son futur économique et politique sur la scène internationale avec un esprit de vengeance contre les puissances étrangères qui humilièrent la Chine au XXème siècle. Cependant, cette histoire nationale émaillée par des incursions et luttes contre des puissances étrangères anime assurément les ambitions des décideurs publics qui ne cachent désormais plus de leurs ambitions mondiales. La Chine escompte devenir la puissance économique la plus dominante. Ce serait pour elle une concrétisation après une longue attente à l'issue de laquelle survint un essor fulgurant que le monde occidental n'avait pas anticipé comme tel à l'exception de quelques penseurs ou hommes politiques [31] qui avaient perçu le potentiel chinois à une époque où le pays était très en retard par rapport aux puissances économiques les plus développées. Pourtant, jusque dans les années 1990, si la Chine était perçue comme un géant démographique, son essor économique ne paraissait pas inquiéter outre mesure les puissances économiques occidentales bien que les taux de croissance observés dans l'Empire du Milieu fussent particulièrement dynamiques… mais la Chine partait de très loin. Une bonne dynamique de croissance fut observée pendant plusieurs années mais beaucoup d'analystes considérèrent que cette dernière ne pourrait être soutenue dans la durée. Avec le temps, les taux de croissance ont effectivement diminué mais sont demeurés performants, suffisamment pour que la Chine intègre rapidement le giron des puissances économiques les plus influentes du monde et qu'elle devienne ensuite considérée comme le principal concurrent économique des Etats-Unis.

L'éveil chinois a été long mais en un quart de siècle, ce qui était considéré comme un système économique en retard par les Occidentaux est parvenu à s'imposer comme une superpuissance économique mondiale qui ne paraît pas se fixer de limites si ce n'est de conquérir le leadership économique planétaire. La force économique chinoise s'impose sans pitié dès lors qu'elle a pour objectif de servir

---

[31] Alain Peyrefitte, *Quand la Chine s'éveillera… le monde tremblera*, Fayard, 1973, 504 pp.

les intérêts stratégiques du pays. Le projet de la restauration des Routes de la Soie en est une parfaite illustration. Parfois, l'attitude de la Chine laisse l'impression qu'elle cherche à rappeler à ceux qui lui firent du mal par le passé que les temps changent et qu'est désormais venue l'heure de la domination chinoise bien qu'elle se garde de ne pas beaucoup se montrer sur la scène politique, si ce n'est pour se manifester dans ses oppositions avec les Etats-Unis. D'ordinaire, la Chine demeure un acteur diplomatique discret. Cependant, dès lors qu'il s'agit de se confronter au rival américain, elle montre qu'elle est toujours prête à répondre sans manifester aucune crainte ou appréhension à propos des décisions prises par Washington.

Une revanche plus qu'une vengeance

Après réflexion, le nationalisme chinois qui est en train de s'exprimer par ses ambitions économiques planétaires est peut-être plus facilement assimilable à une revanche plutôt qu'à une vengeance. Il ne s'agit pas d'une affirmation mais d'un postulat. Pourtant, au gré de la réflexion que nous développons, l'histoire récente de la Chine peut laisser penser que cette dernière est animée d'une farouche envie de se venger, de s'ériger contre les anciennes puissances qui ont nui au pays, à sa population et ses institutions, qui ont humilié cette civilisation multimillénaire. Le Président Xi Jinping ne cache pas ses objectifs et il se donnera les moyens de les atteindre. Il est très probable que ses envies soient partiellement motivées par un esprit de vengeance par rapport aux périodes difficiles vécues par la Chine pendant le XXème siècle. Nous nous contenterons plutôt d'accorder le bénéfice du doute à la thèse de la revanche, celle qui porte sur une renaissance éclatante qui tend à montrer et exposer la grandeur du peuple chinois malgré la description faite du numéro un chinois par les médias occidentaux comme dans cet éditorial du Monde où il est présenté ainsi : *« Xi Jinping est la version chinoise et communiste du syndrome de l'homme fort, populiste et nationaliste, qui prospère aujourd'hui sous d'autres cieux. Son ascension est le produit d'une biographie bien particulière : celle d'un « prince rouge », c'est-à-dire le fils d'un fondateur du régime, endurci par les épreuves traversées par sa famille au nom du Parti communiste chinois, et qui s'estime aujourd'hui investi d'une mission sacrée, celle de le défendre sans états d'âme. Il est indispensable de plonger dans l'histoire de la famille Xi, intimement liée à celle du régime établi par Mao Zedong en 1949, pour comprendre comment son parcours a forgé la personnalité du numéro un chinois, à la fois idéaliste, pragmatique et extrêmement sûr de lui-même. »* [32] Il incarne les ambitions de son pays puisqu'il détient la responsabilité de la gouvernance politique et économique. Il a su manœuvrer habilement pour parvenir aux plus hautes responsabilités de son pays tout en confortant son pouvoir. En somme, il est peut-être habité par une envie de venger son pays des humiliations passées, de montrer la grandeur de la civilisation chinoise mais l'émergence fulgurante de l'économie nationale ne doit-elle pas être appréhendée sous l'angle de la revanche ?

La Chine fonctionne sur un système fondé sur le temps. Tout se prépare et se planifie à long terme. Pour bon nombre d'analystes politiques et économiques occidentaux, la force économique chinoise ne doit pas masquer ses faiblesses. Il en existe certainement. Parmi les critiques exprimées, certaines portent sur la démesure du projet de restauration des Routes de la Soie qui implique des investissements considérables. Pourtant, sur le continent asiatique, le constat est clair : la Chine finance mais ne donne rien. Tout est organisé pour satisfaire ses intérêts mais Pékin se montre encore une fois impitoyable à l'égard

---

[32] *« Xi Jinping, le pouvoir et l'ambition »*, www.lemonde.fr, 30 juillet 2019

de ceux qui ne parviennent pas à rembourser leurs dettes en temps et en heure. La Chine s'approprie alors les recettes des infrastructures pour une durée de quatre-vingt-dix-neuf ans. Elle s'impose partout où elle désire s'implanter. Elle incarne un monstre au pouvoir économique considérable et qui ne se soucie guère des critiques qu'elle peut essuyer lorsque d'autres acteurs économiques se plaignent de ses méthodes. Elle applique ce que d'autres puissances dominantes ont fait par le passé : agir sans craindre les qu'en dira-t-on. Elle agit comme une puissance dominante. La Chine est souveraine sur son territoire national. Elle a subi par le passé des influences extérieures mais les temps ont changé. Sa force économique lui est d'une grande aide. Elle fait peur. C'est ce qui lui permet de pouvoir agir à sa guise, de montrer qu'en comptant pour plus de 15% de la population mondiale, elle est un acteur majeur des relations internationales.

Des analystes craignent que sa force économique devienne un moyen de pression de premier plan pour assouvir un désir de vengeance mais ce n'est pas notre avis car la Chine a besoin de son commerce extérieur pour fonctionner et il est difficile de croire qu'elle parvienne à s'imposer ou à dominer d'une telle manière qu'elle puisse imposer ses volontés à chacun sans qu'aucune réaction ne survienne. Il est certain que tous les acteurs économiques ne luttent pas à armes égales mais il existe un grand écart entre considérer une puissance dominante comme c'est actuellement le cas pour l'économie chinoise et une puissance écrasante qui parviendrait à surpasser toute forme de concurrence, raison pour laquelle nous préférons évoquer une revanche plutôt qu'une vengeance. La Chine se heurtera fatalement à des acteurs politiques et économiques qui n'accepteront qu'elle puisse devenir une puissance politique et économique écrasante. Les Etats-Unis en sont une parfaite illustration mais il en va de même pour l'Europe, la Russie ou encore l'Inde.

La Chine conquérante

C'est peu dire que d'évoquer des craintes occidentales à l'égard des ambitions chinoises. Géant démographique à la croissance économique performante et semble-t-il destiné à concurrencer durablement le leadership américain, les projets de l'Empire du Milieu sont vertigineux. Elle est parvenue à tisser sa toile, à étendre un réseau d'influence où la notion de partenariat est souvent soumise à un rapport de force. La Chine aide, investit mais il existe systématiquement des contreparties contraignantes et pénalisantes pour les autres parties au contrat qui ne parviendraient pas à satisfaire à toutes les clauses négociées. L'influence chinoise a essaimé. Elle a su tirer profit de l'actualité géopolitique. L'exemple du Belarus est très représentatif : cette ancienne république soviétique qui fait office d'état-tampon entre l'Union européenne (UE) et la Russie a volontiers accepté l'implantation de projets et d'investissements chinois sur son territoire. Les deux parties sont gagnantes : la Chine parvient à promouvoir ses ambitions expansionnistes pour ses desseins économiques tandis que le Belarus voit dans cette coopération un moyen de pression visant le voisin russe. C'est ainsi que le régime de Minsk s'assure une « tranquillité » politique. Son leader parvient ainsi à se maintenir en place en dépit de protestations populaires qui réclament de plus en plus le départ du Président Loukachenko.

La diplomatie chinoise est très subtile et habile. On n'entend quasiment jamais parler des positions chinoises sur les problématiques du Moyen-Orient. Elle laisse le soin aux Etats-Unis, à l'UE et à la Russie de chercher des solutions diplomatiques ou bien de décider d'interventions militaires qui défendent des intérêts antagonistes. La Chine laisse faire, ne prend position pour personne et continue surtout de tisser des liens commerciaux avec des pays ravis d'exporter vers l'Extrême-Orient. L'Arabie saoudite vend une partie de son pétrole à la Chine. Il en va de même pour l'Iran, malgré les sanctions relatives aux exportations des hydrocarbures qui frappent le régime de Téhéran. Pékin ne se soucie pas des réactions américaines portant sur la transgression des sanctions économiques qui visent l'Iran. Là où des partenaires occidentaux et traditionnels de l'ancienne Perse ont fait marche arrière après avoir longuement hésité à renouer des contacts d'affaires avec Téhéran, craignant des représailles américaines, la Chine a montré qu'elle n'entendait pas se laisser intimider par des sanctions occidentales : elle cherche à assurer ses approvisionnements en hydrocarbures et a su tirer profit des besoins économiques iraniens pour négocier au mieux ses conditions d'achat. La Chine a concrétisé avec l'Iran un partenariat à long terme et portant sur des tarifs d'achat bien en-deçà des prix du marché… ce qui ne manqua pas de susciter des critiques internes à l'encontre des décideurs publics iraniens. L'exemple iranien est d'autant plus fort qu'il expose à merveille la manière de faire de Pékin.

Le monde occidental critique cette approche diplomatique mais à défaut de prendre position pour quiconque, l'impression qui ressort est celle d'une dynamique nationaliste qui a largement précédé le fameux slogan de Donald Trump « *America first* ». Pékin a promu en douceur mais avec fermeté depuis plus d'une décennie la vision « *China first* ». Elle ne l'a jamais énoncé ni annoncé comme tel. Elle s'est contentée de présenter des projets ambitieux comme la restauration des Routes de la Soie et a laissé ses détracteurs deviser sur la catastrophe économique dans laquelle elle s'orientait à grande vitesse. Mais elle a surtout su avancer ses pions comme elle l'entendait sur l'échiquier international sans se soucier des réactions américaines. La Chine a osé ce que les autres n'ont pas fait face aux invectives américaines. Elle s'est permise d'agir de la sorte car elle se sent forte. Tout le monde la redoute. Beaucoup critiquent ses méthodes mais elle parvient toujours à défendre ses intérêts comme elle l'entend.

La Chine fait peur car elle ne montre ou ne manifeste aucune once de peur. Tel un ogre, elle avance avec assurance, prête à fondre sur tout ce qui s'apparente à une proie ou dit autrement, à un acteur étatique ou économique qui peut présenter une faiblesse pour laquelle Pékin saurait tirer un avantage. La présence économique chinoise au Bélarus constitue une épine dans le pied de la Russie mais également de l'UE. Cela a contribué à ce que le Président Poutine conserve une certaine « tendresse » vis-à-vis de son homologue bélarusse tandis que l'UE a largement critiqué les dernières élections présidentielles… La Russie s'est résolue à vouloir conserver une certaine stabilité ou continuité dans le pouvoir exécutif bélarusse bien qu'elle n'aurait pas vu d'un mauvais œil un changement à la tête de la gouvernance politique nationale… Mais les vrais vainqueurs de la dernière élection présidentielle sont manifestement Alexandre Loukachenko et la Chine qui entrevoit la perspective d'accroître sa présence dans cette région d'Europe orientale. Souvenons-nous également de la réaction américaine lorsque la Chine officialisa le rachat de plusieurs infrastructures portuaires dans l'Europe méditerranéenne. Plus qu'une partie d'échecs, la Chine a peut-être amorcé une partie de go, un jeu pour lequel le monde occidental n'est pas familiarisé mais où le sens tactique est encore plus grand que dans les échecs.

Conclusion

L'ascension irrésistible de la Chine fait peur. Bien que le constat ne soit pas unanime, des analystes considérant qu'elle peut rapidement atteindre ses limites voire s'effondrer, Pékin a su créer un climat de crainte dans le monde occidental. Plus personne ne la considère comme un quart de siècle auparavant, c'est-à-dire comme une promesse émergente. La réalité est la suivante : à grande vitesse, elle a su se moderniser et se mêler à la lutte des plus grands. Elle est désormais considérée comme la deuxième économie mondiale mais qui sait réellement ce que sont ses limites ? Elle veut se donner les moyens de devenir le numéro un. Son modèle économique continuera de passer nécessairement par les exportations mais elle est en train de considérer les nouvelles technologies. Ses progrès en la matière sont stupéfiants. Elle les affiche ouvertement. Elle ne fait aucun mystère de ses ambitions spatiales, comme pour rappeler que la conquête de l'espace fut un des grands thèmes d'opposition entre l'Est et l'Ouest pendant la guerre froide, sous-entendant ainsi qu'elle maîtrise l'atome. L'affaire Huawei fut un coup rude porté aux certitudes occidentales probablement surprises par la capacité chinoise à avoir autant et si vite progressé dans le domaine des nouvelles technologies. La Chine n'est plus ce pays qui fut longtemps réputé pour ses produits manufacturés et bon marché qui inondent le monde depuis si longtemps. Elle poursuit ces ventes de biens et services peu chers mais a su élever la qualité de ces mêmes biens et services dont les prix demeurent compétitifs par rapport à ceux de la concurrence internationale.

D'autre part, elle a porté son attention sur les hautes technologies pour lesquelles elle est désormais capable de rivaliser avec les meilleurs. Enfin, sa puissance économique constitue un atout majeur. A titre d'exemple, la Chine est le pays qui détient les plus grandes dettes américaines. Lorsque les Etats-Unis essayent de jouer en défaveur du yuan chinois, Pékin ne manifeste aucune once d'appréhension. C'est sans doute une facette déroutante que la Chine livre au monde entier : rien ne paraît la perturber. Elle a même montré une autre facette qui lui était moins connue : elle est capable de se montrer virulente voire menaçante dans sa communication officielle. Nous gardons en tête les accusations portées par les autorités dirigeantes de Pékin à l'encontre des Etats-Unis qui étaient accusés d'avoir introduit discrètement le coronavirus Covid-19 dans la région de Wuhan.

L'OMS défend jusqu'à présent la thèse qu'une fabrication de la Covid-19 en laboratoire demeure peu probable. Aux yeux de l'Occident, la position de l'OMS est ambiguë car son directeur général a été élu grâce au soutien de la Chine… ce qui laisserait entendre une certaine mansuétude de ce dernier à l'égard du pays qui l'a soutenu. La vérité est qu'il n'existe aucune certitude sur les origines de la Covid-19. Personne ne sait véritablement si l'origine est naturelle ou non, s'il s'agit d'une création laborantine destinée à contrarier le monde. Il est par ailleurs dangereux d'évoquer toute forme d'hypothèse qui s'apparenterait à une théorie du complot. Pourtant, l'idée d'une création ensuite délibérément diffusée dans le monde n'est pourtant pas à exclure. Les origines de la pandémie demeurent nébuleuses mais force est de constater que la Chine a su rebondir après avoir confiné les zones géographiques qu'elle jugea utile de couper du monde pendant un temps. Le monde occidental n'écarte pas l'hypothèse que la Chine ait pu mettre en place un plan machiavélique destiné à perturber son fonctionnement politique, économique et sociétal. Or l'Occident ne s'était pas préparé à subir une telle crise sanitaire qui a pourtant de quoi surprendre en raison des perturbations occasionnées tandis que la Covid-19 n'est pas le virus le plus mortel en soi. Le taux de létalité demeure relativement bas. Les décès sont plutôt rares par rapport au nombre de cas constatés.

Cependant, si le drame humain à l'échelle mondiale est conséquent, ce n'est probablement pas ce qui a le plus déstabilisé le monde occidental. Les privations de libertés et les affres économiques ont dérouté les décideurs publics ainsi que les populations civiles qui ne parviennent pas à comprendre que les conséquences soient aussi étendues pour une forme de virus à laquelle nous donnons l'impression d'accorder la dangerosité de la peste noire ou du virus Ebola. Toutes les perturbations occasionnées sont par conséquent mal comprises dès lors que le ressenti penche pour une exagération des conséquences subies par rapport à la « gravité » de la situation. Les décideurs publics paraissent parfois désemparés et indécis quant aux décisions à prendre. Ils laissent transparaître un manque d'assurance et des hésitations qui sont ressenties par les populations civiles. Le pire des maux est peut-être cette impression globale que la situation sanitaire n'est pas sous contrôle et que les pires conséquences économiques sont à venir. Par rapport à ce ressenti global que nous percevons en Occident, la Chine renvoie l'image d'avoir tourné la page, digéré cette crise sanitaire et économique, et d'avoir repris un cours normal des choses. Elle repart de l'avant là où les autres essayent de lutter contre un mal qui continue de sévir et causer des tourments aux décideurs publics qui ne parviennent pas à se décider à opter pour des décisions tranchantes que la Chine serait capable de valider pour des raisons culturelles et de mentalité.

Le voile de mystère demeure autour des origines de la pandémie tandis que dans le monde anglo-saxon, et plus particulièrement aux Etats-Unis, la thèse portant sur une intention délibérée de la Chine d'avoir créé ce coronavirus et de l'avoir diffusé dans le monde est de plus en plus considérée. Elle porte notamment sur l'idée que Pékin aurait mis au point une attaque contre le monde occidental que personne n'était préparé à affronter aussi subitement. Pour le coup, il est manifeste que l'Europe et le continent américain dans son ensemble n'étaient visiblement pas préparés à appréhender une telle crise sanitaire. Après un an de tumultes, force est de constater que de nombreux pays n'ont pas solutionné leur gestion de crise sanitaire malgré la commercialisation depuis quelques semaines de différents vaccins. Les cas de contamination continuent de fleurir en nombre, les services hospitaliers ne cessent de clamer les manques de moyens logistiques et humains pour permettre à chaque « nouveau malade Covid » de bénéficier des meilleurs soins… Quant aux décès imputés à cette forme de coronavirus, il existe des débats et surtout des dissensions entre les croyants et les non-croyants, c'est-à-dire ceux qui abondent dans le sens d'une véritable dangerosité de la Covid-19 et ceux au contraire qui ont tendance à considérer que des décès sont trop facilement imputés à cette catégorie de virus. En somme, lorsqu'il existe une incertitude sur les causes d'un décès, s'il s'avère que le patient a été infecté par la Covid-19, il est souvent dit que l'issue fatale est la résultante des complications de la Covid. Ainsi, le monde occidental est noyé par un flot incessant d'informations pour lesquelles il devient extrêmement difficile pour l'individu lambda de comprendre une logique et de trier ou sélectionner les bonnes informations, celles qui ont une valeur qualitative. Quant aux incertitudes observées dans les communications officielles, elles amplifient le sentiment global d'incompréhension des populations civiles qui ne savent plus si elles doivent considérer des mensonges d'Etat ou bien des incompétences des instances dirigeantes. Il est désormais visible que de nombreux Etats occidentaux sont confrontés à cette réalité d'incompréhension globale entre les décideurs publics et les administrés.

D'autre part, cet état général contribue à ce que les populations civiles acceptent de moins en moins les restrictions de libertés, notamment la possibilité de pouvoir bouger et voyager à sa guise. Là encore, les privations temporaires de libertés seraient sans doute mieux acceptées avec une bonne communication officielle et surtout une cohérence linéaire ou continue. Nous pouvons citer l'exemple français. En mars 2021, le Président Macron annonça la décision de fermer toutes les écoles du pays pendant trois semaines. A l'approche de la fin de la durée préalablement décidée, des rumeurs portant sur une réouverture des établissements scolaires est à l'étude… alors que le nombre des nouveaux cas de Covid continue d'augmenter et que les hôpitaux français continuent de marteler le message qu'ils sont débordés voire dépassés par la situation. En somme, quelle est la logique d'envisager une réouverture des écoles, bien qu'aucune décision ne soit actée, tandis qu'il n'y apparemment pas d'amélioration en matière sanitaire ?

Dans l'hypothèse où la Chine aurait intentionnellement laissé la Covid-19 s'exporter à l'international, il ressort une évidence : les privations de libertés en Occident ne seront pas acceptées comme elles peuvent l'être en Chine, malgré des mouvements de contestation, car l'autorité et l'intransigeance affichées par Pékin ont sans doute des effets sur les attitudes adoptées par chacun. Tout individu demeure libre de protester mais il sait alors qu'il s'expose à des sanctions. En somme, il existe en Chine une culture de l'ordre et de la discipline qui n'est pas appréhendée de la même façon en Occident. En France, de nombreuses incivilités sont constatées : bien que le port du masque soit obligatoire dans tous les espaces publics, tout le monde n'en porte pas tandis qu'il existe des amendes dissuasives devant sanctionner les contrevenants. Pourtant, malgré les communications fournies par le ministère de l'Intérieur qui semble indiquer que des verbalisations sont effectuées (ce qui est le cas), elles ne semblent pas dissuader les récalcitrants de persister dans la mesure où ils affirment ne pas craindre de rencontrer les forces de l'ordre… qu'ils ne voient vraisemblablement pas beaucoup. Il est ainsi reproché aux pouvoirs publics de ne pas suffisamment faire montre de fermeté pour obliger tout individu à porter un masque dans les lieux publics. A titre de comparaison, dans la Principauté de Monaco, le port du masque est obligatoire et cette disposition temporaire y est par ailleurs scrupuleusement respectée. De même, toujours en France, il est reproché aux décideurs publics de vouloir renforcer l'arsenal des dispositions limitant les libertés individuelles tandis qu'il est permis à chacun de circuler librement où bon lui semble dans un rayon de dix kilomètres autour de son domicile… En somme, chacun est libre de sortir à sa guise entre six heures du matin et dix-neuf heures en soirée tandis que le constat sanitaire est le suivant : la situation demeure très préoccupante. Les incompréhensions grandissent et les Etats occidentaux hésitent à vouloir se montrer trop stricts. Cela créé un déséquilibre qui, s'il devait être durable, risque de provoquer de graves troubles sociaux si d'aventure les libertés individuelles devaient être effectivement restreintes afin de lutter contre la propagation de la Covid-19. Le risque en serait d'autant plus accru.

Si la thèse d'une volonté délibérée de Pékin d'avoir créé la Covid-19 en laboratoire et de l'avoir ensuite diffusée dans le monde devait un jour être démontrée et prouvée de manière irrécusable, il faudrait alors prendre en considération ce fossé culturel qui existe entre l'Orient et l'Occident. Ce qui peut apparaître choquant dans le monde occidental est perçu différemment en Chine où la verticalité du processus décisionnel est plus rigide : celui qui décide ne doit pas être contesté. Celui qui désire manifester une désapprobation ou un mécontentement s'expose à des sanctions. C'est ainsi. Cela ne signifie pas pour autant que tout individu accepte les décisions sans avoir un avis et un ressenti qui n'abondent pas dans le sens directif. Cependant, le spectre de sanctions pousse une grande majorité d'individus à accepter sans protester. Ainsi, lorsque la Chine décida de confiner certaines régions pendant plusieurs semaines, les populations concernées se résolurent à accepter ces décisions sans exprimer de désapprobation. En Occident, nous avons longuement insisté sur le fait que les populations civiles acceptent de plus en plus mal les décisions des autorités dirigeantes qui manquent manifestement de cohérence et pour lesquelles la communication officielle est mal assurée. Le monde occidental souffre depuis plus d'un an de cette situation sanitaire qui n'est pas sous contrôle et qui pèse sur le moral des individus : les tendances dépressives augmentent en raison du télétravail, des décisions portant sur des confinements ciblés géographiquement mais qui sont mal comprises, des risques de perte d'emploi immédiate ou bien à venir...

A défaut d'avoir dressé une liste exhaustive des maux et du mal-être ambiant qui règne en Europe et en Amérique du Nord notamment, nous avons exposé des ressentis et des peurs qui, s'ils se prolongent dans la durée, augmentent de notre point de vue les risques d'inacceptation des décisions émanant des autorités politiques et administratives. Ainsi, si une nouvelle phase de reconfinement strict des populations devait être prononcée, il n'est pas à exclure un scénario de révolte, de fronde populaire qui s'exercerait dans la rue. Dans un pays comme la France qui a déjà souffert de longues crises sociales avant la survenance de la Covid-19, car rappelons que la gouvernance Macron eut à gérer une délicate réforme sur les retraites puis eut à composer avec les gilets jaunes, une nouvelle vague de confinement serait assurément mal perçue, les Français manifestant déjà des comportements d'insoumission afin de manifester leur mécontentement...

Cela pousse les autorités dirigeantes à prendre des décisions dont l'objectif est de ne pas être trop pénalisantes ou contraignantes afin qu'elles soient mieux acceptées. Toutefois, malgré ces précautions décisionnelles, le fait que la crise sanitaire ne soit pas sous contrôle, que les effets économiques négatifs rattrapent bon nombre d'administrés français et que les décisions officielles manquent parfois de clarté et de cohérence, tout contribue à un sentiment grandissant de vouloir s'opposer ou défier l'Etat. Ce qui vaut pour la France l'est également pour de nombreux autres systèmes occidentaux. Pareil cas de figure ne semble pas envisageable en Chine.

Tout le climat d'incertitude globale qui pèse autour de la Covid-19 laisse entrevoir une autre crainte : cette pandémie va assurément laisser une trace durable dans les esprits, comme une jurisprudence. Il y a un avant et un après-Covid. En Occident, il existe désormais la crainte que toute forme de virus suspect puisse entraîner tout le désordre occasionné par la Covid-19 : que les économies nationales en pâtissent, que les entreprises soient exposées à des limitations d'activité, que les populations civiles soient soumises à des privations temporaires mais à durée indéterminée de libertés, que les liens sociaux se délitent en raison des confinements, du télétravail ou autres décisions pouvant réduire les liens physiques ou de contacts entre individus, etc. Plus que l'économie, ce sont sans doute les effets ressentis par l'individu, le plus petit dénominateur commun des systèmes sociétaux, qui risquent de nuire au bon fonctionnement des institutions et de l'économie globale. Une fois de plus, si la thèse d'une création artificielle de la Covid-19 fut à l'origine de la crise sanitaire que nous connaissons avec une intention manifeste d'être diffusée devait être prouvée, force est de reconnaître que la Chine aurait sans doute frappé là où le monde occidental était le moins préparé, sans doute là où il était le plus vulnérable : l'atteinte prolongée et à durée indéterminée des libertés individuelles. Cette dernière ne sera effectivement pas indéfiniment acceptée par les populations civiles occidentales si elle n'est pas perçue comme étant fondamentalement justifiée. C'est ainsi que la gestion de crise des gouvernants occidentaux est terriblement difficile : ils comprennent la complexité de la situation et c'est probablement ce qui les motive à ne pas vouloir prendre de décisions trop contraignantes pour les individus. Cette stratégie visant à trouver le bon compromis entre gestion de crise sanitaire et ménagement des sensibilités individuelles risque de rencontrer ses limites en cas de prolongement indéterminé des privations temporaires de liberté.

Covid, environnement, énergie : et après ?
Juillet 2021

Le climat global est vraiment trouble. Une rapide revue de presse internationale fait apparaître des thématiques communes à de nombreux médias : les températures exceptionnellement élevées en Amérique du Nord, en Afrique du Nord ou dans le sud de l'Europe, les problématiques d'énergie, la crise sanitaire de la Covid-19 qui n'est toujours pas révolue malgré les campagnes de vaccination ou encore les craintes qui pèsent désormais sur l'économie mondiale et le secteur financier plus particulièrement. La crise sanitaire continue de soulever de nombreuses interrogations. Beaucoup de pays craignent une nouvelle vague de contamination. Certains appellent à une vaccination obligatoire de tous les individus. Un schisme est par ailleurs en train de se creuser entre les pro-vaccins et ceux qui le refusent. Cela va immanquablement générer des problèmes d'ordre juridique car beaucoup de décisions sont prises en vue d'inciter les récalcitrants à accepter de recevoir le vaccin. Pour les gouvernants politiques et économiques, la situation est également préoccupante pour l'économie. L'incertitude sanitaire fait à nouveau peser une épée de Damoclès sur de nombreuses entreprises qui craignent que de nouvelles mesures restrictives soient prononcées ou bien que de fâcheuses incidences proviennent d'une nouvelle flambée des cas de malades. Il nous revient en mémoire les affres occasionnées par la première vague Covid en 2020 et la forte baisse de la demande mondiale en hydrocarbures. Les prix d'échange du pétrole s'étaient alors effondrés face à la baisse de la demande chinoise puis celle du monde occidental. Bien que les principales références mondiales que sont les barils de Brent et WTI s'échangent autour de 75$ à la mi-juillet 2021, le secteur financier craint à nouveau une période de déstabilisation occasionnée par un ralentissement de l'activité économique globale. Plusieurs Etats ont déjà annoncé la fermeture de leurs frontières tandis que la période estivale, dans l'hémisphère nord, correspond aux mois les plus propices au tourisme et par conséquent à la réalisation d'un chiffre d'affaires crucial pour de nombreuses sociétés de service. D'autres conseillent à leurs ressortissants de ne plus fréquenter certaines destinations. Ainsi, la France a demandé aux vacanciers de ne plus se rendre en Espagne ou au Portugal jusqu'à nouvel ordre, pays où le nombre de cas Covid est en pleine explosion.

Les médias ne diffusent plus beaucoup de messages à portée positive ou optimiste. Les nouvelles sont plutôt peu réjouissantes. Parmi les effets indésirés de la recrudescence des cas de Covid dans le monde, l'industrie mondiale se retrouve désemparée face à des problèmes de pénurie en approvisionnements. [33] Cela se manifeste par exemple au travers d'un risque de pénurie de palettes de bois. [34] Les prix du bois ont effectivement augmenté tandis que les palettes demeurent demandées pour le transport des marchandises. En somme, la crise sanitaire provoque des effets domino qui sont constatés dans de nombreux secteurs d'activité, ce qui laisse craindre le pire pour les marchés financiers qui redoutent une altération de l'activité de nombreuses entreprises et des baisses de chiffres d'affaires et de résultats nets. A bien des égards, la situation est préoccupante. Elle l'est d'autant plus que de nouveaux messages de peur et teintés de menace apparaissent avec la perspective d'une campagne de vaccination rendue obligatoire pour tout le monde. Certains médecins, notamment spécialistes en infectiologie, n'hésitent plus à diffuser des messages selon lesquels les personnes n'ayant

---

[33] Valérie Collet, Emmanuel Egloff, « *L'industrie mondiale entravée par des pénuries hors norme* », www.lefigaro.fr, 11 juillet 2021
[34] « *Crise du Covid-19 : un risque de pénurie mondiale plane sur les palettes en bois* », www.lefigaro.fr, 10 avril 2021

pas satisfait à la campagne de vaccination verront leurs chances très accrues de se retrouver contaminées par le variant Delta qui prolifère en Europe occidentale. Le problème est qu'une telle politique de communication est risquée. Elle peut être efficace et inciter les individus non-vaccinés à accepter d'être vaccinés à leur tour. Elle peut au contraire renforcer le rejet par les antivaccins. N'oublions pas qu'en Europe occidentale, plusieurs pays traversent des tumultes politiques, économiques et sociaux.

Avant la crise sanitaire, la France est restée pendant près d'un an engluée dans la crise des gilets jaunes. En Europe, il y eut la crise politique du Brexit qui n'est définitivement pas révolue. La crise migratoire demeure un problème d'actualité et divise encore les Etats membres de l'Union européenne (UE). De nombreux autres exemples peuvent être exposés et tendent à montrer que le climat global en Europe n'est pas serein. Tous ces éléments sont assurément pris en considération par les analystes financiers qui redoutent un nouveau cycle négatif qui résulterait d'une crise sanitaire s'éternisant avec tout ce que cela entraîne : craintes sur le marché de l'emploi ou la santé économique des entreprises, peur de devoir à nouveau subir des privations de libertés ou de devoir se soumettre à des exigences de vaccins alors que les antivaccins sont encore nombreux, etc. L'ambiance générale est plutôt morose et tendue. Tout le monde se prépare à affronter une nouvelle vague de Covid avec le variant Delta. A l'heure où l'hémisphère nord connaît un été excessivement chaud, tout le monde redoute de devoir à nouveau limiter ses déplacements et de devoir se soumettre à des règles de vie contraignantes pour les libertés individuelles. Quant aux gouvernements, ils sont en quête permanente d'un équilibre qui associe ou oppose dans la balance les impératifs sanitaires et le ressenti global des populations.

Les températures incroyablement élevées relevées près de Vancouver au Canada ont à nouveau alimenté les débats sur le réchauffement climatique. Les latitudes canadiennes ne sont traditionnellement pas propices à des températures frôlant les 50°C. Certes, les météorologues parviennent à expliquer ce phénomène exceptionnel par le cumul de plusieurs conditions qui ont favorisé cette situation extraordinaire mais nous devons garder à l'esprit qu'un vaste sentiment de peur plane sur la Terre. Les communications de la communauté scientifique sur la lutte contre le changement climatique (le GIEC) sont toujours aussi alarmistes. Certains scientifiques défendent par ailleurs la thèse que le point de non-retour a déjà été atteint et que la Terre serait inexorablement condamnée à se réchauffer. Pour rappel, il existe un phénomène naturel de réchauffement climatique mais contrairement aux périodes préindustrielles, l'Homme est cette fois-ci en partie responsable en raison de ses activités qui contribuent à l'émission toujours plus grande de gaz à effet de serre. Il est intéressant de constater que de nombreux grands acteurs du secteur de l'énergie sont en train de se tourner vers d'autres sources d'énergie, notamment parmi les spécialistes des hydrocarbures. Beaucoup misent désormais sur les énergies renouvelables. Certains ont changé de nom. Le géant français Total est récemment devenu TotalEnergies. De nouvelles tendances sont en train de voir le jour. La finance verte est en train de s'imposer comme une nouvelle forme de norme vertueuse dans le paysage financier mondial et entraîne dans son sillage des évolutions dans l'environnement industriel. C'est ainsi que les géants mondiaux des hydrocarbures se préparent à « l'après-pétrole », bien que l'activité pétrolière ne disparaisse pas de sitôt de la consommation énergétique mondiale. Un vaste mouvement se met peu à peu en place et va dans le sens du discours ambiant tenu par les décideurs politiques et économiques internationaux qui semblent réceptifs aux alertes communiquées par la communauté scientifique.

Le secteur des hydrocarbures encore convalescent
C'est peu dire que d'évoquer une convalescence. Tout le monde se souvient de ce coup magistral porté à la santé économique des entreprises spécialisées dans les hydrocarbures lorsque les prix d'échange du pétrole atteignirent des abysses inégalées en 2020. La stupéfaction s'était emparée de ce secteur d'activité doublée par une ambiance de psychose : l'économie mondiale allait-elle s'en relever ? Lorsque les cours du WTI devinrent temporairement négatifs aux Etats-Unis, l'impensable avait été atteint. La baisse de la demande mondiale de pétrole liée à la crise Covid-19 avait fortement impacté les prix d'échange de l'or noir mais le coup de grâce fut porté par le Prince héritier saoudien lorsqu'au sortir d'une impasse de solution portant sur la production de pétrole au sein de l'alliance OPEP +, il opta alors pour un choix radical en se lançant dans une guerre féroce sur les prix de vente. L'effet immédiat fut l'effondrement des prix.

Cet épisode douloureux pour les entreprises de ce secteur d'activité ne doit pas occulter une autre réalité : bon nombre d'entre elles n'avaient pas encore pleinement récupéré des désagréments liés à la baisse des prix d'échange du pétrole en 2016 lorsque ces derniers étaient descendus en-deçà de 30$ pour le baril de Brent. Les entreprises privées furent impactées tout comme les entreprises publiques et les Etats producteurs qui furent alors sévèrement secoués par un tel scénario économique. Les incidences furent rapides : reports de projets, annulations d'autres projets ou encore plans sociaux à grande échelle. Il fallait impérativement trouver les moyens de limiter les dégâts économiques tout en prenant soin de continuer à satisfaire les actionnaires. Lorsque la crise sanitaire commença à impacter la demande mondiale en pétrole, le spectre d'une nouvelle baisse des prix s'était peu à peu transformé en une évidence. Quatre ans après la dernière baisse significative des prix, il allait falloir surmonter à nouveau une période délicate et au demeurant incertaine car nul ne savait combien de temps allait durer la crise sanitaire et le temps qu'elle continuerait d'affecter la demande globale en pétrole. Depuis lors, beaucoup connaissent des difficultés économiques et craignent la survenance d'un événement inattendu qui puisse à nouveau impacter les prix d'échange des matières premières. En somme, un sentiment s'est peu à peu imposé : le doute. Tout le monde craint un imprévu qui vienne tout perturber et fragiliser la santé économique des acteurs des hydrocarbures.

La crise Covid provoqua une incidence inattendue : le surplus de stock par rapport à la capacité réelle de stockage. C'est ce qui conduisit à ce scénario impensable dans lequel des détenteurs de stocks furent théoriquement confrontés à l'incongruité de devoir rémunérer les acquéreurs. Si cette situation fut éphémère, elle ne doit pas faire oublier pour autant les difficultés économiques durables rencontrées même par les plus imposants acteurs du pétrole et du gaz. Un secteur d'activité a par ailleurs de l'avenir : celui de la maintenance. Les majors privées ou les entreprises d'Etat hésitent désormais à se lancer dans de coûteux investissements infrastructurels. L'option privilégiée est désormais de se consacrer à la maintenance d'infrastructures, certaines étant considérées comme vétustes. Il est effectivement plus rentable pour les entreprises d'investir dans de la maintenance plutôt que d'envisager des investissements infrastructurels coûteux. C'est le signe manifeste d'une forme d'appréhension, d'une incertitude ambiante et d'une peur de devoir affronter une nouvelle phase de baisse des prix d'échange du pétrole qui serait à nouveau préjudiciable tant pour les entreprises que pour les Etats producteurs. L'épisode Covid a assurément amplifié l'état global de doute.

Une crise sanitaire durable ?

Cela fait désormais un an et demi que la crise sanitaire sévit dans le monde. Plus de quatre millions de décès seraient désormais officiellement imputés à la Covid. Un rebond économique était attendu. L'apparition ou plutôt la perspective d'une nouvelle vague de Covid est en train de rebattre les cartes. Les Etats craignent une gestion de crise durable, qu'elle soit sanitaire ou économique ; quant aux individus, ils appréhendent de nouvelles restrictions de mouvement en dépit des campagnes de vaccination qui ne font par ailleurs pas l'unanimité. Cela pose un problème car les pouvoirs publics de nombreux pays étudient la possibilité d'imposer une vaccination obligatoire pour tous… hypothèse approuvée par les uns et rejetée par les autres, considérant de plus que l'Etat d'Israël qui a été parmi les premiers à opérer une vaste campagne de vaccination doute désormais de l'efficacité des vaccins tandis que le pays se retrouve confronté à une nouvelle vague de contaminations à la Covid. La gestion de crise sanitaire est rendue d'autant plus difficile que la communication officielle promue par les autorités administratives et médicales compétentes ne rassure pas. L'impression globale ressentie est celle d'un fléau sanitaire mal maîtrisé, évolutif et pour lequel des doutes sont apparus quant à l'efficacité des vaccins commercialisés contre les nouveaux variants.

Il n'est nullement question dans cette réflexion de critiquer quiconque mais plutôt d'essayer de comprendre ce qui est en train de se jouer, d'être appréhendé et les décisions susceptibles d'être prises pour contrer l'existence d'un problème sanitaire répandu à grande échelle et qui continue de susciter des craintes à un niveau macroéconomique. Les Etats qui étaient parvenus à pratiquer une politique du « zéro cas » ont atteint leurs limites. Ainsi, la Nouvelle-Zélande et Taïwan ont à leur tour connu une vague de contaminations et de décès alors que leur gestion de crise sanitaire semblait parfaitement maîtrisée. Leur modèle de gestion de crise a malheureusement été mis en échec. D'autres Etats, bien plus nombreux, se sont orientés vers une gestion de crise qui fait appel à une « acceptation » de vivre avec la circulation de la Covid, tout en cherchant évidemment à réduire le nombre d'infections. La seule certitude porte sur l'apparition de nouveaux variants et le fait que la tendance qui voyait diminuer le nombre de nouveaux cas de contamination est en train de s'inverser avec toutes les incidences politiques, économiques et sociales que cela peut comporter. Des pays ont ainsi décidé de fermer à nouveau leurs frontières nationales ; d'autres recommandent à leurs ressortissants de ne voyager que pour des motifs impérieux. On essaye à nouveau de limiter les mouvements de personnes et de promouvoir voire de contraindre les populations à se faire vacciner. Il importe pour les Etats de contenir la Covid et de sortir au plus vite de cette crise sanitaire. Plus vite le problème Covid sera contenu et plus grandes seront les chances d'une relance économique. En définitive, la Covid a eu un impact néfaste sur l'économie mondiale et les Etats cherchent encore le bon compromis pour aboutir à une double efficacité : contenir la Covid tout en préservant leur santé économique.

Repenser le monde d'aujourd'hui et de demain

C'est une tendance actuelle. De nombreux promoteurs consacrent des efforts considérables en recherche et développement. L'objectif est de penser le monde du futur, celui qui se prédestine à une économie globale largement décarbonée. La lutte contre le réchauffement climatique est effectivement un des grands enjeux de l'humanité. Bien que cette thématique soit sur la table des décideurs publics internationaux depuis près de trois décennies, ce n'est que maintenant que des décisions sont prises dans le sens d'une nécessité d'action devant survenir au plus vite. Plusieurs secteurs d'activité sont ainsi pointés du doigt, stigmatisés comme étant polluants : l'énergie, l'automobile, les transports, l'industrie et autres réputés pour émettre des gaz à effet de serre. La communauté scientifique est le fer de lance demandant qu'un changement immédiat survienne pour sauver la planète. Les décideurs publics suivent et se sont déjà accordés sur une marche à suivre. Les entreprises se préparent à une transition énergétique. Celles désignées comme faisant partie des pollueurs se tournent désormais vers des énergies plus propres. C'est le cas des grandes multinationales des secteurs pétrolier et gazier. Le secteur automobile se penche davantage sur les véhicules hybrides et électriques. Les exemples peuvent être multipliés ; à défaut de mettre en avant une prise de conscience, c'est probablement une nouvelle réalité économique qui pousse les acteurs à s'engager dans une nouvelle voie qui ne soit pas uniquement à portée humaniste.

Il serait sans doute erroné de ne considérer ces changements ou évolutions qu'au travers d'un prisme uniquement animé par des visées économiques. Cela étant, il serait naïf de croire que tout cela est opéré dans une seule perspective de chercher à vivre dans un monde meilleur, de laisser une planète « vivable » aux générations futures. Il est devenu urgent d'agir et d'enrayer une mauvaise dynamique au risque d'accélérer ou de précipiter un scénario catastrophe déjà tant prédit par la communauté scientifique internationale. Il y a eu des avancées depuis la décennie 2010, notamment depuis la signature de l'Accord sur le climat de Paris de 2015. Dans la foulée, la Commission européenne notamment prit des dispositions normatives pour engager les Etats et les entreprises de l'UE vers une route où la lutte contre les émissions de gaz à effet de serre deviendrait effective et prioritaire. C'est ainsi que l'UE a promu une politique de transition énergétique à long terme et qu'elle mise sur de nouvelles énergies telles que l'hydrogène. C'est également dans cette perspective que l'UE compte conserver un poids diplomatique influent au sein de la communauté internationale en s'érigeant en pionnier voire modèle à suivre pour les autres acteurs publics ou privés internationaux.

Enfin, une autre grande tendance qui s'oriente dans la même logique semble s'imposer et confirmer cet entrain pour la transition énergétique : les critères ESG. Ces derniers demeurent encore flous aux yeux du plus grand nombre. Cependant, au travers des dimensions « environnement, social et gouvernance », un des grands enjeux de ces critères est précisément de défendre l'environnement, de veiller à ne pas le détériorer davantage. Le moyen de pression le plus évident passe désormais par la *finance verte*. Elle constitue un redoutable bouclier pour l'environnement car sa vision responsable est défendue par de grands acteurs financiers qui promeuvent une politique d'investissement fondée précisément sur la dimension responsable : celui qui pollue s'expose à ne pas être considéré par les financiers. Cette réalité économique est une nouveauté. Elle s'est progressivement immiscée puis imposée dans le paysage du business international. La proportion de fonds sous gestion et liés, directement ou indirectement aux critères ESG, ne cesse de croître. Le fait que le secteur financier soit désormais pleinement investi dans un esprit responsable laisse augurer que toute la mécanique mise en branle par la communauté scientifique, suivie par les décideurs publics et les actes juridiques allant dans le sens d'un souci de la préservation de la planète, a de fortes chances d'aboutir à l'imposition d'un nouveau modèle énergétique. Il est cependant illusoire d'imaginer une transition énergétique vers un modèle décarboné à court terme. Cela prendra au minimum plusieurs décennies mais il semble que le processus soit en marche.

La communauté internationale se prépare à de profondes évolutions. Les effets du réchauffement climatique ont des incidences directes pour lesquelles les conséquences sont inéluctables. L'espace habitable sur la planète se réduit au fur et à mesure que des terres sont « englouties » par les eaux. Les réfugiés climatiques se compteront par centaines de millions dans les décennies à venir. D'autre part, le phénomène démographique est à prendre en considération. Si la natalité mondiale a clairement chuté au cours des deux dernières décennies, l'espérance de vie continue d'augmenter. La population mondiale devrait donc continuer à croître. Certaines régions font l'objet de prévisions qui laissent entendre une forte croissance démographique. L'Afrique est sans conteste le continent où l'évolution démographique sera la plus forte à l'horizon 2050. Sa population continentale va vraisemblablement doubler. Cela signifie qu'il va s'opérer de profondes mutations, notamment au niveau de l'urbanisme. Quant à la croissance économique, bien qu'elle soit actuellement perturbée par la crise sanitaire liée à la Covid, elle devrait entraîner l'apparition de nouveaux biens et services. En somme, l'Afrique est actuellement en train de préparer le terrain pour la transition énergétique mais le défi est de taille. Certaines grandes agglomérations africaines vont assurément connaître une grande expansion géographique et démographique. Il faut donc repenser les transports, les services de voirie, la construction de nouveaux et nombreux quartiers, considérant que de nombreuses populations rurales souhaitent s'établir dans les villes. Les évolutions démographiques de certaines capitales notamment vont constituer une étape cruciale à laquelle il faudra apporter les bonnes solutions pour favoriser un accroissement démographique qui soit satisfait par les nouvelles politiques énergétiques.

La tâche est d'autant plus ardue que certaines villes vont vraisemblablement devenir des aires urbaines parmi les plus peuplées de la planète. Les mégapoles de Lagos au Nigeria ou Kinshasa en République Démocratique du Congo seront prochainement peuplées de plusieurs dizaines de millions de citadins. Cela signifie que ces villes vont par exemple connaître une forte hausse de leur activité industrielle. Cet exemple n'est pas anodin car d'autres systèmes économiques sont en train de penser la manière dont leurs industries se passeront au fur et à mesure des énergies carbonées. C'est le cas de la Chine qui cherche désormais à limiter l'activité des fermes de minage pour les cryptomonnaies. Elle considère effectivement que ces lieux consomment trop d'énergies polluantes.

A une échelle mondiale, la transition énergétique va devoir répondre à de nombreuses problématiques. En effet, les économies émergentes vont devoir appréhender l'apparition de nouveaux biens et services qui occasionneront une forte augmentation des besoins en énergie. Tout l'enjeu consiste donc à pouvoir satisfaire la demande croissante tout en s'assurant de recourir à des énergies qui soient moins polluantes que les ressources fossiles. Cela nécessitera des efforts économiques considérables. Au-delà du facteur économique, l'idée est surtout de pouvoir tendre vers une dynamique de décarbonation progressive de l'économie mondiale. Or c'est précisément sur ce point que portent les interrogations. Il est manifeste que toutes les régions du monde ne s'aventureront pas dans la quête à la décarbonation à la même vitesse pour de nombreuses raisons. Il importe toutefois que des régions « fer de lance » se montrent actives, exemplaires et qu'elles impulsent une dynamique globale. C'est ce que recherche actuellement l'UE. Quant aux critères ESG, il sera intéressant à l'avenir de voir comment ils seront susceptibles d'influencer les décisions publiques ou celles des entreprises privées. En l'occurrence, ils constituent à bien des égards une sorte d'épée de Damoclès pour de nombreux acteurs publics ou privés en recherche d'investissement et qui peuvent voir leur démarche freinée voire anéantie si les cercles financiers estiment qu'ils ne répondent pas aux exigences d'un investissement responsable. Les critères d'évaluation demeurent obscurs mais vont probablement s'affiner au fur et à mesure qu'ils deviendront toujours plus présents dans le paysages politique et économique mondial.

Et la Chine affiche ses ambitions

Ce changement est survenu pendant la présidence de Xi Jinping. Avant ce leader, la Chine avait connu depuis les années 1960 une croissance économique dynamique mais dans les années 1990, il n'était pas raisonnable d'imaginer que la croissance économique de ce géant démographique asiatique puisse être telle qu'elle irait jusqu'à s'imposer comme la principale puissance économique rivale des Etats-Unis. En 2021, le constat est clair : la Chine est non seulement le principal concurrent économique des Etats-Unis mais elle semble programmée pour devenir le numéro un mondial. Le rêve ultime de Xi Jinping est de parvenir à cet objectif pour la célébration du centième anniversaire de la fondation de la République Populaire en 2049. Il est très probable que l'objectif soit atteint plus tôt mais ce qui différencie la Chine des années Xi Jinping des autres anciens dirigeants nationaux est l'affichage des ambitions sans limites qui sont exprimées sans ambages. Pendant longtemps, la Chine avançait discrètement, ne se mêlait pas beaucoup de diplomatie alors qu'elle était un membre du

Conseil de sécurité permanent des Nations Unies. Discrétion et humilité pouvaient ainsi définir la Chine des années 1990 et 2000. Cette discrétion ne devait pas occulter des ambitions nourries ; tout ce qui est entrepris par Pékin fait partie d'une vision à long terme. Le développement économique du pays a été remarquable, continu et a surtout débouché sur cette toute puissance économique qui effraye désormais le monde occidental.

La Chine ne se cache plus. Sous la férule de Xi Jinping, elle a soigneusement planifié sa stratégie économique et politique à l'international. La Chine est sans concession. Lorsqu'elle arrive quelque part, elle propose à ses interlocuteurs des programmes clé en main. En revanche, celui qui n'est pas capable de rembourser ses dettes verra systématiquement la Chine lui proposer de nouvelles conditions de collaboration qui seront toujours avantageuses pour Pékin. La Chine est conquérante. L'incroyable projet de restauration des Routes de la Soie en est une parfaite illustration. Elle a débloqué près de mille milliards de dollars pour se lancer dans une immense entreprise infrastructurelle destinée à créer de nouvelles voies de communication routières, ferroviaires, portuaires et autres afin de se connecter au plus vite avec l'ensemble du continent asiatique, l'Europe centrale, orientale et occidentale ou encore l'Afrique de l'Est. Elle consacre des budgets croissants pour sa défense, communique volontiers sur ses grandes avancées technologiques, qu'elles soient spatiales, numériques ou autres appétit semble insatiable. Elle est extrêmement ambitieuse et se donne les moyens de sa politique.

Pékin a évidemment conscience d'être un acteur majeur du futur de l'économie mondiale mais aussi des grands enjeux pour la planète. La capitale chinoise se soucie depuis de nombreuses années de sa consommation d'énergie qui dépend encore fortement des ressources fossiles. Elle a compris ce qu'il lui en coûtait en termes de dépenses publiques pour la santé. Les grandes agglomérations chinoises ont pendant longtemps été désignées comme figurant parmi les villes les plus polluées du monde. Il est indiscutable que la Chine a entrepris une transition énergétique ambitieuse et caractérisée par des budgets colossaux pour sa mise en œuvre, de l'ordre de plusieurs centaines de milliards de dollars annuels. Il s'agit du pays qui investit le plus dans les énergies renouvelables. C'est celui qui investit également le plus dans le nucléaire. C'est également le pays qui a récemment fait parler de lui en se lançant dans une chasse aux sorcières ciblant les fermes de minage qui opèrent dans les cryptomonnaies. C'est le pays par lequel transite l'essentiel des échanges en cryptomonnaies. Le problème est que de nombreuses fermes fonctionnent grâce à une alimentation en pétrole ou en charbon, des ressources énergétiques très polluantes. Ce n'est vraisemblablement pas la seule raison ayant motivé la décision chinoise de s'attaquer aux fermes de minage. D'ailleurs, cette décision va sans doute impacter l'univers des cryptomonnaies… ou du moins, va pousser les mineurs chinois à pratiquer leur activité de minage dans d'autres juridictions plus clémentes à leur égard.

La Chine s'est assurément lancée dans une ambitieuse politique énergétique. Les moyens déployés sont considérables. Le poids économique de la Chine est tel qu'il fait peur à l'ensemble de la planète. Une partie de la dette américaine est par exemple détenue par la Chine. Elle investit partout. En Europe, elle profita de divergences au sein de l'UE pour rafler des infrastructures à forte valeur stratégique : le port du Pirée en Grèce, le port de Gênes en Italie ou encore l'aéroport de Toulouse en France. Au moment des faits, plusieurs Etats européens étaient alors englués dans une crise économique sévère. La Grèce fit l'objet de nombreux désaccords au sein de l'UE, notamment pour ce qui était du rééchelonnement de sa dette publique. La Chine profita des divergences ou dissensions au sein de l'UE pour proposer de racheter des infrastructures. Alexis Tsipras, le chef du gouvernement grec d'alors, envoya un message aux autres Etats membres de l'UE : si ces derniers ne réagissaient pas rapidement pour s'occuper du cas de la dette grecque, il n'hésiterait pas à se tourner vers la Chine ou la Russie.

La Chine est devenue est superpuissance politique et économique. L'affaire de l'apparition mystérieuse de la Covid en est une parfaite illustration. Personne ne parvient à lui faire avouer la vérité. Elle gère sa communication comme elle l'entend. Si la crise Covid était apparue dans les mêmes conditions mais dans un autre pays, la communauté internationale aurait sans doute eu beaucoup plus de chances de pouvoir faire pression sur le pays en question pour faire la lumière sur l'affaire. La Chine fait désormais figure d'exception : elle est tellement forte qu'elle est difficilement attaquable même si les apparences sont contre elle. Quant aux critères occidentaux tant défendus et qui sont reprochés à Pékin en matière de non-respect, la Chine ne partage évidemment pas la vision démocratique ou des droits de l'Homme. Elle agit en fonction de ses intérêts. C'est ainsi qu'elle a écarté les lanceurs d'alerte dérangeants dans l'affaire Covid. Elle contrôle les élans démocratiques à Hong Kong. Il est manifeste que pour l'ancienne colonie britannique, la cause est définitivement entendue : l'autonomie hongkongaise se réduit désormais à peau de chagrin. Quant à la lutte menée contre l'islamisation dans l'Ouest du pays, marquée par le sort des Ouïghours, une communauté essentiellement musulmane, le cas est encore plus édifiant : les Ouïghours dénoncent les mauvais traitements qui leur sont infligés en raison d'une crainte de Pékin d'assister à la montée en puissance d'un islamisme que la capitale nationale aurait du mal à contrôler mais en Afghanistan, les autorités chinoises n'hésitent pas à traiter avec les Talibans qui cherchent à reprendre le contrôle du pays.

Ce paradoxe apparent n'en est pas un ; il met en lumière la politique déployée par Xi Jinping. La dimension éthique importe peu dès lors que la Chine peut défendre des intérêts économiques. Elle est opportuniste. Il ne s'agit pas d'une critique mais d'un constat qui soulève ou plutôt rappelle le paradigme de Samuel Huntington relatif au choc des civilisations. Nous y sommes. La Chine joue sur cette différence culturelle pour faire valoir ses intérêts comme elle l'entend, peu importent les critiques extérieures. C'est ce qui montre surtout sa force qui ne cesse de croître. L'Occident se méfie d'elle, la critique la fustige parfois pour des faits ou événements qui font soudainement l'actualité du moment. La force de la Chine est de réagir sobrement, n'hésitant pas parfois à montrer les muscles lorsqu'elle estime qu'il est nécessaire de faire valoir du *hard power*. Sans exubérance, sa communication est maîtrisée. Quant aux récipiendaires des messages, ils comprennent généralement à quoi s'en tenir.

Conclusion

Le monde est à la croisée des chemins. Il lui faut trouver rapidement des solutions viables pour contenir dans un premier temps le changement climatique et ne pas l'aggraver. Ce défi est planétaire et doit évidemment coïncider avec l'engagement de tous, des Etats et des entreprises jusqu'à l'individu. Il appartient à chacun d'effectuer les efforts nécessaires pour s'engager dans une voie qui freine la détérioration environnementale et rapide de la planète. Le chemin à accomplir est long, incertain et nécessitera l'engagement actif de tous. Parallèlement, les relations internationales nous donnent de nouvelles raisons de nous inquiéter : quid de la rivalité qui tend à s'intensifier entre les Etats-Unis et la Chine ? Elle porte sur le *hard* et le *soft power* mais le géant asiatique fait montre d'une étonnante sérénité : quels que soient les obstacles, il poursuit sa marche en avant sans coup férir. Ce n'est pas la crise sanitaire de la Covid qui démentira cette affirmation. Il a sans doute subi des effets négatifs bien plus importants que ce qui est officiellement clamé mais Pékin s'efforce de communiquer dans le sens d'une gestion de crise qui a été surmontée sans trop de conséquences fâcheuses. Le meilleur exemple est le nombre de décès liés à la Covid qui est sans doute largement et volontairement sous-évalué par les autorités chinoises. Toutefois, en montrant qu'il y a aussi peu de victimes, Pékin communique de la manière suivante : l'édifice est touché mais pas coulé. De même, en annonçant un nombre de morts aussi faible comparé à celui de nombreux pays occidentaux, l'idée est de montrer que la Chine fait mieux que les autres, bien que de nombreux doutes subsistent en Occident sur la véracité des informations communiquées. En somme, c'est comme si le monde occidental avait reçu le message suivant : « nous avons été touchés comme vous tous mais regardez, nous avons bien mieux géré que vous cette difficulté. » Dont acte.

Le contexte géopolitique global est d'autant plus sensible qu'il mêle intérêts planétaires et luttes de pouvoir. Le combat contre le réchauffement climatique est le défi majeur de la communauté internationale. Il faut faire en sorte que l'augmentation des températures moyennes soit contenue. Le défi est d'autant plus grand qu'à ce jour, malgré les efforts déployés, les résultats observés ne sont pas probants. C'est la raison pour laquelle la communauté scientifique internationale rappelle régulièrement la nécessité d'une action immédiate, certains scientifiques craignant qu'il soit déjà trop tard. Cette crainte ne fait toutefois pas autorité. Une majorité de scientifiques estime qu'il est encore possible d'agir pour contenir l'augmentation des températures mais que cela reste conditionné à la mise en place d'une action immédiate et surtout efficace. C'est ainsi que de profondes mutations sont observées dans de nombreux secteurs d'activité qui cherchent désormais les solutions permettant de limiter les effets polluants. Il est incontestable qu'un mouvement global s'est mis en route, bien qu'il faille assurément devoir attendre plusieurs années avant de pouvoir observer des résultats concrets à l'échelle planétaire. La grande inconnue porte sur la concurrence grandissante que se livrent les Etats-Unis et la Chine. C'est sans doute ce qui a poussé le Président Biden à vouloir rapidement opérer un rapprochement avec ses alliés occidentaux. Ces derniers avaient effectivement pris leurs distances avec les Etats-Unis lors de la gouvernance Trump, ce qui avait par ailleurs quelque peu rapproché ces alliés traditionnels atlantiques de la Chine.

La « lune de miel » avec la Chine devait rencontrer des difficultés. L'affaire Huawei n'y a sans doute pas été étrangère. Tandis que les Etats-Unis de Donald Trump persistaient dans leur vision isolationniste, ce qui dynamisa sans doute la volonté européenne de dialoguer avec la Chine, les ambitions chinoises ont commencé à faire peur avec cette appétence affichée pour les investissements en Europe. De nombreuses entreprises sont ainsi passées sous pavillon chinois, ce qui fit apparaître de nombreuses critiques en Europe, notamment chez les leaders politiques qui dénonçaient un affaiblissement économique occidental et mettaient en garde contre la montée en puissance de la Chine. Le Président Biden a immédiatement souhaité renouer sur la base d'un dialogue pérenne avec ses alliés traditionnels, raison pour laquelle il nomma Antony Blinken au Département d'Etat.

La gouvernance Biden a rapidement « restauré » ce que Donald Trump avait changé par rapport à la gouvernance Obama, à commencer par la réintégration des Etats-Unis dans l'Accord sur le climat de Paris. Ce fut un signal fort adressé à l'ensemble de la communauté internationale. Pour la Chine, il fallait dès lors considérer ce nouveau rapprochement. Cela ne l'a pour autant pas empêchée de poursuivre ses ambitieux programmes… et de ne pas se laisser atteindre par les critiques pesant sur les origines de l'affaire Covid. Depuis plus d'un an et demi, le vocable Covid fait désormais partie des mots les plus répandus dans tous les réseaux médiatiques. La campagne de vaccination bat son plein dans de nombreux pays mais il subsiste toujours le mystère de l'origine véritable de l'épidémie tandis qu'en Occident, les doutes se font toujours plus persistants : cette forme de coronavirus ne serait-elle pas une invention de laboratoire ? La communication de Pékin à ce sujet a fait polémique. Il lui a été reproché notamment d'avoir tardé à diffuser l'information portant sur la propagation de l'épidémie et sa dangerosité. Il lui a également été reproché des disparitions suspectes de lanceurs d'alerte ou bien des procès contre des personnes ayant cherché à dénoncer la réalité sanitaire liée à la Covid dans la région de Wuhan. Pékin a écouté les critiques mais demeure impassible et stoïque. En revanche, la Chine est forte et a retrouvé son dynamisme économique tandis que beaucoup d'économies nationales continuent de pâtir de la réalité sanitaire et de ses conséquences économiques. Il est certain que des efforts collégiaux sont accomplis pour lutter contre des fléaux qui dépassent les simples intérêts nationaux. En revanche, la communauté internationale continuera d'être freinée dans son élan par des rivalités de pouvoir et la volonté de chercher à affaiblir l'adversité. Les hydrocarbures ont longtemps fait partie des éléments incontournables des grandes crises internationales. La volonté mondiale de décarboner l'économie va sans doute réduire leur pouvoir d'influence, surtout si la communauté internationale s'engage concrètement dans cette voie. D'autres moyens d'influencer les relations internationales vont fatalement apparaître... ou existent déjà.

Les grands défis de l'Afrique
Août 2021

Bien des maux sont imputés à la crise sanitaire Covid-19 dont les nouveaux variants ne cessent de prolonger l'état global d'anxiété qui règne sur la communauté internationale depuis la fin de l'année 2019. En un sens, la crise sanitaire a largement perturbé l'équilibre économique mondial puisqu'un fort ralentissement a été observé en 2020 et semble se poursuivre en 2021 (bien que moins prononcé) malgré des espoirs de reprise économique. Pourtant, nous aurions sans doute tort de voir dans la Covid-19 l'origine de tous les maux ambiants, y compris en Afrique. Ce continent sembla être épargné pendant un temps par cette pandémie mais souffre désormais d'une situation sanitaire préoccupante. La pandémie n'est en réalité qu'un problème de plus qui s'agrège à d'autres qui attendent le continent africain. Il est à souhaiter que la crise sanitaire puisse trouver un dénouement définitif au plus vite mais d'autres enjeux de taille seront amenés à constituer des problématiques qu'il faudra gérer dans le temps. L'Afrique concentre de nombreuses convoitises internationales. Le continent est riche en ressources naturelles et le potentiel de développement économique y est assurément le plus important dans le monde. Les défis sont nombreux et font partie de ce que nous pourrions qualifier de processus globaux : croissance démographique, expansion des aires urbaines, consommation énergétique, problématiques sanitaires diverses, transports, mobilité, etc. Le souci majeur demeure le climat global d'incertitude socio-politique qui règne en maître absolu sur le continent. Rares sont les Etats africains pouvant se targuer d'être des havres de paix politique et sociale.

Plusieurs tendances sont à considérer. A défaut de dresser une liste exhaustive de ces tendances, il convient plutôt d'en sélectionner quelques-unes pour comprendre le niveau de complexité qui attend le développement économique de certaines régions. La volonté ne suffit pas. Nous assistons depuis plusieurs années à une tendance générale des Etats à vouloir s'émanciper par rapport à leur ancienne puissance coloniale. Il y eut bien une période de décolonisation dans les années 1960 et 1970 qui vit la création de nouveaux Etats indépendants et souverains mais la réalité fut surtout marquée par les attaches politiques, économiques et commerciales que ces pays conservèrent a posteriori avec leur ancienne puissance coloniale. Les discours politiques sont toujours plus orientés vers une volonté de manifester une envie de se développer tout en s'affranchissant toujours plus des anciens superviseurs européens. Cela ne se fait pas sans heurts car la concurrence internationale y est rude… et sujette à être source de conflits. Cependant, il ne faut pas négliger l'entreprenariat local qui se développe. Il existe des exemples de belle réussite économique. Si ces succès économiques sont réels, le continent africain doit se préparer à affronter des évolutions ou des mutations pour lesquelles il lui faudra apporter des réponses durables. Sans cela, de nombreux systèmes étatiques s'exposent à s'engluer dans des crises locales ou régionales dont ils parviendront difficilement à s'extirper.

L'avenir se prépare dans le présent. Un exemple des difficultés qui attendent le continent demeure la longue « digestion » des Printemps arabes qui ne s'est toujours pas effectuée. Les pays qui ont connu ces mouvements dès 2011 ne sont pas pacifiés. Quant à la gouvernance politique, elle demeure accolée à des incertitudes. Les Printemps arabes n'ont pas apporté la paix durable. Ce constat est d'autant plus fort que de nombreux pays de la moitié nord du continent connaissent une agitation locale qui peut laisser craindre le pire. En l'espace de quelques semaines, le paysage géopolitique continental a considérablement évolué. L'Algérie règle ses comptes avec ses anciens dirigeants politiques et économiques. Le Tchad essaye de se remettre de la mort inattendue du Président Idriss Déby. La France a mis un terme à l'opération Barkhane dans le Sahel. Les exemples peuvent être multipliés. Le constat dominant porte sur un étrange paradoxe : plus le potentiel de développement économique et social est grand et plus les risques de déstabilisation socio-politique le sont tout autant. A cela, il existe des explications. Enfin, comme indiqué, l'Afrique fait l'objet d'une féroce concurrence étrangère. Un des grands terrains d'affrontement peut devenir la finance verte, tendance qui se confirme dans le paysage financier international, notamment pour tout ce qui relève de l'investissement dit responsable.

Un nouveau paradigme géopolitique

Le constat le plus surprenant en Afrique est la longévité de dirigeants politiques élus qui est comparable à ce qui se déroula en Asie centrale lorsque les « pères de l'indépendance nationale » devinrent les leaders incontestés pour une longue durée, souvent réélus avec d'impressionnantes majorités. Ce constat valut pour des dirigeants tels que Noursoultan Nazarbaïev au Kazakhstan, Saparmurat Niyazov au Turkménistan, Islam Karimov en Ouzbékistan ou encore Emomali Rahmon au Tadjikistan. En Afrique, après moultes rebondissements, plusieurs leaders parvinrent à imposer durablement leur autorité. Paul Biya au Cameroun, Idriss Déby au Tchad, Denis Sassou-Nguesso au Congo ou Teodoro Obiang en Guinée Equatoriale sont des exemples de dirigeants élus qui contrôlent leurs pays respectifs depuis plusieurs décennies. Des pays ont connu des changements de dirigeants au cours des dernières années écoulées mais les cas d'accaparation durable du pouvoir sont nombreux : ainsi, les familles Kadhafi en Libye, Mubarak en Egypte, Ben Ali en Tunisie, Bongo au Gabon, Mugabe au Zimbabwe ou encore Dos Santos en Angola ont confirmé cette tendance de clans puissants qui ont réussi à prendre le contrôle politique et économique d'un pays.

La vision occidentale de ces dirigeants est mitigée. Elle peut être perçue comme arrangeante à certains égards pour les anciennes puissances coloniales qui n'ont jamais cessé d'y défendre des intérêts économiques et stratégiques. Cependant, cette même vision conteste l'accaparation du pouvoir qui demeure un frein au développement démocratique des institutions et de l'émancipation sociétale. Le sentiment global est ainsi tiraillé entre la volonté de voir des Etats dirigés d'une main de fer par des leaders politiques qui pérennisent des alliances économiques ou bien le souhait de défendre l'idée d'une nécessité d'évolution politique et sociétale qui veillerait à réduire les inégalités qui peuvent troubler la sérénité socio-politique d'un pays. A cela, il convient de mentionner d'autres facteurs de risque de déstabilisation socio-politique : la pluriethnicité, les divergences confessionnelles ou encore la montée en puissance de la menace terroriste dans certaines régions.

Le fondamentalisme n'est pas une nouveauté mais il fut sévèrement combattu par les élites politiques désireuses de ne pas s'appuyer sur les influences religieuses. C'est ainsi que l'Egypte mène depuis plusieurs décennies une lutte engagée contre le pouvoir d'influence des Frères Musulmans. Dans les années 1990, l'Algérie connut un effroyable chapitre de son histoire nationale lorsque des volontés religieuses rigoristes furent prétextées pour justifier des actes terroristes qui choquèrent les esprits. Il apparut ultérieurement que la présentation de la réalité historique fut bien plus complexe et que ces événements effroyables furent probablement appuyés par les services de renseignement nationaux… ce qui favorisa l'arrivée au pouvoir de la famille Bouteflika à l'orée des années 2000 tandis que le Président Abdelaziz Bouteflika montra rapidement les signes d'une santé chétive. Cela ne l'empêcha pas de conserver le pouvoir jusqu'en 2019.

La montée en puissance d'Al-Qaïda, notamment faisant suite aux événements tragiques du 11 septembre 2001, donna une nouvelle impulsion à des groupes terroristes qui se réclamèrent aussitôt de cette mouvance. Al-Qaïda avait déjà perpétré des attentats antérieurs à ceux de 2001, mais l'image des avions s'écrasant dans le World Trade Center à New York agit comme un véritable détonateur pour des réseaux contestataires et enclins à exercer une pression au travers d'une menace terroriste : tout devenait possible sans pour autant mobiliser des moyens humains, économiques et / ou logistiques conséquents. En Afrique, dans les années 2000, des réseaux terroristes émergèrent et constituèrent une véritable menace pour l'équilibre socio-politique de plusieurs pays ou régions tels que les Shebabs en Somalie, AQMI au Sahel ou encore Boko Haram au Nigeria et dans la région du lac Tchad. La réalité terroriste est cependant beaucoup plus complexe. Un facteur a par exemple contribué à ce que ces organisations élargissent leur pouvoir d'influence : les Printemps arabes. Depuis 2011, plusieurs pays ont été confrontés à ces épisodes révolutionnaires qui augurèrent des espoirs au sein des populations civiles avec les renversements de dirigeants politiques tels que Mouammar Kadhafi en Libye, Hosni Mubarak en Egypte ou encore Zine el-Abidine Ben Ali en Tunisie. Une décennie plus tard, ces pays n'ont pas retrouvé de sérénité socio-politique durable. Quant aux mouvements religieux les plus intégristes, ils ont réussi à étendre leur influence au sein des sociétés libyenne, égyptienne et tunisienne.

La menace terroriste n'a jamais semblé être aussi pressante en Afrique. Des luttes armées sont menées. Il serait effectivement faux d'affirmer que ces réseaux agissent impunément et sans réaction des autorités régaliennes des Etats. Ces derniers cherchent à combattre ces réseaux et sont épaulés par des puissances étrangères qui leur apportent une aide logistique ainsi que des conseils interventionnels ou de gestion de crise. C'est dans cet esprit que fut déployée l'opération Barkhane, placée sous commandement français, dans une grande partie saharienne. La mission prit fin en 2021 bien que la menace terroriste demeure présente et persistante. Des massacres de populations civiles sont régulièrement perpétrés, signe que malgré les pertes subies, les organisations terroristes réussissent à semer la terreur et ainsi troubler la quiétude socio-politique.

Enfin, en avril 2021, la disparition mystérieuse du Président tchadien Idriss Déby a soulevé de nombreuses interrogations. Cette figure dirigeante historique est décédée lors d'une intervention armée menée contre des opposants arrivant de Libye. Bien que la succession politique ait rapidement été organisée à N'Djamena, il subsiste toutefois une incertitude : cette disparition inattendue ne risque-t-elle pas d'être un facteur de déstabilisation régionale ? En effet, le Tchad dispose de frontières terrestres avec la Libye, le Soudan, la République centrafricaine, le Cameroun, le Nigeria et le Niger. Une lecture géographique et géopolitique permet de comprendre que la transition politique au Tchad est d'autant plus cruciale que le pays est entouré de voisins qui peuvent à tout moment connaître une déstabilisation politique et sociale. Certains, à l'instar de la Libye ou du Soudan sont déjà englués dans des problématiques internes de longue durée. Or dans un environnement désertique aussi hostile, il est difficile pour les Etats de contrôler des zones aussi reculées et difficiles d'accès, faiblement peuplées et soumises à des températures difficilement supportables. Ces conditions favorisent les déplacements d'organisations terroristes qui ne rencontrent aucune difficulté à traverser des frontières et à agir dans des zones où les forces gouvernementales ne sont que trop peu présentes. Par trop peu présentes, il ne s'agit pas d'émettre une critique. Il faut considérer la superficie des pays concernés ainsi que les moyens humains et logistiques voués à assurer le maintien de l'ordre.

Ainsi, dans le cas tchadien, comment peut-on contrôler un territoire d'un million trois cent mille kilomètres carrés pour une densité de population qui excède à peine dix habitants par kilomètre carré ? De même, comment le pays peut-il contrôler plusieurs milliers de kilomètres de frontières dans un environnement essentiellement désertique ? Enfin, à l'exception de N'Djaména à l'ouest du pays, la capitale située à la frontière camerounaise est excentrée tandis que les autres grandes villes du pays excédant une population urbaine de cent mille citadins ne sont qu'au nombre de trois. En d'autres termes, une grande partie du territoire est désertique tandis qu'une majorité de la population nationale vit dans les zones rurales. Ainsi, ces quelques lignes tendent à montrer toute la complexité d'une action gouvernementale contre des organisations terroristes mobiles. Pourtant, le rôle du Tchad ne doit pas être négligé dans cette partie faiblement peuplée du Sahara : toute forme de désordre socio-politique peut avoir des incidences dans les pays alentours. Il s'agit malheureusement d'un constat immuable des relations internationales : si les frontières étatiques délimitent juridiquement un territoire national, les problèmes s'affranchissent volontiers de ces dernières et peuvent se répandre à grande vitesse telles des ondes concentriques survenant à la suite d'une secousse sismique. Considérant cela, la mort inattendue du Président Déby constitue potentiellement un facteur de déstabilisation socio-politique nationale mais également régionale si la succession politique ne parvient pas à asseoir une autorité digne de celle du chef d'Etat défunt qui dirigea son pays pendant trois décennies.

Le terrorisme comme frein économique

C'est un des grands paradoxes de l'Afrique : le continent dispose de richesses naturelles considérables mais peine à les exploiter pour contribuer au développement économique de nombreuses régions. Il existe pour cela plusieurs explications. Il est regrettable que les Etats cèdent aux sirènes étrangères pour accorder des permis ou licences d'exploitation qui leur rapportent si peu tandis que les exploitants dégagent des profits maximisés. Certains dirigeants étatiques préfèrent s'appuyer sur des partenaires étrangers qui leur permettront d'asseoir une emprise sur le pouvoir politique plutôt que de veiller à optimiser les revenus nationaux qui contribueraient à l'essor économique de leur pays si la richesse était redistribuée autrement. Des dirigeants n'ont pas hésité à ouvrir l'économie de leur pays à la concurrence internationale, notamment en vue de provoquer une émancipation de fait vis-à-vis de leur ancienne puissance coloniale ou plus généralement vis-à-vis du monde occidental. C'est ainsi que la Chine put facilement pénétrer le continent africain et obtenir des parts de marché grandissantes pour l'exploitation des ressources naturelles, la construction et autres domaines dans lesquels elle négocia et obtint des contrats avantageux. L'expérience chinoise a cependant déçu de nombreux décideurs locaux qui ne s'attendaient pas à ce Pékin envoie autant de travailleurs chinois qui ont ainsi accaparé des emplois qui auraient dû être accordés à des travailleurs locaux.

Parmi les freins au développement économique de l'Afrique, l'ouverture à la concurrence internationale a sans doute eu des effets indésirés. En revanche, l'accaparation du pouvoir par certaines élites ou familles a également eu un effet négatif sur l'essor économique de nombreux pays. Certains sont effectivement dirigés d'une main de fer depuis plusieurs décennies par une même élite qui a pu s'enrichir au détriment de l'intérêt général. Toutefois, il n'est nullement question de tenir des propos occidentaux classiques dénonçant le manque de transparence ou de démocratie. Les systèmes autoritaires abusent de certains « privilèges » mais il y a eu des cas de régimes autoritaires qui ont malgré tout permis le développement économique de systèmes étatiques malgré les abus évidents commis par les élites dirigeantes. La Libye fit pendant un temps partie des pays les plus riches du monde sous l'ère Kadhafi. Si la famille Kadhafi put s'enrichir, la population nationale bénéficia cependant de la redistribution des richesses nationales et lui permit d'acquérir un niveau et un confort de vie de premier plan. Il s'avéra plus tard que le modèle ne serait pas durable et que le niveau de vie de la population nationale baisserait au gré des sanctions internationales qui frappèrent le pays, notamment pour des raisons de terrorisme international.

Le terrorisme qui sévit dans plusieurs régions est un frein économique à plus d'un titre. Il empêche le développement économique et social car un régime de terreur est incompatible avec un état d'esprit serein permettant un bon fonctionnement global des institutions et de la vie économique. Le terrorisme tue, détruit des infrastructures, hante les esprits locaux et va également dissuader les investisseurs étrangers de miser dans des régions trop instables. De plus, dans des régions en grande partie désertiques, il est facile pour un groupuscule terroriste de nuire aux intérêts d'un Etat. De nombreuses zones ne sont pas surveillées pour éviter des attaques contre des populations civiles ou bien des infrastructures comme des pipelines. Bien que le terrorisme ne soit pas le frein principal au bon développement économique des pays qui le subissent, il cause cependant d'importants désagréments puisqu'il est un facteur de déstabilisation. Les populations civiles ne supportent plus d'être attaquées de la sorte et finissent par reprocher aux responsables étatiques de ne pas mener une lutte efficace contre le terrorisme. Malheureusement, en règle générale, les Etats semblent impuissants face à la menace terroriste. Ils ne disposent pas des moyens suffisants pour lutter efficacement, même avec le conseil ou la présence de forces étrangères. L'espace saharien s'étale sur plusieurs millions de kilomètres carrés. La surface à contrôler est immense tandis que les Etats sahéliens sont faiblement peuplés. Leur densité de population est parmi les plus faibles du continent. Ces conditions favorisent la présence d'organisations terroristes mobiles qui peuvent à leur guise semer un climat de terreur là où elles le souhaitent. Les grandes villes ne sont par ailleurs pas épargnées par des attaques. Tout cela contribue à un climat ambiant de déficit sécuritaire qui agit comme un frein tandis que le potentiel de développement économique est grand au regard des richesses naturelles ou des terres exploitables.

Anticiper d'autres menaces : la problématique des processus globaux

Août 2021, le Groupe d'Experts Intergouvernemental sur l'évolution du Climat (GIEC) publia un rapport dont la tonalité n'avait finalement rien de surprenant puisque confirmant celle des précédentes éditions : la détérioration environnementale continue de croître et le signal d'alarme est une nouvelle fois tiré pour attirer l'attention sur le fait de décarboner l'économie mondiale au plus vite. Ce rapport œuvre donc pour inciter les décideurs publics et privés à se tourner vers de nouvelles habitudes de consommation énergétique. Le groupement d'expert réunit des scientifiques provenant de divers horizons scientifiques et qui s'accordent sur leurs conclusions. Pour l'Afrique, le changement climatique doit être considéré avec d'autres problématiques. Il s'agit assurément du continent où les changements sociétaux seront les plus spectaculaires d'ici 2050. Bien que les projections démographiques soient difficiles à estimer à long terme, il semblerait qu'il s'agisse du continent qui connaîtra la plus forte évolution démographique dans les prochaines décennies. D'ici trente ans, certaines projections onusiennes misent sur un doublement de la population continentale. Cela signifie surtout qu'il faudra pouvoir créer des emplois, répondre à des problématiques sanitaires, adapter les aires urbaines à ces évolutions démographiques, etc. Tout cela nécessite de nombreux investissements tandis que l'accroissement de la population va sans doute induire de nouveaux besoins énergétiques.

L'énergie va constituer un des grands enjeux de l'avenir continental. De nombreux programmes sont déjà en cours de réalisation pour promouvoir les énergies renouvelables, assainir l'eau, etc. mais le grand enjeu consiste à pouvoir déployer des moyens à grande échelle. Des Etats sont en train de se tourner vers les programmes renouvelables mais les investissements consentis actuellement sont bien en-deçà de ce qui devrait être investi pour favoriser une transition énergétique plus rapide. Il ne s'agit pas d'une critique mais d'un constat. Les moyens sont limités et il est par conséquent capital de recourir à des investisseurs étrangers. Nonobstant, il existe déjà des initiatives qui cherchent à solutionner différents obstacles liés aux processus globaux. Il est question de promouvoir des *smart cities* dont le but est notamment d'optimiser la consommation d'énergie et de se désengager progressivement des ressources fossiles. La conception d'une *smart city* coûte cher, raison pour laquelle les investissements étrangers demeurent cruciaux. C'est ainsi que la finance verte a des chances de devenir rapidement une sorte de standard de fonctionnement en Afrique voire un moteur d'évolution politique et sociétale.

La satisfaction des besoins énergétiques d'un pays est essentielle pour son bon fonctionnement économique. En réalité, il est plus juste d'affirmer que la bonne santé économique d'un pays se voit au niveau de l'assouvissement de ses besoins énergétiques qui doivent continuer de croître. En Afrique, la tendance énergétique relève de l'ordre du scénario de l'explosion des besoins. C'est ainsi qu'il importe désormais de trouver les solutions qui permettront de pouvoir satisfaire à cette forte demande des besoins tout en ne recourant pas aux ressources fossiles. Les Nations Unies soulignent le fait que certains Etats tels que Djibouti, le Cap-Vert ou encore le Swaziland (qui se nomme désormais le royaume Eswatini) sont désormais tournés vers des solutions énergétiques durables et renouvelables. [35] Ces exemples sont porteurs d'espoirs. Les Nations Unies estiment que les énergies renouvelables pourraient représenter jusqu'à 67% de la production d'électricité subsaharienne d'ici 2030. [36] Il est à souhaiter que cette tendance soit effectivement durable. Cependant, les exemples cités portent sur des pays dont la population nationale n'excède pas quelques millions d'habitants. Les signaux seront beaucoup plus encourageants lorsque des pays dont la population nationale excède trente à quarante millions d'individus pourront vanter leur modèle énergétique national en voie de décarbonation.

---

[35] Raphaël Obonyo, « *Energies renouvelables : comment l'Afrique construit une voie énergétique différente* », www.un.org, 6 janvier 2021
[36] *Ibidem.*

D'après l'Agence Internationale de l'Energie, sept cent cinquante milliards de dollars seront investis en 2021 dans les énergies propres et l'efficacité énergétique dans le monde. [37] Cela induit deux conclusions : premièrement, la part d'investissement pour la transition énergétique au sein du mix énergétique global continue de croître. Elle se fait au détriment des ressources fossiles notamment. En ce sens, ce signe est encourageant. Deuxièmement, cette tendance positive ne doit pas occulter une autre réalité : les efforts consentis demeurent insuffisants par rapport aux objectifs climatiques définis par la communauté internationale lors des conférences sur le climat et celle de Paris de 2015 en premier lieu. Considérant les évolutions démographiques et les besoins énergétiques croissants qui attendent l'Afrique pour soutenir son dynamisme économique, la tendance la plus probable porte sur une forte croissance des investissements dans les programmes renouvelables et / ou propres. Il s'agira d'un marché continental qui connaîtra une forte expansion en raison des besoins énergétiques qui reposeront sur une forte croissance de la demande en énergie. De même, afin de réduire les coûts de production et d'optimiser le prix de revient, les Etats veilleront à produire leur énergie localement.

En 2017, l'Afrique était le continent qui recourait le plus aux énergies renouvelables dans sa consommation énergétique globale. Le taux d'énergies renouvelables était ainsi proche de 50% [38] et s'expliquait d'une part en raison de la faible consommation continentale de bois-énergie tandis que les besoins énergétiques étaient inférieurs à ceux des autres continents (exception faite pour l'Océanie). En d'autres termes, le grand défi africain consistera à poursuivre la promotion des énergies renouvelables et / ou

---

[37] *World Energy Investment 2021*, IEA, juin 2021, 64 pp.
[38] Datalab, « *Chiffres clés des énergies renouvelables* », édition 2020, juillet 2020, p.73

propres en son sein dès lors que sa demande en besoins énergétiques augmentera significativement. Cette problématique sera d'autant plus vraie que de nombreuses grandes agglomérations africaines sont destinées à voir leur population augmenter dans de grandes proportions tandis que les aires urbaines seront amenées à s'étendre. Cela soulève une autre problématique de taille : certaines grandes villes sont exposées à de grandes menaces en raison de leur topographie et des conséquences du réchauffement climatique. Que prévoient les décideurs publics ?

Des zones urbaines menacées

Le changement climatique entraîne assurément des conséquences désastreuses pour l'ensemble de la communauté internationale. La période estivale 2021 dans l'hémisphère nord rappelle que l'humanité est désormais confrontée à une réalité qui tend à s'imposer d'année en année : les épisodes caniculaires sont toujours plus fréquents et les températures relevées dans certaines régions sont absolument effrayantes. Il y eut cet épisode caniculaire canadien sidérant lorsque la région de Vancouver fut frappée par des températures proches de 50°C et qui étaient anormalement élevées pour cette zone géographique. En août 2021, l'Europe méridionale et l'Afrique du Nord connaissent des températures extrêmes relevées en Espagne, en Grèce, en Turquie, en Algérie ou en Tunisie. Les foyers d'incendies se multiplient tandis que le nombre de victimes ne cesse d'augmenter.

Le changement climatique contribue à l'expansion du phénomène de désertification qui menace plusieurs régions africaines mais une autre menace devient réalité et plane sur des zones urbaines densément peuplées. La montée du niveau des eaux dans les océans va impacter certaines zones côtières africaines. Il est souvent fait référence à un futur mouvement global de populations qui fait déjà l'objet d'une appellation spécifique, les réfugiés climatiques, ainsi qu'à des zones géographiques qui sont menacées d'immersion de manière imminente. Pourtant, cette conséquence du changement climatique va sans doute impacter plusieurs centaines de millions d'individus au cours du XXIème siècle. L'Afrique ne sera pas épargnée par ce phénomène. Avec la montée du niveau des océans, des grandes agglomérations situées sur les côtes et au niveau de la mer deviendront inhabitables dans les décennies à venir. Ce scénario pourrait concerner une ville telle que Lagos au Nigeria. Des estimations démographiques envisagent un doublement de la population de cette aire urbaine d'ici l'horizon 2050. Cependant, si la population de l'ancienne capitale nigériane devait atteindre près de cinquante millions de citadins, il existe déjà des préoccupations qui portent sur les risques d'inondations permanentes qui menacent la ville et ses habitants. Outre les problématiques d'envahissement par l'eau, un tel scénario induirait d'autres problèmes : mobilité urbaine, problématiques sanitaires accrues, etc. En l'occurrence, Lagos incarne le cas d'une ville peut-être condamnée à disparaître à terme mais pour laquelle il faudra avant tout trouver une porte de sortie pour ses vingt-quatre millions de citadins, ce qui en fait la ville la plus peuplée du continent. Or le cas de Lagos n'est pas isolé.

Plusieurs rapports tendent à montrer que l'Afrique est le continent le plus exposé aux conséquences du changement climatique. Comme dans de nombreuses parties du monde, l'essentiel de la population continentale se situe à proximité de régions côtières ou fluviales. De nombreuses capitales ou grandes agglomérations ont été érigées à proximité de zones maritimes. Toutes ces villes sont donc menacées. La menace est d'autant plus grande qu'en 2018, parmi les cent vingt villes dans le monde connaissant la plus forte croissance démographique, quatre-vingt-six étaient africaines. [39] Depuis lors, les grandes aires urbaines africaines continuent de s'étendre, des populations rurales continuent d'affluer vers les villes afin d'espérer y trouver une vie meilleure. Quant aux conditions climatiques, les rapports scientifiques continuent d'alerter les décideurs publics et privés sur la nécessité de trouver des moyens immédiats pour contrer le réchauffement climatique qui ne cesse de s'aggraver. Dans le cas de l'Afrique, le scénario catastrophe ne doit pas être sous-estimé. Combien de métropoles de plusieurs millions d'habitants sont donc concernées ? En cas de menace d'immersion de vastes zones habitées, il faut considérer qu'il y aura d'importants mouvements de populations à venir. Ces mouvements se répercuteront probablement de deux manières : l'immigration vers d'autres continents (l'Europe et l'Amérique du Nord seraient les destinations les plus prisées) et une immigration plus locale pour les individus qui ne pourront pas se déplacer sur de grandes distances. En d'autres termes, la menace d'immersion de terres habitées en Afrique va concerner plusieurs centaines de millions d'individus. Certains quitteront le continent, d'autres y resteront mais les mouvements de populations civiles vont assurément modifier et impacter la géopolitique continentale. Le problème est que de nombreuses régions sont déjà soumises à des problématiques d'ordre ethnique, confessionnel et autres, problèmes locaux voire régionaux qui n'ont en définitive jamais été résolus depuis la période de décolonisation et du découpage des frontières qui n'a jamais pris en considération ces facteurs de crises socio-politiques.

Dans le monde, des mégalopoles telles que New York (Etats-Unis), Bangkok (Thaïlande), Hô Chi Minh Ville (Vietnam), Dacca (Bangladesh), Calcutta (Inde),

---

[39] *« Réchauffement climatique : les deux tiers des villes africaines menacées »*, www.rfi.fr, 14 novembre 2018

Osaka (Japon) ou encore Rio de Janeiro (Brésil) [40] sont concernées par la montée des eaux et le risque élevé de futurs mouvements de populations. L'Indonésie a récemment pris une décision radicale avec la création d'une nouvelle capitale qui sera située sur l'île de Bornéo, Jakarta étant devenu trop exposée aux risques d'inondations, considérant que près de 40% de l'aire urbaine se situe en-dessous du niveau de la mer. Quant à l'Afrique, si le nom de Lagos a été évoqué ci-dessus, Kinshasa (République Démocratique du Congo), Alexandrie (Egypte), Abidjan (Côte d'Ivoire), Monrovia (Libéria), Le Cap (Afrique du Sud) ou encore Maputo (Mozambique) sont autant de cas de villes densément peuplées et exposées à la montée des eaux.

A l'instar de Lagos, Kinshasa est destinée à prochainement accueillir plus de vingt millions de citadins. Il va sans dire que si la communauté internationale ne parvient pas à contenir le réchauffement climatique au niveau des objectifs définis par la COP 21 de 2015, la montée du niveau des eaux océaniques s'accélèrera. Il est impératif de penser le futur dans une perspective de moyen terme car les villes menacées par le « syndrome Atlantide » sont nombreuses. Cela signifie surtout qu'il va falloir créer de nouvelles aires urbaines qui ne soient pas directement exposées à des risques d'immersion. Le coût global sera considérable et difficilement estimable. Le GIEC conseillait dans son rapport de 2014 d'investir massivement dans des infrastructures protectionnistes [41], ce qui est déjà notoirement le cas à New York. Cependant, ces infrastructures pourront-elles être déployées à grande échelle et résister à la force de la nature ? La seule certitude est que le coût véritable du changement climatique et de ses conséquences sera considérable. Quant à l'Afrique, les

---

[40] Paul Molga, « *Climat : les villes littorales face au syndrome de l'Atlantide* », www.lesechos.fr, 20 juin 2020
[41] *Ibidem.*

conséquences ne seront pas uniquement économiques. Une nouvelle géopolitique continentale est en train de se dessiner.

Vers un nouveau paradigme de gouvernance ?

Pour de multiples raisons, il deviendra essentiel pour le continent, dans sa globalité, de trouver les mécanismes de gouvernance qui lui permettront de lutter efficacement contre la menace terroriste, de mettre en place des systèmes politiques plus transparents et justes, de prendre les décisions qui n'auront que pour seul objectif l'intérêt général. Certains Etats sont en train d'opérer cette transition mais d'autres continuent de poursuivre une politique autoritaire où les dérives du pouvoir s'accompagnent d'abus en tous genres. Une transition politique nécessite souvent du temps. L'exemple des Printemps arabes le démontre. Une décennie après ce qui devait déboucher sur une nouvelle ère politique dans les pays concernés, il s'avère que les dirigeants déchus n'ont pas été remplacés par des personnalités politiques ayant réussi à engager leur pays dans une nouvelle voie politique moins autoritaire et / ou plus fédératrice. Au contraire, cela a laissé le champ libre à des factions politiques et / ou religieuses qui ont séduit une partie de la population soudainement libérée du joug de l'autorité.

Basiquement, la société idéale est celle où règnent la paix sociale, la justice et l'équité, une société où les dirigeants politiques rendent effectivement des comptes aux électeurs, une société où l'individu ne serait plus menacé d'arbitraire, où il pourrait penser et s'exprimer librement sans risquer de se retrouver privé de ses libertés individuelles. Il s'agit évidemment d'une présentation de la démocratie mais cette dernière doit intervenir si elle est l'expression d'un peuple. Pour autant, il existe encore de nombreuses entraves pour une transition politique transparente en raison de manipulations ou manœuvres récurrentes qui perturbent, par exemple, les campagnes électorales. Quant aux dirigeants élus, l'affaire n'est jamais simple lorsqu'il s'agit de défendre l'intérêt général et de donner satisfaction au plus grand nombre, notamment lorsque la culture ethnique se fait sentir dans un pays pluriethnique où la cohabitation sociale est complexe. En résumé, il n'existe pas de modèle de gouvernance idéal si ce n'est des modèles qui peuvent vanter de nouvelles habitudes plus « justes », donc moins inégalitaires. La satisfaction d'une société passe par une relation de confiance adressée aux décideurs nationaux mais elle passe également par des performances économiques et de gestion qui permettent aux administrés d'acquérir une meilleure qualité de vie.

Ces quelques lignes peuvent paraître démagogiques car la réalité politique est bien plus complexe. Il ne s'agit aucunement de défendre les systèmes de gouvernance qui favorisent les abus. Cependant, il est possible que les Etats soient amenés, par la force des choses, à devoir considérer de nouvelles formes de gouvernance sous peine de se retrouver écartés de perspectives de développement économique. A défaut d'évoquer une quelconque forme d'ingérence politique extérieure, c'est peut-être par l'intermédiaire du secteur financier international que l'Afrique va entreprendre des changements politiques d'importance en vue de ne pas hypothéquer ses chances d'attirer des investissements étrangers. L'argent demeure immuablement un moyen de pression de premier choix. Or les critères ESG se fondent sur une éthique générale qui se veut responsable. Cette responsabilité porte sur une vision globale qui ambitionne de freiner et réduire des maux sociaux et sociétaux qui nuisent à la qualité de vie de tout individu. La responsabilité induit une réflexion qui se veut juste et pragmatique. Celui qui continue de nuire à la qualité de vie de chacun sera verra sanctionné par un refus de financement des investisseurs s'ils estiment qu'il ne répond pas aux critères d'éligibilité. Cette finance responsable est en train de se mettre en place et va sans doute s'imposer dans le paysage économique et politique international. La finance responsable sera peut-être l'élément détonateur qui poussera des Etats à définitivement opter pour un nouveau modèle de gouvernance.

Pour autant, il convient de ne pas basculer dans un excès d'optimisme : dans tout système globalisé, il existe des acteurs qui trouveront les moyens de contourner les règles en vigueur et qui poursuivront une gouvernance déviante. En revanche, en fonction des « menaces » exercées par les acteurs financiers, des Etats auront sans doute la tentation de s'orienter vers une gouvernance plus adaptée aux exigences des financiers afin de s'accorder un maximum de chances d'être éligibles à des recherches d'investissement. Les grands défis de l'Afrique s'inscrivent pleinement dans l'esprit recherché par les promoteurs de la finance responsable. Il appartient à tout Etat de considérer la manière dont il appréhende son avenir proche, comment il planifie son développement économique et social.

Finance verte et critères ESG

L'investissement responsable est destiné à acquérir une influence grandissante à l'avenir. Il est promu et érigé comme un instrument devant favoriser et accélérer la transition énergétique. Il s'agit actuellement de l'instrument dont le pouvoir d'influence est le plus élevé pour inciter les acteurs publics et privés à atteindre les objectifs fixés pour lutter contre le changement climatique. La finance verte tend à s'imposer dans le paysage du business international et comporte une dimension éminemment politique. Bien qu'elle en soit toujours à ses balbutiements, il est manifeste que le détenteur du capital à investir est en position de force face à un acteur ayant besoin d'un financement. Or les critères ESG se veulent éthiques et responsables pour tout ce qui concerne l'environnement, le social et la gouvernance. En d'autres termes, la finance verte couvre de nombreux champs sectoriels qui ne revêtent pas uniquement une dimension professionnelle. En somme, celui qui ne tendra pas à favoriser des décisions allant dans le sens de ces critères s'exposera à ne pas obtenir les financements dont il a besoin. Cela induit qu'il faille en amont que les critères soient clairement définis et qu'ils disposent d'un cadre d'évaluation qui fasse autorité. Ce n'est pas encore le cas mais considérant l'importance acquise par la finance verte dans la finance internationale, il est très probable qu'elle se diffuse rapidement sur l'ensemble du continent africain.

De nombreuses interrogations subsistent. Comment s'appliquera la finance verte en Afrique ? Les Etats ou acteurs privés se verront-ils sanctionnés s'il est déterminé qu'ils ne respectent pas les critères ESG ? La dimension éthique est importante mais il existe de nombreux abus portant sur dc la corruption, des aliénations de libertés individuelles et autres problèmes qui doivent logiquement inciter les investisseurs à répondre défavorablement aux sollicitations d'investissement responsable. Jusqu'à présent, des fonds d'investissement américains ont déjà communiqué sur leur intention de ne pas investir dans des pays qu'ils estiment irrespectueux les critères ESG. La Russie fait partie des pays visés. Les banques russes sont précisément en train d'adapter leur politique d'entreprise pour s'engager sur un respect de ces critères. Le but recherché est de ne pas fermer les portes aux possibilités d'investissements en provenance de l'Occident. D'autre part, il s'agit également d'inciter les entreprises d'autres secteurs d'activité de s'engager dans une politique responsable et durable. Si la promotion des critères ESG n'est évidemment pas dénuée de caractère politique, beaucoup d'Etats sont régulièrement dénoncés pour des abus qui ne correspondent pas à l'esprit ESG.

La Banque Africaine de Développement s'est engagée à promouvoir les critères ESG. Dans sa communication officielle, elle expose la méthodologie de notation : *« Trois agences de notation ESG (Vigeo, Oekom, MSCI) évaluent périodiquement la Banque et attribuent une notation basée sur plusieurs critères sociaux, environnementaux et de gouvernance. Etant donné qu'aucun cadre commun n'existe pour les notations ESG, chaque agence a développé sa propre méthodologie, mais la plupart des agences utilisent la même base de normes internationales pour établir un critère de notation. La plupart des évaluations ne sont pas rendues publiques car elles sont uniquement accessibles aux investisseurs que les agences évaluent. »* [42] Le principal enseignement de cette communication porte sur le fait qu'une institution bancaire africaine promeut à son tour les critères ESG bien que la transparence de la méthodologie ne soit pas clairement établie. En revanche, il est indéniable qu'une dynamique est en train de se mettre en route à un niveau institutionnel, ce qui peut laisser augurer des adaptations mises en place au sein des Etats, notamment pour ce qui concerne le social et la gouvernance. En d'autres termes, les institutions bancaires devraient devenir des acteurs au pouvoir d'influence grandissant auprès des élites dirigeantes, les inciter à se conformer dans l'absolu aux exigences requises par les critères bien que cette nouvelle politique ne parvienne sans doute pas à annihiler toutes les formes d'abus existants.

---

[42] *« Introduction »*, www.afdb.org, site consulté le 12 août 2021

Conclusion

Il est toujours complexe d'analyser des problématiques multiples tandis que leur appréhension ne repose pas sur une science exacte mais sur des tendances qui peuvent soudainement évoluer d'une manière que personne n'avait imaginée. Il faut donc savoir faire montre de prudence et continuer à employer le conditionnel. Ce qui est sans doute moins conditionnel, c'est précisément le fait que l'Afrique est le continent qui connaîtra les plus grandes évolutions sociétales dans les prochaines décennies. Il s'agit effectivement du continent où la croissance démographique demeure la plus élevée au monde et cette tendance devrait se poursuivre pendant une bonne partie du XXIème siècle. Une bonne analyse fait souvent référence à du bons sens. La population continentale est amenée à croître dans d'importantes proportions. Il va nécessairement y avoir des conséquences attenantes en matière d'urbanisation, de besoins énergétiques et alimentaires, d'emploi, etc. Les problématiques sont nombreuses et les solutions ont des chances d'être rendues encore plus difficiles à mettre en place au gré d'autres problématiques qui contribuent à un climat politique, économique et social toujours plus incertain. La propagation de la menace terroriste n'est assurément pas une nouvelle réjouissante.

De même, la perspective d'immersion à venir de zones côtières densément peuplées va rebattre les cartes de la géopolitique continentale. Enfin, les sempiternelles problématiques de gouvernance politique constituent toujours un frein au développement économique et social de certains pays tandis que l'influence croissante de la finance verte dans le monde des affaires deviendra peut-être le pire ennemi des confiscations de pouvoir dans des pays où les élites dirigeantes sont en place depuis plusieurs décennies et ne manifestent pas l'envie d'une transition politique. Les dérives autoritaires peuvent effectivement devenir un obstacle pour des projets de développement économique et social. Dans sa vision éthique, l'investissement responsable ne doit pas être consenti dans des juridictions qui ne respectent pas les critères ESG. Pour autant, les décisions de refus seront-elles systématiquement intransigeantes dans un climat d'affaires extrêmement concurrentiel au sein duquel tous les acteurs ne s'y conformeront pas à la même vitesse ?

Les critères ESG font désormais l'objet d'une âpre bataille qui oppose le monde occidental mené par les Etats-Unis à la Chine. Pour la dimension gouvernementale, le géant asiatique effectue les efforts nécessaires pour parvenir à réduire la pollution qu'il génère et qui induit des problèmes de santé publique ainsi que des coûts exorbitants pour soigner les maux occasionnés. Le dernier exemple en date demeure la lutte acharnée menée contre les fermes de minage dans le secteur des cryptomonnaies qui se sont attirées les foudres de Pékin qui estime qu'elles recourent trop aux ressources fossiles pour leur alimentation. La décision fut radicale : malgré le fait que l'écrasante majorité des échanges mondiaux en cryptomonnaies s'effectue en Chine, cette dernière a exigé la fermeture de ces locaux polluants. La Chine a ainsi intérêt à entreprendre un nouveau virage énergétique, ce qui est par ailleurs déjà le cas depuis près de deux décennies puisqu'elle investit massivement pour réduire sa dépendance aux ressources fossiles. De même, cette orientation énergétique est motivée par la volonté de réduire sa dépendance aux importations, notamment celles de pétrole et de gaz naturel. L'engagement de la Chine dans un nouveau modèle énergétique est véritable. De même, les impératifs de performance économique sont étroitement liés à la consommation énergétique globale d'un pays. Les économies les plus puissantes du monde sont généralement celles qui consomment le plus d'énergie. Il leur appartient désormais d'effectuer la transition vers un autre modèle énergétique. Pour autant, si la capitale chinoise semble déterminée à s'engager dans une politique énergétique qui s'inscrit dans la logique de l'éthique défendue au sein des critères ESG, les grands acteurs de la finance occidentale semblent en revanche beaucoup plus sceptiques sur les dimensions sociale et gouvernance. En clair, des projets chinois ont de fortes chances de ne pas être considérés par des investisseurs occidentaux pour ces raisons d'investissement responsable. Cela ne semble pas émouvoir outre mesure la Chine qui a fermement l'intention d'avancer comme elle l'entend.

C'est une des grandes forces du géant asiatique : la finance verte ne va pas le forcer à changer ses plans. En d'autres termes, la capitale chinoise ne va pas opérer une révolution sociale ou de gouvernance au motif que les critères constituent une menace pour son modèle économique et sa montée en puissance sur l'échiquier politique international. La Chine assume ses choix et n'a aucunement l'intention de changer sa manière de faire en raison d'une pression occidentale exercée au travers de la finance verte. Cela signifie que pour certains régimes politiques africains, si la finance verte devait devenir un obstacle majeur pour l'obtention de financements étrangers, les refus opposés par des acteurs enclins à défendre la vision éthique de l'investissement responsable pourraient être compensés par des investisseurs chinois. C'est une possibilité. La Chine ne va effectivement pas se laisser intimider par des fonds d'investissement occidentaux qui lui refuseraient des plans de financement au travers de motivations portant sur une incompatibilité relative à la pratique chinoise des critères sociaux et de gouvernance. Si l'économie chinoise parvient, dans la durée, à s'affranchir de besoins de financement étranger, il faut s'attendre à ce qu'elle poursuive la politique qui est sienne en matière de social et de gouvernance. En l'occurrence cela constituerait alors le meilleur allié des régimes autoritaires africains qui verraient en la Chine le partenaire idéal qui ne conditionnerait pas ses financements aux critères ESG. Il ne s'agit là que d'hypothèses mais elles demeurent des tendances probables dès lors que l'Afrique va continuer d'être un terrain d'affrontement pour les principales puissances économiques mondiales.

Cela étant, il convient de ne pas sous-estimer l'envie de nombreux Etats qui souhaitent s'émanciper de toute forme d'influence étrangère. C'est notamment le cas des pays qui ont milité et obtenu d'abandonner le franc CFA pour le remplacer par l'Eco destiné à devenir la monnaie unique au sein de la CEDEAO (Communauté Economique des Etats de l'Afrique de l'Ouest). Cette décision survient alors que les pays concernés cherchent à diversifier leurs partenariats stratégiques en vue de ne pas se retrouver trop dépendants d'une puissance étrangère, l'ancienne puissance coloniale en particulier. Bien que les affaires chinoises en Afrique aient déçu bon nombre d'acteurs institutionnels et économiques locaux, la Chine demeure active et parvient à défendre ses intérêts stratégiques en proposant des conditions financières plus avantageuses que celles de la concurrence. Le cas échéant, les régimes autoritaires pourraient ainsi être tentés de traiter avec la Chine qui n'objectera aucune réticence de financement au motif des critères ESG plutôt que de chercher à collaborer avec des acteurs défenseurs de l'investissement responsable.

Les critères ESG seront peut-être au cœur de la future géopolitique de l'Afrique. Ils détermineront peut-être les alliances que les Etats établiront avec le monde occidental (ou du moins des acteurs engagés dans l'esprit de l'investissement responsable) ou la Chine en fonction de leur volonté de se conformer ou non à ces critères si chers à la finance verte. Bien que les grandes institutions africaines soient en train d'opérer la transition pour s'adapter à ces critères, il n'est pas certain que les Etats s'engagent dans cette voie, notamment au sein des régimes autoritaires où les élites dirigeantes tenteront coûte que coûte de conserver le contrôle politique et économique de leur pays. En revanche, quel que soit le régime politique considéré, une grande majorité d'Etats africains va devoir appréhender les problématiques sécuritaires et certaines conséquences climatiques. Le risque d'immersion d'aires urbaines densément peuplées ne relève pas de la probabilité mais de la certitude. Il existe deux options principales : la première consiste à s'équiper de digues permettant de repousser dans le temps les effets néfastes de la montée du niveau des océans. La deuxième, plus contraignante, porte sur la délocalisation des populations vers des zones moins exposées au risque d'inondation. Une telle perspective serait bien plus coûteuse que l'érection de systèmes de digues.

Dans tous les cas de figure, quel que soit le grand défi considéré, l'Afrique connaîtra de fortes perturbations géopolitiques. Il est plus adéquat d'évoquer des perturbations plutôt que des évolutions géopolitiques car les grands défis continentaux vont générer des désordres et des troubles. Il est ainsi aisé d'annoncer qu'il faut les anticiper. Certains sont du ressort des Etats mais d'autres subissent des influences extérieures. La concurrence internationale pour l'accès à certaines ressources naturelles aura un impact certain sur l'évolution socio-politique de pays au sein desquels les élites dirigeantes chercheront à maintenir leur assise dominante ou a contrario des régimes qui chercheront à évoluer vers une transition politique. De même, la finance verte va probablement avoir des incidences dès lors que les critères ESG seront brandis pour favoriser ou bien limiter des investissements responsables.

Parmi les grands défis environnementaux, bien que le continent soit clairement en train de se tourner vers les énergies renouvelables, il demeure la question des modèles économiques nationaux qui reposent en grande partie sur l'exploitation et la vente d'hydrocarbures. Cette problématique est d'autant plus sensible que des Etats producteurs rencontrent des difficultés économiques persistantes en raison de leur trop forte dépendance à ce secteur d'activité par ailleurs très rentable lorsque les prix d'échange des matières premières sont élevés. D'autres Etats misent sur l'exploitation à venir de gisements prometteurs pour espérer favoriser leur croissance économique. Ces perspectives sont en contradiction avec une économie mondiale que les décideurs publics entendent décarboner progressivement. Cela étant, l'investissement responsable n'est pas incompatible avec un projet de financement dans le secteur pétrolier ou gazier. Il est certain que la transition énergétique prendra du temps et que les hydrocarbures ne disparaîtront pas subitement du paysage énergétique mondial. En revanche, les acteurs qui défendent l'investissement responsable bataillent pour que les entreprises du pétrole et du gaz prennent les dispositions nécessaires pour être moins polluantes et moins impactantes pour l'environnement.

L'Afrique va donc connaître de grandes évolutions dans les prochaines décennies qu'il lui faudra bien appréhender, qu'elles soient internes ou bien originaires de l'extérieur. Le potentiel de développement est immense et n'est pas uniquement lié à l'abondance des ressources naturelles continentales. En revanche, l'Afrique demeure exposée à des dangers qui peuvent freiner des projets de développement voire les anéantir. Le terrorisme en fait partie. Pourtant, le potentiel de développement est là : de nombreuses entreprises africaines percent sur les marchés internationaux et se montrent performantes. Il y a de l'entreprenariat, des initiatives qui tendent à montrer qu'une dynamique durable est en marche mais cette dernière se voit toujours opposer les sempiternels maux qui ne permettent pas au continent de connaître une spectaculaire montée en puissance économique. La corruption et autres fléaux récurrents constituent des freins mais nous préférons voire l'Afrique sous l'angle des avancées, et il y en a. Face aux défis qui attendent le continent, nous promouvons un discours encourageant et bienveillant bien que nous nous efforcions de vouloir conserver une vision réaliste de l'appréhension et de la gestion des processus globaux. Il existe de nombreuses raisons de douter d'un essor économique fulgurant pour les raisons non exhaustives exposées dans cette réflexion mais une chose demeure certaine : si les décideurs publics ne s'engagent pas dans des politiques publiques tendant vers la résorption des freins chroniques rencontrés sur le continent, l'optimisme s'effacera rapidement. Or d'ici trente ans, la population continentale aura vraisemblablement doublé.

COP 26 : des sanglots à Glasgow
Novembre 2021

L'édition 26 de la conférence sur le climat placée sous l'égide des Nations Unies s'est achevée sur une note inattendue : celle de son Président Alok Sharma et de ses larmes au moment d'annoncer qu'un accord collectif venait d'être validé par les participants mais qu'il était différent des accords escomptés initialement. Alok Sharma a regretté que des pays consommateurs de charbon notamment ne s'engagent pas plus rapidement à écarter de leur mix énergétique national cette ressource fossile dont la production et la consommation intensive provoquent des effets négatifs sur l'environnement. En première ligne, l'Inde et la Chine ont fait valoir leur position qui repose sur l'impossibilité immédiate de se désengager du charbon en raison des besoins énergétiques impressionnants qu'il leur faut assouvir. La déception d'Alok Sharma se heurte à une réalité beaucoup plus pragmatique. La déception est compréhensible mais pouvait-il en être autrement ? Les conclusions de cette conférence étaient malheureusement prévisibles sans que pour autant elles ne soient pas porteuses d'espoirs. Il aurait été surprenant que la communauté internationale s'engage sur un texte global et résolument offensif en vue d'opérer une décarbonation rapide de l'économie mondiale. Un tel choix aurait nécessairement apporté son lot de déceptions lors des prochaines années car si la volonté de réduire le poids des ressources carbonées dans le mix énergétique mondial est cohérente, c'est la vitesse d'exécution qui pose un problème. Décarboner l'économie mondiale, oui, mais à quelles conditions ? Et surtout, par quoi remplacer ce qui compose encore l'essentiel de la consommation énergétique mondiale ? Il convient de se montrer pragmatique et de comprendre que le poids des ressources fossiles est tel qu'une transition énergétique ne peut s'opérer efficacement à court terme. Cette hypothèse ne peut être considérée comme réaliste. Alok Sharma s'est ému de la volonté chinoise et indienne de négocier un accord de dernière minute prévoyant des objectifs moins ambitieux que ce qui était souhaité. Malheureusement, cette conclusion était prévisible !

Certes, les deux géants démographiques connaissent d'importants problèmes de pollution qui impactent la santé publique. Ils sont préoccupés par les problématiques de consommation d'énergie. D'ailleurs, ils font partie des principaux investisseurs planétaires en matière de transition énergétique. Tous deux cherchent à réduire leur dépendance aux ressources fossiles et déploient des moyens considérables pour piloter de nouvelles orientations énergétiques, essentiellement axées sur les énergies renouvelables et le secteur nucléaire. Considérant les besoins énergétiques colossaux de ces deux acteurs étatiques faisant face à des besoins énergétiques croissants, ils n'ont actuellement pas d'autre choix que de continuer à consommer massivement des ressources fossiles et notamment le charbon. Il ne faut pas y voir une mauvaise volonté de leur part ou une envie cachée de nuire à ce front international vantant la décarbonation de l'économie mondiale ; il faut y voir un constat réaliste que l'économie mondiale n'est pas encore prête à opérer une transition énergétique efficace ou du moins à court terme, car la réalité énergétique est celle d'une communauté internationale qui dépend encore grandement des ressources fossiles. Il faudra du temps pour que ces dernières ne fassent plus l'objet d'une dépendance et qu'elles tendent à se raréfier dans le mix énergétique mondial. C'est précisément pour cette raison que la COP 26 ne pouvait qu'aboutir à un résultat décevant mais terriblement réaliste. Entre la nécessité d'agir au plus vite contre le changement climatique et les solutions permettant d'opérer une transition énergétique durable et menant sur les sentiers de la décarbonation de l'économie mondiale, il existe un fossé béant. Et pourtant, il y a urgence à agir ! Faut-il donc y voir une imprévoyance, de la négligence ou l'irresponsabilité de la communauté internationale d'avoir toléré une surconsommation de ressources naturelles nuisibles à grande échelle à la nature et possiblement irréparables et irréversibles ? La question mérite d'être soulevée mais une chose est certaine : en cinquante ans, l'humanité n'a jamais été confrontée à une telle intensification de l'assouvissement des besoins humains. En quelques décennies, l'humanité a produit et consommé davantage que tout ce qui fut extrait et consommé à l'ère préindustrielle. Aujourd'hui, l'heure est grave. La communauté scientifique (le GIEC) évoque des dommages conséquents sur l'environnement et un réchauffement climatique en grande partie induit par l'activité humaine. Revenons donc sur les mots soulevés dans la question et qui font référence à une éventuelle imprévoyance, négligence ou irresponsabilité.

D'année en année, de rapport en rapport, les conclusions du GIEC se veulent toujours plus négatives voire pessimistes quant aux objectifs fixés consistant à contenir dans un premier temps le changement climatique avant de s'engager dans des habitudes de consommation qui ne soient plus aussi nuisibles pour l'environnement. Il convient d'être prudent avec les mots utilisés : le mot d'ordre général est celui d'une inquiétude grandissante exprimée par la communauté scientifique mondiale tandis que les recommandations du GIEC se heurtent à des contradicteurs qui réfutent la thèse du changement climatique ainsi que celle du réchauffement climatique. Pour les scientifiques, il apparaît comme une évidence que les hausses globales des températures sur Terre sont liées aux augmentations d'émissions de gaz à effet de serre, entre autres, constatées depuis plusieurs décennies. Ces scientifiques ne nient pas le fait qu'une partie du réchauffement climatique provienne d'un processus naturel mais ils s'accordent également à dénoncer une part de responsabilité humaine. Plus nous consommons de ressources naturelles et plus nous contribuons activement au changement climatique. Cette contribution serait telle que le monde scientifique exhorte les décideurs publics et les industriels à se tourner au plus vite vers de nouvelles habitudes comportementales et de consommation sous peine d'exposer l'humanité à un destin funeste. La situation est donc grave et de l'avis de certains, elle serait désormais irréversible : le réchauffement climatique ne pourrait plus être contenu et il faudrait accepter l'idée que la Terre connaisse des hausses de températures moyennes qui impacteront nécessairement les écosystèmes et la qualité de vie des générations futures.

Depuis deux siècles et la Révolution industrielle, l'humanité a connu une accélération régulière du progrès technologique et industriel tout au long du XIXème siècle avant de connaître des progressions fulgurantes pendant la deuxième moitié du XXème siècle. Par régularité et fulgurance, il faut comprendre que les changements d'habitudes ont été significatifs. Le progrès industriel et technologique a été accompagné d'une quête incessante et grandissante aux ressources naturelles. En peu de temps, les volumes extraits et consommés dans le monde surpassaient ceux des siècles précédents à l'échelle planétaire. Le progrès a entraîné la création de nouveaux besoins et services pour lesquels la consommation de ressources naturelles et d'énergie n'a cessé de croître. A cela, il convient d'ajouter la forte évolution démographique et les impératifs de compétitivité économique qui incombent aux Etats. Depuis la fin de la Seconde Guerre mondiale, tous ces phénomènes ont connu une accélération ascensionnelle et nécessité de recourir toujours plus à l'exploitation des ressources naturelles. C'est ainsi que les ressources fossiles ont subi un véritable assaut et que le pétrole est devenu la ressource naturelle la plus convoitée de la planète, celle dont la « santé » globale inspire tant de joies et de peines au sein des sphères politiques, industrielles et financières. Le pétrole est devenu une ressource naturelle incontournable. Certains ont connu la fortune grâce à l'or noir. Malheureusement, le cocktail associant progrès technologique, forte croissance des besoins et services à assouvir, croissance démographique et impératifs de performance économique ont tôt fait d'induire des volumes de production et de consommation de ressources polluantes toujours plus croissants. Le monde s'est appuyé pendant de nombreuses décennies sur un modèle énergétique au demeurant satisfaisant et profitable pour des entreprises ou des Etats. Cependant, plus les niveaux de besoins augmentent et plus l'environnement commença à en pâtir. Dès les années 1980, des scientifiques s'inquiétèrent de l'impact sur l'environnement d'une forte consommation des ressources fossiles. Le débat n'est donc pas récent. D'ailleurs, le GIEC fut créé en 1988. En revanche, plus le monde scientifique a mis en garde contre les dangers générés sur l'environnement et plus la communauté internationale s'est ruée sur une consommation frénétique des ressources naturelles qui avaient alors été identifiées comme potentiellement dangereuses notamment en matière d'évolution climatique.

L'appât du gain, la facilité et sans doute d'autres motivations animées par des convoitises ou des sentiments matérialistes ont conduit à l'établissement d'un modèle de fonctionnement sur lequel les ressources fossiles ont eu la part belle pendant plusieurs décennies et plus particulièrement depuis les années 1970, décennie durant laquelle l'Organisation des Pays Exportateurs de Pétrole (OPEP) atteignit l'apogée de son pouvoir d'influence au sein des relations internationales. Il ne faut aucunement y voir une accusation déguisée du cartel d'avoir nui à la détérioration de l'environnement : ces pays producteurs et exportateurs s'étaient précisément réunis et associés alors que le monde vivait sous le joug de la guerre froide et qu'il connaissait un grand mouvement de décolonisation. Ces derniers souhaitaient effectivement (et légitimement) pouvoir tirer profit de leurs ressources naturelles et s'affranchir de toute forme de pression étrangère. C'est également au cours des années 1970 que la demande mondiale en pétrole connut une forte demande qui ne cessa d'ailleurs d'aller crescendo jusque dans les années 2010. 1973 et 1979 furent deux années critiques puisqu'elles connurent deux chocs pétroliers qui firent prendre conscience au monde ô combien les univers politiques et économiques internationaux s'étaient rendus dépendants de l'or noir. Le pétrole a contribué à bâtir la fortune des uns et à précipiter la détresse des autres. En revanche, il s'est imposé, à l'instar du charbon et du gaz naturel, comme la ressource naturelle la plus évidente en matière d'assouvissement des besoins énergétiques.

Lorsque les premiers doutes furent émis dans les années 1980 sur le potentiel de nuisance des ressources fossiles sur l'environnement, les niveaux de consommation étaient alors bien inférieurs à ceux que nous connaissons actuellement. Malgré les premières sensibilisations internationales relatives au climat dès les années 1990, la pompe à pétrole n'a cessé de fonctionner au gré des besoins croissants des puissances économiques les plus favorisées tandis que les puissances émergentes voyaient leur demande nationale connaître une ascension fulgurante. Pour donner un aperçu concret de cette évolution de la demande mondiale, jusqu'à la première moitié des années 1990, la Chine était autosuffisante en pétrole : sa production nationale couvrait ses besoins domestiques. Dès lors qu'elle fut confrontée à des taux de croissance économique ultradynamiques, il lui fallut commencer à importer de l'or noir. Un quart de siècle plus tard, elle est devenue le premier importateur mondial de pétrole et ses importations équivalent à dix millions de barils par jour... Il faut considérer que les besoins américains, européens, indiens et de tant d'autres acteurs étatiques ont également connu une véritable inflation. Autrement dit, pendant que les uns mettaient en garde contre les risques d'une consommation massive des ressources fossiles sur l'environnement, ceux qui se réunissaient pour s'accorder à dénoncer une situation préoccupante et devant faire l'objet d'une action concrète cautionnaient également un système qui dopait leur compétitivité économique ainsi que la santé financière internationale. En somme, pour les acteurs qui eurent à camper les rôles de juge et de partie en même temps, les impératifs économiques primèrent sur la détérioration de l'environnement et le changement climatique. C'est la triste réalité qui perdure depuis le premier sommet sur le climat de Rio de Janeiro en 1992.

Dans le même temps, la réalité géopolitique internationale a considérablement évolué. Lorsque les décideurs publics internationaux se réunirent au Brésil, la guerre froide venait de s'achever et les Etats-Unis étaient alors une hyperpuissance mondiale qui régnait sans partage sur le *hard* et le *soft power* mondial. La donne avait déjà considérablement changé dans les années 2000 avec la montée en puissance progressive de la Chine et de la Russie... et la hausse vertigineuse des prix d'échange du pétrole qui frôlèrent jusqu'à 150$ le baril. L'argent coulait alors à flots. Malgré les recommandations scientifiques de se tourner au plus vite vers un autre modèle énergétique, les profits étaient tels pour certains acteurs publics et privés qu'il était alors inenvisageable d'opter pour un autre modèle de fonctionnement.

Il y a pourtant un paramètre déterminant trop souvent oublié : les énergies fossiles sont épuisables et suscitent une vive inquiétude dès lors qu'il est fait mention de leur raréfaction. Les plus optimistes affirmeront qu'il n'y a sans doute jamais eu autant de pétrole sur Terre que depuis qu'il est question de sa raréfaction… et c'est vrai ! Il convient toutefois d'expliquer rapidement ce paradoxe : le pétrole est effectivement en voie de raréfaction dès lors que ce qui est consommé chaque année surpasse ce qui est découvert dans le même laps de temps. En revanche, lorsqu'il est fait mention des réserves pétrolières prouvées, elles n'ont en effet jamais été aussi conséquentes. Cela s'explique par le fait que des découvertes de nouveaux gisements sont effectivement faites ; d'autre part, les progrès technologiques font que les puits pétroliers connaissent une exploitation optimisée. Pour autant, le pétrole demeure une ressource naturelle épuisable. En d'autres termes, la communauté internationale s'inquiète régulièrement de l'épuisement des réserves pétrolières mondiales mais en même temps, plus on s'en inquiète et plus on en consomme ! C'est précisément le grand danger qui guette la communauté internationale : à trop vouloir tirer sur la corde avec le pétrole, elle va inéluctablement finir par céder.

Le pétrole est la ressource naturelle qui incarne le mieux l'esprit ambiant de la course aux profits. Pourtant, la dépendance de l'économie mondiale au pétrole n'est pas sans rappeler la fable de La Fontaine portant sur la poule aux œufs d'or. Le pétrole est précisément cette poule. Il procure richesse à celui qui l'exploite. Toutefois, ces ressources exploitables sont en train de tuer une autre poule bien plus précieuse : la planète. Mais qu'on ne s'y trompe pas : la fin de l'ère du pétrole n'est pas encore d'actualité pour la simple raison qu'il n'existe pas encore de solution de substitution à grande échelle qui puisse palier aux besoins énergétiques actuellement assouvis par les ressources fossiles. Cela ne signifie pas que des efforts ne sont pas réalisés pour réduire la dépendance de la communauté internationale à ces dernières. En réalité, la transition énergétique prend forme mais cela nécessitera plusieurs décennies pour mettre en place un nouveau système de modèle énergétique… et économique.

Le GIEC a d'excellentes raisons de s'inquiéter d'une consommation intensive des ressources naturelles qui semble de plus avoir un impact sur l'environnement. Les études menées sont sérieuses et les motifs d'inquiétude autour de la détérioration de l'état environnemental sont légitimes. Quant à la volonté des pouvoirs publics internationaux de vouloir opérer au plus vite une transition énergétique, il est hautement probable qu'elle soit sincère. Le problème majeur est celui du temps. En effet, les dernières conférences sur le climat ont montré que les décideurs publics internationaux souhaitent s'engager aussi vite que possible dans un nouveau modèle énergétique portant sur la décarbonation progressive de l'économie mondiale. Toutefois, un constat s'impose : les solutions énergétiques actuellement proposées font l'objet de doutes et de suspicions. Certaines sont critiquées car elles ne seraient pas aussi propres qu'il n'y paraît. Quant au modèle économique mondial, il repose toujours en partie sur l'économie du pétrole. Qu'on le veuille ou non, la santé des marchés financiers internationaux est étroitement corrélée à la santé des marchés pétroliers.

En conclusion, à défaut de faire mieux, le bilan de l'accord convenu à Glasgow est somme toute en adéquation avec une réalité contre laquelle la communauté internationale semble à ce jour impuissante : nous souhaiterions décarboner au plus vite l'économie mondiale mais cette envie est freinée par une réalité de consommation pour laquelle il n'existe toujours pas de solution de substitution à grande échelle qui puisse remplacer ce qui est actuellement consommé en termes de ressources naturelles fossiles. A défaut de chercher des responsables, de traquer des coupables et de critiquer sur les responsabilités de chacun, il semblerait que le message le plus important porte sur une action concrète et immédiate qui prépare le futur, de s'engager sur des objectifs réalistes qui puissent être atteints. En d'autres termes, des objectifs trop ambitieux auront toutes les chances de décevoir. Les larmes d'Alok Sharma sont compréhensibles mais le premier espoir encourageant serait d'obtenir à court terme des résultats concrets démontrant qu'il est effectivement possible d'aller dans le sens d'une baisse progressive des volumes consommés de ressources fossiles dans le monde et que cette tendance soit durable.

GLOSSAIRE DES ABREVIATIONS

AFP : Agence France-Presse
AIE : Agence Internationale de l'Energie
AQMI : Al-Qaïda au Maghreb Islamique
CIA : Central Intelligence Agency
CO2 : Dioxyde de carbone
CEDEAO : Communauté Economique des Etats de l'Afrique de l'Ouest
DoJ : Department of Justice
ESG : Environnement, Social et Gouvernance
FBI : Federal Bureau of Investigation
GAFA : Google Amazon Facebook Apple
GAFAM : Google Amazon Facebook Apple Microsoft
GES : Gaz à effet de serre
GIEC : Groupe d'Experts Intergouvernemental sur l'Evolution du Climat
GNL : Gaz Naturel Liquéfié
GPL : Gaz de Pétrole Liquéfié
INSEE : Institut National de la Statistique et des Etudes Economiques
KYC : Know Your Client
NFT : Non-Fungible Tokens
OBOR : One Belt, One Road
NRA : National Rifle Association
OMC : Organisation Mondiale du Commerce
OMS : Organisation Mondiale de la Santé
ONU : Organisation des Nations Unies
OPEP : Organisation des Pays Exportateurs de Pétrole
OSC : Organisation de la Coopération de Shanghai
OTAN : Organisation du Traité de l'Atlantique Nord
PDVSA : Petróleos de Venezuela, SA
PIB : Produit Intérieur Brut
PME : Petites et Moyennes Entreprises
TEP : Tonnes Equivalent Pétrole
TNP : Traité de Non-Prolifération
UE : Union Européenne
URSS : Union des Républiques Socialistes Soviétiques
WTI : West Texas Intermediate